U0085908

正如同天使舞動魔術棒一般，足令一部黯淡之歷史文件點石成金、光炫亮麗。是以，一部橫亙兩百餘年歷史之美國憲法，毋寧說是一系列美國聯邦最高法院闡明憲法意涵之串聯。故而，理解美國憲法之經緯，自應從研析美國聯邦最高法院歷年來重要判例，並掌握其對於某些爭點之態度及趨勢著手。單就少數個案或特定時點進行研究，實無法具體認知美國憲法上之諸多抽象意涵。

自美國憲法之結構觀察，憲法內容除包含本文七條及增修條文二十七條外，並蘊涵基於自然正義體現而成之各種憲政理念及權利基礎。政府應本於憲法之指導與監督，對於人民行使有限且屬正當之統治權力。竊就美國憲法重要內容，試予整編並臚列於後。

一、憲政基礎——權力分立理論(Doctrine of Separation of Powers)

　　　　　　　制衡原理(Principle of Checks & Balancing)

　　　　　　　制約理論(Doctrine of Self-restraint)

　　　　　　　尊重理論(Doctrine of Deference)

二、司法權(Judicial Power)——法院

　㈠司法審判權(Judicial Adjudication)

　㈡憲法解釋權(Interpretation of the Constitution)

　㈢司法審查權(Judicial Review)

三、立法權(Legislative Power)——國會

　㈠明示權(Enumerated Powers)

　　1、商務規範權(Commerce Power)

　　2、徵稅及支出規範權(Taxing and Spending Powers)

　　3、戰爭規範權(War Power)

　　4、歸化及公民資格規範權(Power Over Naturalization & Citizenship)

自　序

　　對於筆者而言，在國內完成一部有系統介紹美國憲法及聯邦最高法院有關判例之出版品，始終是一項重要且無法釋懷之使命及任務。赴笈美國研讀法律以前，美國憲法對筆者而言，只不過是一紙對於人類憲政發展具有特殊貢獻之歷史文件罷了。基於社會契約理論，她成為世界上第一部成文憲法；基於權力分立理論，她首度架構出立法、行政及司法三權分立之制衡政府；基於國民主權理論，她肯定人民乃是國家主權之最終擁有者；基於正當法律程序理論，她保證人民之生命、自由或財產非依正當程序不得被剝奪。此部歷史文件雖然充滿公義與創意，並代表著兩百餘年前無數開國元勳恢宏深遠之氣魄與願景，但美國現今法治發展與建設之健全與落實，應與此部沉寂已久之歷史寶藏並無直接之關係。畢竟，僅以區區七條憲法內容及若干增修條文，應不足以單純憑藉其幽靈統治或庇蔭現代之社會。

　　在一個慶祝制憲兩百週年之巡迴展覽會場，筆者親眼目睹美國人民對於其憲法之鍾情與執著。當北美十三州制憲會議所簽署之憲法原件隨著悠揚國歌冉冉升起，筆者深切體認到這部憲法在美國人民心目中之地位及其重要性。由於公民憲法教育之向下紮根，美國人民不僅尊重憲法，且以憲法精神作為其治國之根本原理。美國聯邦最高法院為維護憲法，避免因憲法文義之不合時宜或疏漏致貶損其尊嚴，乃因此而扮演起解釋憲法之角色，並藉此對於政府之權力及行為行使違憲審查，用以確保人民之權益。

　　對於美國憲法而言，法院依憑憲法精神解釋憲法，活絡憲法之生命，

國家圖書館出版品預行編目資料

美國憲法與政府權力／史慶璞著. － －初版一刷. －
－臺北市；三民，民90
面；　　公分 － －（法學叢書）

ISBN 957－14－3299－7　（平裝）

1.憲法－美國 1.憲法－美國－判例

581.52　　　　　　　　　　　　　　　90004731

網路書店位址　http://www.sanmin.com.tw

© 　美國憲法與政府權力

著作人　史慶璞
發行人　劉振強
著作財
產權人　三民書局股份有限公司
　　　　臺北市復興北路三八六號
發行所　三民書局股份有限公司
　　　　地址／臺北市復興北路三八六號
　　　　電話／二五〇〇六六〇〇
　　　　郵撥／〇〇〇九九九八——五號
印刷所　三民書局股份有限公司
門市部　復北店／臺北市復興北路三八六號
　　　　重南店／臺北市重慶南路一段六十一號
初版一刷　中華民國九十年四月
　編　　號　S 57116
　基本定價　柒元捌角
行政院新聞局登記證局版臺業字第〇二〇〇號

有著作權　不准侵害

ISBN　957－14－3299－7　（平裝）

法學叢書

美國憲法與政府權力

史慶璞　著

三民書局

第三條：軍隊不得非法駐紮民宅。

第四條：政府不得對於人民行使不合理之搜索及扣押。

第五條：人民在刑事偵審程序中有關程序正義之保證。

第六條：刑事被告在刑事偵審程序中有關程序正義之保證。

第七條：人民在民事訴訟程序中有關程序正義之保證。

第八條：過多保釋金與罰款及殘酷與不尋常處罰之禁止。

第九條：人民其他基本權利之保障。

第十條：剩餘權保留予各州及人民。

㈠基本權利(Fundamental Rights)

　　1、列舉：信教自由、言論自由、新聞自由、集會結社權及請求政府救濟之權。

　　2、概括：隱私權、婚姻權及其他經法院確認足資表彰人類尊嚴之自由及權利。

㈡正當法律程序(Due Process of Law)

　　1、程序性正當程序(Procedural Due Process)

　　2、實體性正當程序(Substantive Due Process)

㈢法律之平等保護(Equal Protection of Law)

　　1、嚴格檢驗標準(Strict Scrutiny)

　　2、中級檢驗標準(Intermediate Scrutiny)：

　　3、合理檢驗標準(Rational Scrutiny)：

　　誠如美國獨立宣言所強調，政府在行使正當統治權力以前，必須先行獲得被統治人民一定形式之同意，此乃美國制定世界首部成文憲法之主要理由。是以，美國憲法之內容，無不以保障人民自由權利為依歸。政府行使權力，自不免影響人民權利，法院及司法部門在此乃折衝於其間，成為協調及均衡國家與個人間利益之仲裁者。美國聯邦最高法院在

人權憲政上之最大貢獻，當推將人民基本權利之抽象概念予以具象化、實證化、明確化及世俗化，並依正當程序理念及事務之本質，逐步建立關於人民各種自由權利存在及保障價值之檢驗標準，對於憲法尊嚴之鞏固及人民權益之確保，自是厥功甚偉。

本研究論集即藉比較法學之思維方法，檢選十項重要憲法議題作為其切入點，以美國憲法之有關規定為基礎，並援引制憲以降美國聯邦最高法院闡明憲法意涵之有關判例意旨，綜合研析美國中堅社會所認可之共通善性與良知，以及主流思考所推崇之共同人性與價值，試圖將向以憲法及人民守護者自居之美國聯邦最高法院兩百餘年來累積不易之實證成果及智慧，作一客觀且完整之呈現與論述，俾供吾人參考省思。竊盼此一野人獻曝之拙品，或得意外發揮拋磚引玉之實效，引發此間對於美國憲法及政府權力運作有關議題更熱烈之研討及批判，大饗筆者駑鈍若渴之知識脾胃，則是筆者之幸矣。

本書二十餘萬言，計十篇。〈美國聯邦最高法院司法審查權之研究〉探討美國司法審查之緣起及運作；〈美國聯邦最高法院對於國會州際商務規範權解釋之研究〉以商務條款為例，研析法院對國會權力之影響；〈正當法律程序與美國刑事偵審程序之研究〉以刑事程序為例，剖析正當法律程序之實證化成果；〈行政行為與美國行政爭訟制度之研究〉探討法院對政府權力之制衡；〈美國地方政府權力與權限爭議之研究〉剖析美國地方政府之權力；〈美國國家環境政策制定執行與司法審查之研究〉以環境法令為例，探討法院對行政行為之監督；〈美國聯邦競選法有關憲法爭點之研究〉以競選法令為例，探究憲法之重要內涵；〈美國憲法增修條文第一條關於自由實體性保障之研究〉探索人民自由權利所包攝之內涵；〈法律平等保護原則實證適用之研究〉剖析人民自由權利之合理對待；〈美國選舉人團制度之研究〉以總統產生為例，探討憲政制度與憲法發展。

　　本書之成，有太多之機緣與感謝，令筆者永世珍惜。承蒙美國德州南美以美大學法學院之提攜，使得筆者有幸留學美國，一窺英美法制之堂奧；承蒙美國堪薩斯州華斯本大學法學院之慷慨，提供筆者學費幾乎全免之禮遇，使得筆者可在經濟無虞之學習環境裡，恣意浸淫於無涯書海之中。此外，母校輔仁大學給予筆者返國任教之機會及繼續研究美國憲法之空間，更令筆者衷心銘感。滯美期間，家姐史慶瑗女士及其夫婿傑夫萊博德先生對於筆者在物質及精神上無微不至之照顧，更令筆者無以回報。另外要感謝的，是默默陪伴筆者渡過漫長留學歲月，帶領筆者走訪大江南北、遍尋名山麗水，除要求更換幾次新鞋及定時補充油秣外，別無其他要求，為筆者賴以信靠之忠實夥伴，但現在已不知去向的My '87 Dodge Colt E。

　　本書有關資料素材取得不易，幸蒙竊閱國內如馬大法官漢寶、張大法官特生、荊教授知仁、陸教授潤康、焦教授興鎧、法教授治斌、段教授重民、鄭教授哲民、林教授子儀、葉教授俊榮、林教授世宗、李教授念祖、湯教授德宗及劉教授招楑等多位精研美國憲法學者專家有關讜論、著作及研究成果，對於本書構想之形成及內容之完成均多所啟發，在此併予致謝敘明，並代參考書目。

史慶璞　謹識

二〇〇一年三月八日

於台北輔仁大學法務室

美國憲法與政府權力

目　次

美國聯邦最高法院司法審查權之研究

一、前 言

　　美國係為一實施雙軌制(Dual System)之聯邦制國家，聯邦政府(Federal Government)與州政府(State Government)均依法儒孟德斯鳩氏(C. L. de S. Montesquieu, 1689–1755)之權力分立理論(Doctrine of Separation of Powers)，將政府統治權分立為立法(Legislature)、行政(Executive)及司法(Judiciary)等三權，分別由立法部門(Legislative Branch)、行政部門(Executive Branch)及司法部門(Judicial Branch)等政府三大分支機構掌理之。三大部門獨立平等，均為行使國家主權作用之權威機關，但各部門間仍藉制衡原則(Principle of Checks and Balancing)而相互牽制與監督，以獲致

統治權分配及行使之均衡，避免任何一個部門之獨斷專擅，僭越分際。
此種蘊涵著制衡精神之三權分立政府，乃係美國立國以降憲政運作之特
色。

　　美國聯邦憲法第三條規定，聯邦政府之司法權(Judicial Power)歸屬
於單一之最高法院，以及其他得由國會(Congress)隨時創設之下級法
院❶。然遍查美國憲法，聯邦最高法院除對於特定司法事件享有審判權
外，並無足以制衡立法及行政二權之具體實力。國會擁有制定國家法律
與覆核國家預算之立法權，總統除為國家元首外，亦擁有任免國家官吏、
統率國家軍隊之行政權。聯邦最高法院究應憑藉何種實力制衡立法權或
行政權，使三權分立制衡政府理念具體實踐，乃成為美國憲政發展史中
一項頗為棘手之難題。

　　美國憲法起草人之一韓美爾頓氏(Alexander Hamilton)曾於聯邦黨第
七十八號文告(Federalist Papers No. 78)中強調，立法權控制荷包(purse)、
行政權掌握利劍(sword)，然司法權卻無法以裁判(Judgment)影響荷包或
利劍。司法權既係三權政府中最微弱之一環，憲法上政治權利遭受司法
部門侵害之危險性自屬最低。為使司法權與立法及行政二權抗衡，成立
三權鼎立之制衡政府，聯邦憲法應賦與最高法院守護憲法，保障人民權
益之職能。最高法院應扮演人民與立法部門間溝通之橋樑，以確保國會
行使立法權悉依人民之授權，不逾分際。法院行使審判權適用法律時，
首須確定法律之意旨，故解釋法令本屬法院之固有職權。然憲法係基於
全體人民之意志而制定，法官解釋法律，自須視憲法為根本大法(funda-
mental law)，並以憲法之解釋為依歸。職是之故，對於憲法、法律及命令
為最終之解釋，應屬聯邦最高法院司法權行使之範疇。全體人民之意志

---

❶　參見U.S. CONST. Art. III, Sec. 1: "The Judicial Power of the United States,
　　shall be vested in one Supreme Court, and in such inferior Courts as the
　　Congress may from time to time ordain and establish......"

本應優位於其機關之意志，故聯邦最高法院自得透過憲法之解釋，闡明其意涵，並宣告立法部門制定之法律因違背民意、憲法之意旨而失其效力❷。

　　有關憲法解釋權(Interpretation of Constitution)之歸屬，則因聯邦憲法未設明文規定而眾說紛紜，莫衷一是，直至西元一八○三年首席大法官馬歇爾氏(Chief Justice John Marshall, 1755–1835)作成 Marbury v. Madison❸一案之裁判，情勢始告底定。馬歇爾氏力排眾議，獨尊韓美爾頓氏於聯邦黨第七十八號文告中所提示之意見，肯認聯邦最高法院享有司法審查權(Judicial Review)。渠認為憲法雖未明文賦與聯邦最高法院具體之憲法解釋權，但由同法第六條第二項規定「聯邦憲法、法律及條約為本國最高法律」(The Supreme Law of the Land)❹之意旨，憲法前言和本文所體現之憲法精神(The Spirits of the Constitution)，以及憲法起草人之本意(Original Intents)觀察，可知包括釋憲權在內之違憲審查機制，已因憲法蘊涵內容(Implication in the Constitution)之授權，而歸屬於國家最高司法機關美國聯邦最高法院。最高法院得審查國會制定之法律是否違背憲法，一旦認定法律牴觸憲法，最高法院得不待國會依法律廢止程序，逕行宣告該違憲法律失其效力。聯邦最高法院享有司法審查權，依據全國民意及法律解釋之專業知能解釋憲法，並對於立法部門和行政部門之行為行使違憲審查之機制，究非基於憲法明文內容之授權，且係由聯邦最高法院於實施審判時自行確定。最高法院此種黃袍加身，自封爵祿之作法，已飽受各方之質疑，但三權分立之制衡政府，卻因最高法院擁有司法審查權而趨於落實，則為世人所不爭❺。

---

❷　參閱B. E. Altschuler, C. A. Sgroi, *Understanding Law In A Changing Society*, 1st Ed., 42–44, Prentice-Hall, Inc., Englewood Cliffs, NJ (1992)。

❸　參照5 U.S. (1 Cranch) 137 (1803)。

❹　參見U.S. CONST. Art. VI, Sec. 2。

聯邦最高法院所擁有之司法審查權，係以審查聯邦政府之立法行為與行政行為，各州政府之立法行為與行政行為，以及各州終審法院之終局裁判是否牴觸美國聯邦憲法、法律，以及經美國政府授權而締結之條約為範圍。換言之，司法審查係以解釋聯邦憲法為手段，而以行使違憲審查為目的，故解釋憲法乃成為聯邦最高法院之要務，其釋憲權自屬聯邦司法權之重要內容。惟於「司法一元制」之體系運作下，最高法院解釋憲法實不可能與審判權之行使分庭抗禮，背道而馳。析言之，最高法院進行司法審查時，釋憲權與審判權必須合而為一，解釋憲法必須以有具體訴訟事件之存在為前提，並須以裁判(Judgment)之形態作成釋憲之結論。釋憲權無法脫離審判權而獨立行使，乃成為美國司法審查權之特色。是以，聯邦最高法院行使傳統審判權時，有關憲法第三條之諸多限制，以及基於制約理論(Doctrine of Self-restraint)或尊重理論(Doctrine of Deference)而次第發展採行之各種原則，例如事件性、被動性及事後性等，於聯邦最高法院進行司法審查行使釋憲權時，亦應一併遵守，要無例外。

美國聯邦最高法院行使釋憲與審判合一之司法審查制度已歷時近兩百年，實證規模及經驗均極為可觀，頗值吾人借鏡。本文擬由聯邦最高法院於司法體系之定位，探討司法審查權之緣起、發展和行使，以及有關釋憲審判合一之諸多問題，企盼能為我國研究司法院定位問題提供參考❻。

---

❺　聯邦最高法院自行確認其擁有司法審查權之作法，引發「雞生蛋、蛋生雞」之邏輯問題。憲法並未明文授權聯邦最高法院得解釋憲法，最高法院卻「闡明」憲法意涵，證明憲法蘊涵賦與最高法院解釋憲法之懿旨。

❻　參閱《司法周刊》，第二七七期，第一版，司法周刊社，民國八十五年四月二十四日。

二、聯邦最高法院與美國司法體系

（一）美國司法體系概述

美國除聯邦政府外，並設五十州，各州州政府均依聯邦政府組織形態，架構立法、行政及司法三權分立之制衡政府。聯邦政府除得依據憲法之授權，行使諸如擁有軍隊，締結條約之特定權限外，其餘均與州政府無異❼，聯邦政府不得任意干涉或阻礙州政府及其人民行使憲法為其保留之任何權利❽。聯邦司法體系既屬實施聯邦司法權之部門，自不得貿然介入或干預各州司法體系所行使之司法權。

聯邦憲法第三條第一項規定，聯邦司法權賦與單一之最高法院，以及國會得隨時設置之下級法院，此為聯邦司法體系之內涵。同條第二項第一款規定聯邦司法權所及之範圍，應包括(1)所有基於美國憲法、法律，以及經其授權締結之條約所提起關於法律與衡平法則之事件(Cases)；(2)所有涉及大使、其他公使及領事之事件；(3)所有海商與海事管轄之事件；(4)美國政府應為一方當事人之爭執(Controversies)；(5)二州或數州政府間之爭執；(6)一州政府與他州公民間之爭執；(7)不同州公民間之爭執；(8)同州公民間主張對於不同州所放領土地之權利之爭執；以及(9)一州政府或其公民與外國政府、公民或臣民間之爭執等，此為聯邦司法權之內容。但憲法增修條文第十一條明定，聯邦司法權不及於以合眾國之任何一州為被告，而由他州公民或他國公民或臣民提起或追訴之任何關於法律或

---

❼　參見U.S. CONST. Art. I, Sec. 10。

❽　參見U.S. CONST. Amendment X: "The Powers not delegated to the United States by the Constitution, nor prohibited by it to the States, are reserved to the States respectively, or to the people."

衡平法則之訴訟，此為憲法對於聯邦司法權之限制 ❾。

　　茲應注意者，憲法增修條文第十一條有關司法權之限制，並非以權力分立理論或制衡原則為基礎，而係因襲傳統主權豁免理論(Doctrine of Sovereign Immunity)之結果。英國古諺「國王不為過錯」(The king do no wrong)，雖禁止臣民對於主權或統治主體興訟，但經國王同意者，則不在此限。美國憲法增修條文第十一條既係基於上述原理而制定，解釋上自應容許州政府非不得自行同意為被告而應訴。其次，該增修條文雖僅規定他州公民或他國公民或臣民不得對於合眾國之任何一州起訴或追訴，但依法律「舉輕明重」之精神，本條款亦應適用於聯邦政府被其公民或他國公民或臣民起訴或追訴之情形 ❿。同時，憲法增修條文第十一條並未阻止聯邦法院受理聯邦政府對於州政府之訴訟，亦未禁止公民或他國公民或臣民對於政府機關及其官員起訴或追訴，自不待言 ⓫。

---

❾　參見U.S. CONST. Art. III, Sec. 2, Cl. 1: "The Judicial Power shall extend to all Cases, in Law and Equity, arising under this Constitution, the Laws of the United States, and Treaties made, or which shall be made, under their authority; —to all Cases affecting Ambassadors, other public Ministers and Consuls; to all Cases of admiralty and maritime Jurisdiction; —to Controversies to which the United States shall be a party; —to Controversies between two or more States; —between a State and Citizens of another State; —between Citizens of different States; —between Citizens of the same State Claiming Lands under Grants of different States; and between a State, or the Citizens thereof, and foreign States, Citizens or Subjects." Amendment XI: "The Judicial power of the United States shall not be construed to extend to any suit in Law or equity, commenced or prosecuted against one of the United States by Citizens of another State, or by Citizens or Subjects of any Foreign State."

❿　參照United States v. Mclemore, 45 U.S. 286 (1846); Hans v. Louisiana, 134 U. S. 1 (1890)。

⓫　參照United States v. Texas, 143 U.S. 621 (1892); Lincoln County v. Luning,

　　憲法第三條第二項第二款規定，對於所有涉及大使、其他公使與領事，以及一州應為當事人之事件，最高法院享有初審管轄權。上述以外之所有其他事件，最高法院有關於法律及事實之上訴審管轄權，但受國會所定例外及法令之拘束，此為聯邦最高法院管轄權之範圍❷。依據上述規定，聯邦最高法院對於以下數種訴訟案件，得行使初審（即第一審）管轄權：⑴一州政府與聯邦政府間之訴訟案件；⑵州政府與州政府間之訴訟案件；⑶涉及外國大使、公使或領事之訴訟案件；以及⑷由一州政府提起，而以他州公民或他國公民或臣民為被告之訴訟案件等。為避免憲法第三條第二項第二款有關聯邦最高法院管轄權之規定因國會之法令而形同具文，首席大法官馬歇爾氏早在一八○三年即於 Marbury 案中指出，國會不得恣意限縮或擴張聯邦最高法院初審管轄權之範圍，否則將使憲法第三條第二項第二款之規定失去意義❸。但國會非不得依同條第一項之規定，賦與下級法院共同管轄權(Concurrent Jurisdiction)，而使得聯邦最高法院及其以下各級法院，對於上述數種訴訟案件俱有初審管轄權。依據現行法令，聯邦最高法院僅對於「州政府與州政府間」之訴訟案件保有專屬之初審管轄權。至於其他三種類型之訴訟案件，聯邦最高法院及其下級法院雖俱有初審管轄權，但國會則已透過立法，將其第一審訴訟交由下級法院審理，使得此類案件在審級制度之適用上，實與一

---

　　133 U.S. 529 (1890); Larson v. Domestic & Foreign Commerce Corp., 337 U.S. 682 (1949); Malone v. Bowdoin, 369 U.S. 643 (1962)。

❷　參見U.S. CONST. Art. III, Sec. 2, Cl. 2: "In all Cases affecting Ambassadors, other public Ministers and Consuls, and those in which a State shall be party, the supreme Court shall have original Jurisdiction. In all other Cases before mentioned, the supreme Court shall have appellate Jurisdiction, both as to Law and Fact, with such Exceptions, and under such Regulations as the Congress shall make."

❸　參照同前❸。

般訴訟案件並無二致 ❶ 。

　　聯邦憲法以列舉之方式，界定聯邦司法權之內容，以及聯邦最高法院及其以下各級法院管轄權之範圍，不僅可確保聯邦司法權之正當行使，同時更可防患聯邦法院恣意專擅於未然。不屬憲法所示之事件或爭執，均屬各州司法權之範疇，聯邦司法權應予以尊重，不宜妄加干涉 ❶ 。

　　國會依據憲法第三條第一項之授權，首先依土地區域將全國劃分為十二個司法巡迴區(Judicial Circuits)及九十四個地區(Districts)，分別設置十二個上訴法院(Court of Appeals)及九十四個地區法院(District Court)，管轄所屬區域第二審及初審之訴訟案件。其次，國會再依事務種類，於首府華盛頓特區(Washington D.C.)劃定一個聯邦巡迴區(Federal Circuit)，設置第十三個聯邦上訴法院，管轄不服聯邦國際貿易法院(U.S. Court of International Trade)、聯邦賠償法院(U.S. Claim Court)與聯邦退伍軍人上訴法院(U.S. Court of Veterans Appeals)所為裁判之上訴案件。最後，國會遂依憲法第三條第一項之規定，於首府華盛頓特區設置一個聯邦最高法院，管轄以全國為區域之終審訴訟案件。國會依據憲法第三條第一項之授權所設置之法院，稱為「憲法之法院」(Constitutional Courts)。憲法之法院代表聯邦政府行使司法權，應受憲法上權力分立理論之約束 ❶ 。

　　此外，國會依據聯邦憲法第一條第八項「必要且適當條款」(Necessary and Proper Clause)❶ 設置若干憲法第三條第一項以外之法院，稱為「法律

---

❶　參見28 U.S.C. § 1251。

❶　參見U.S. CONST. Amend. X。

❶　參閱A. T. Mason, D. G. Stephenson, Jr., *American Constitutional Law: Introductory Essays and Selected Cases*, 9th Ed., 16–20, Prentice-Hall, Inc., Englewood Cliffs, NJ (1990)。

❶　參見U.S. CONST. Art. I, Sec. 8, Cl. 18: "To make all Laws which shall be necessary and proper for carrying into Execution the foregoing Powers, and all other Powers vested by this Constitution in the Government of the United States, or

之法院」(Legislative Courts)。法律之法院除指前述聯邦國際貿易法院、
聯邦賠償法院及聯邦退伍軍人上訴法院外，尚包括聯邦稅務法院(U.S.
Tax Court)、華盛頓特區上級和上訴法院(The District of Columbia Superi-
or Court and Court of Appeals)，以及聯邦軍事上訴法院(U.S. Court of Mil-
itary Appeals)等。法律之法院乃係國會為遂行立法權所必要，制定法律自
行設置之審判機關，其職權之行使自不受憲法上權力分立理論之約束。
此種法院僅得行使具有準司法(Quasi-Judiciary)性質之事務，以及為遂行
立法目的，而行使不具司法性質之職權❶。

　　美國聯邦司法權之行使，係以憲法之法院為主體，故美國聯邦最高
法院、十二個司法巡迴區上訴法院、一個聯邦巡迴區上訴法院，以及九
十四個地區法院，乃為聯邦司法體系之中心。但不論係憲法之法院或係
法律之法院，均採三級三審之審判制度，並以聯邦最高法院為最終審判
機關。關於聯邦司法體系之基本架構，試以圖示說明之，其中有註明個
數者為「憲法之法院」，其餘則為「法律之法院」。

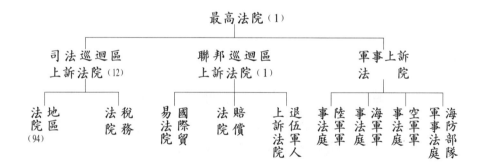

　　美國因採聯邦制，各州仍擁有相當完整之司法權，其司法體系之架
構與運作情形，自毋須與聯邦司法體系同。依據一九八六年之統計，在

in any Department or officer thereof."

❶　參照同前❶。

美國五十州之中，仍有包括緬因州、密西西比州、內華達州及猶他州在內之十四個州無上訴法院(Court of Appeals)之設置，僅以最高法院為上訴審法院，採行二級三審或二級四審之審判制度。其餘設有上訴法院之三十六個州，有採行四級三審之審判制度，亦有採行類似聯邦司法體系之三級三審制者，各有優劣，莫衷一是，但以四級三審之制度最為普遍。

試以加州司法體系為例，法院分成事實審法院(Trial Court)與上訴審法院(Appellate Court)兩大類，事實審法院分成二級，第一級設置治安法院(Police Court)、交通法院(Traffic Court)及小額賠償法院(Small Claims Court)等，審理訴訟標的金額微小或法定刑輕微之民刑事訴訟案件；第二級設置上級法院(Superior Court)，受理一般民刑事訴訟案件第一審之審判，以及不服第一級法院所為裁判之上訴案件第二審之審判，仍屬事實審。上訴審法院亦分成二級，設置若干上訴法院(Court of Appeals)和一個最高法院(Supreme Court)，分別為第三級和第四級之法院，均屬法律審。加州法院雖分成四級，但對於一般訴訟案件則仍以三審為限，是採「四級三審制」。關於加州司法體系之詳細運作情形，究非本文探討之目的，暫且容後再論❶。

（二）聯邦最高法院及其以下之各級法院

聯邦司法權之行使雖係以「憲法之法院」為主軸，但「法律之法院」在聯邦司法體系中，仍扮演相當重要之角色，其地位自不容忽視。例如聯邦國際貿易法院係國會依據憲法第一條第八項「必要且適當條款」及一九八○年「海關法院法」(Customs Court Act of 1980)所設立，屬於「法律之法院」，由九位聯邦總統任命之法官組成，審理關於進口商品、關稅

---

❶ 參閱E. Bodenheimer, J. B. Oakley, J. C. Love, *An Introduction To The Anglo-American Legal System —Reading And Cases*, 2nd Ed., 55–58, West Publishing Company, St. Paul, Minn. (1988)。

與貿易夥伴不公平競業之訴訟案件，為事實審之法院。當事人對於該法院之裁判如有不服，可向其直接上級法院聯邦巡迴區上訴法院上訴。但基於尊重理論，上訴法院僅得進行法律審，對於事實部分如有疑義，仍須發回聯邦國際貿易法院更審，與「憲法之法院」之訴訟程序並無不同。將法院分類為憲法之法院及法律之法院，僅為表徵各種法院組織法之法源依據有所不同而已。

1. 聯邦地區法院

聯邦地區法院(District Court)掌理一般民刑事訴訟案件初審和事實審之審判，亦得受理不服聯邦治安法院法官(U.S. Magistrates)所為裁判之上訴案件第二審之審判。此外，對於行政機關所為不在行政裁量範圍內或涉及聯邦問題之決定，聯邦地區法院得依法律之特別規定，行使司法審查權，是為例外 ❷。地區法院法官為聯邦官員，由總統提名，經參議院(Senate)同意後任命之，為終身職。國會依土地區域及業務之繁簡，設置九十四個地區法院，各地區法院亦得依受理訴訟案件之多寡自行決定法庭數目及設置分庭。地區法院中任期最資深，年齡未逾六十五歲之法官，得被推派為首席法官(Chief Judge)，綜理審判以外之司法行政事務。

依據一九九一年之統計，美國九十四個地區法院中，共有六四九位法官，一年受理四一九四五五件民事訴訟案件與八八六〇四件刑事訴訟案件，但只有二〇七七四二件民事訴訟案件與四七〇三五件刑事訴訟案件獲得法院實體之審理(review on the merit)，其餘約達受理案件總額半數之民刑事起訴或追訴案件，則未能進入實體審理之程序。

2. 聯邦上訴法院

聯邦上訴法院(U.S. Court of Appeals)掌理一般民刑事訴訟案件第二審和法律審之審判，並受理不服行政機關之決定所提起之行政訴訟案件第一審及法律審之審判 ❹。十二個司法巡迴區上訴法院審理其管轄區域

---

❷　參見Mandamus and Venue Act, 28 U.S.C. §§ 1331 & 1361。

內不服地區法院所為裁判之一般上訴案件，不服稅務法院(U.S. Tax Court)關於納稅義務人與國稅局(Internal Revenue Service)間爭執所為裁判之上訴案件[22]，以及不服聯邦行政機關所為決定之行政訴訟案件等。一九八二年設立之聯邦巡迴區上訴法院則審理不服聯邦國際貿易法院[23]，聯邦賠償法院[24]，聯邦退伍軍人上訴法院[25]，以及不服國際貿易

[21] 聯邦上訴法院為法律審法院，如上訴案件就事實部分有疑義，應發回事實審法院，即聯邦地區法院重新審理。地區法院得就重新認定之事實，作成更新裁判(de novo judgment)。但聯邦上訴法院受理行政訴訟第一審之審判時，如就事實部分有疑義，則基於政府部門間之尊重理論，應將案件發回行政機關，由行政機關重新認定事實。除非法律有特別規定，聯邦地區法院無權認定與行政訴訟案件有關之事實，更不能再對行政機關已認定之事實作成更新裁判。

[22] 聯邦稅務法院係國會於一九二四年，依憲法第一條第八項「必要且適當」條款所設立，由十九位法官組成，總統任命，任期十五年，審理納稅義務人與國稅局間有關逃漏所得稅、贈與稅及遺產稅等之爭執。

[23] 聯邦國際貿易法院前稱「聯邦關稅法院」(U.S. Customs Court)，由九位法官組成，總統提名，經參議院同意後任命之，為終身職，審理有關進口商品、關稅之分類與估定，以及貿易夥伴不正進口營運等之案件。

[24] 聯邦賠償法院設立於一八五五年，由十六位法官組成，總統提名，經參議院同意後任命之，任期十五年，審理有關退稅、私有財產之公用徵收、軍人本人及其扶養親屬於憲法及法律上之權利、公務員主張不當資遣之補償、幼童期預防注射之個人傷害，以及聯邦政府工程承攬人因政府違反契約而起訴等之事物，包羅萬象，種類繁多。對於以政府為被告，請求美金一萬元以上金錢賠償之訴訟案件，本法院有專屬管轄權。而主張民事上侵權行為之訴訟案件，地區法院有專屬管轄權。至於有關退稅之案件，聯邦賠償法院與地區法院俱有管轄權。

[25] 聯邦退伍軍人上訴法院係由國會於一九八八年所設立，由七位法官組成，總統提名，經參議院同意後任命之，審理所有不服退伍軍人訴願委員會所為決定，涉及退伍軍人及遺族利益，包括殘障福利、貸款及教育補助等之

署(International Trade Commission)、 契約訴願委員會(Board of Contract Appeals)、專利商標局(Patent & Trademark Office)和文官功績制度保護委員會(Merit Systems Protection Board)❷所為裁決之上訴或行政訴訟案件。此外,該法院亦受理不服地區法院對於有關專利事務,或以聯邦政府為被告,請求小額賠償案件所為裁判之上訴案件之審判,以及對於農業部或商業部部長所為行政上之決定行使司法審查權❷。為求訴訟經濟與表示對於行政部門之尊重,司法機關將有關行政行為之司法審查案件遁交上訴法院審理,乃係目前之趨勢。

聯邦上訴法院依審理案件之多寡決定法官之數目,但每一上訴法院至少應有六位法官組成,由總統提名,經參議院同意後任命之,均為終身職。法官中任期最資深,且年齡未逾六十五歲者,得被推派為首席法官(Chief Justice),綜理審判以外之司法行政事務。依據前開統計資料,美國十三個聯邦上訴法院中共置一六七位司法巡迴區上訴法院法官與十二位聯邦巡迴區上訴法院法官,一年共計受理八六三五五件各類型之上訴案件,但僅有四三五一七件上訴案件獲得實體審理,其餘約達受理總額半數之上訴案件則未進入實體審理之程序。

3. 聯邦最高法院

聯邦最高法院(U.S. Supreme Court)為國家最高司法審判機關,亦為法律審,由九位大法官組成,由總統提名,經參議院同意後任命之,為終身職,其中一位為首席大法官(Chief Justice),綜理審判以外涉及聯邦

案件。

❷ 文官功績制度保護委員會前身為聯邦文職署(U.S. Civil Service Commission),審理涉及公務員停職、休職或降級,以及復職、補發薪資與違反功績制度之案件。

❷ 參見Administrative Procedure Act of 1946, 5 U.S.C.A. §703, Federal Trade Commission Act of 1914;並參照Florida Power & Light Co. v. Lorion, 470 U.S. 729 (1985)。

最高法院及其以下各級法院之司法行政事務。聯邦最高法院受理不服聯邦上訴法院所為裁判之上訴案件第三審之審判，亦得對於涉及聯邦問題(Federal Questions)或全國性利益(National Interest)之各州最高司法審判機關所為之裁判行使司法審查權。職是之故，聯邦最高法院經由上訴制度與司法審查制度，逕行審查國會和各州議會之立法行為，以及以總統和各州州長為首之聯邦和各州政府行政部門之行政行為，使得聯邦最高法院成為國家司法權之最高權威機關，得獨立抗衡立法權與行政權，實現以制衡理念為基礎之三權分立政府。

聯邦最高法院於每年十月第一週之週一首次開庭，由全體大法官組成合議審判庭(en banc)實施審判，庭期持續召開，至下一日曆年之六月始結束。法庭以採公開審理及言詞辯論之方式為原則，評議案件則採絕對多數決(majority)，少數意見可作成不同意見書(Dissenting Opinion)，附隨於本案判決之後，成為附加意見(dictum)。此外，最高法院並定期召開審查庭，行使自由裁量權決定上訴案件或司法審查案件之是否受理。於該審查庭中，僅須有四位大法官同意受理，最高法院即可發布調卷令(Writ of Certiorari)，命令下級審法院或各州最高司法審判機關速將待審案件送交該法院審理。

茲應注意者，國會雖不得恣意變更聯邦最高法院之初審及上訴審之管轄權，但卻得依憲法第一條第八項「必要且適當條款」決定包括聯邦最高法院在內之上訴制度❷❽。憲法增修條文第一條雖明定「請求政府救濟」(petition the government for a redress of grievances)為人民之基本權利(Fundamental Rights)之一，但解釋上應僅指人民得向政府起訴請求進行事實審之權利而言，並不包括人民實施起訴後不服裁判，再向政府上訴請求進行法律審之權利在內。是以，人民實施上訴乃非憲法上之基本權利，而係國會基於憲法授權，賦與人民之法律上權利。人民實施上訴之

❷❽　參照Ex Parte McCardle, 74 U.S. 506 (1869)。

權既屬國會經由立法賦與人民之權利，國會自得隨時制定有關法律，決定人民得向聯邦最高法院實施上訴之種類、方式及限制等事項❷❾。

　　國會本於上述立法權，制定權利上訴(appeal)與裁量上訴(certiorari)兩種性質殊異之上訴制度。所謂權利上訴，係指法律賦與人民實施上訴之權利，一旦下級審裁判違背法令(Errors of Law)，訴訟當事人即得依法上訴，上訴審法院不得拒絕。上訴審法院受理上訴案件後，應不待當事人之請求，迅即發布違誤令(Writ of Error)，命令下級審法院將案卷送交該上級審法院待審；所謂裁量上訴，則係指法律限制人民實施上訴之權利，上級審法院並無受理一切上訴案件之義務，訴訟當事人對於下級審裁判如有不服，僅有依法向上級審法院聲請調卷(Petition for Certiorari)之權利。上訴審法院得本於自由裁量權(free discretion)之行使，決定是否受理該項上訴案件。上訴審法院如認可當事人調卷之聲請，應發布調卷令(Writ of Certiorari)，命令下級審法院速將案卷送交該上級審法院審理。權利上訴與裁量上訴均屬現行有效之上訴制度，惟自一九八八年起，因相關法令之大幅修正，聯邦最高法院除於直接上訴(Direct Appeal)之情形適用權利上訴外，其餘上訴案件均依裁量上訴制度為之❸⓿，至於聯邦上訴法院，則係採行權利上訴制度，在此一併敘明❸❶。

　　依據統計，美國每年平均約有五千件不服聯邦上訴法院及各州最高

---

❷❾　參見U.S. CONST. Amend. I;並參照United States v. Cruikshank, 92 U.S. 542 (1876)。

❸⓿　關於直接上訴，參見28 U.S.C. § 1253。對於地區法院(District Court)三人合議庭所為禁制令(Injunction)之裁判，當事人如有不服，得越級直接向最高法院上訴或抗告，稱為「直接上訴」。

❸❶　依比較法學上之觀察，我國最高法院受理上訴案件係採權利上訴制度，而司法院大法官受理憲法解釋及統一解釋法令案件則似採類似裁量上訴之制度。為減低辦案負擔與提高裁判品質，最高法院似可考慮研究採納裁量上訴制度之立法例。

審判法院所為裁判之上訴案件及司法審查案件，但因聯邦最高法院採行裁量上訴制度，故僅約一百五十餘件涉及聯邦問題或全國性利益之案件獲得全體大法官為實體之審理。美國司法體系有關上訴制度之運用，頗值吾人借鏡。

三、司法審查權理論之源起

（一）美國司法審查機制

「司法審查權」(Judicial Review)一詞，係聯邦最高法院對於政府行為之合憲性爭議，扮演最高權威機關角色之概稱。聯邦最高法院依據司法審查權理論，審查(Review)政府行為是否違憲。所謂「政府行為」(governmental acts)，則係指聯邦及州政府之立法行為、行政行為，以及聯邦最高法院以外，聯邦及州政府之司法行為等。是以，聯邦及州之法令，總統、州長及其所屬官署之行政行為，以及一切之司法裁判，均須受聯邦最高法院合憲性審查(Review of Constitutionality)之拘束。聯邦最高法院因擁有司法審查權，使得她成為世界上最有實力之司法機關之一。

聯邦憲法為保障人民之自由，限制聯邦及州政府之權力；為保障州政府之權力，並限制聯邦政府之權力❸。聯邦最高法院在關於前開憲法限制之執行方面，乃扮演最高權威機關之角色。司法審查之機制於美國立憲以前，即早已根植於政府及民心。美國聯邦憲法縱無明文闡釋司法審查權之意涵及歸屬，美國政府及人民仍深信司法審查之機制，乃係建立獨立司法制度之前提。無司法審查權，則無獨立之司法部門；無獨立之司法部門，則無三權分立之制衡政府❸。

---

❸　參見U.S. CONST. Art. I, Sec. 10; Amend. IX & X。

❸　參閱Jerre S. Williams, *Constitutional Analysis*, 3rd ed., 1–2, West Publishing

　　嚴格言之，司法審查制度應係美國憲政史上一項獨特之機制。司法審查之觀念雖源自英國普通法，且美國曾屬英國殖民地，在歷史、政府哲學及機制上與英國頗為類似，但英國卻始終未發展出一套完整之司法審查權理論。在以「議會至上」為導向之英國，英國國會(Parliaments)挾擁民意，由平民院(House of Commons)主持國家行政，由貴族院(House of Lords)主導國家司法，貴族院之大法官(Lord Chancellers)縱擁有對於訴訟案件之最終審判權及對於憲法法令之最高解釋權，然其權限卻係基於立法權而來，其類型與美國政府將審判權及解釋權視為一獨立且不以民意為基礎之司法權究有不同 ❸❹。吾人或可稱英國之上述機制為立法審查(Legislative Review)制度，但尚難以之與美國之司法審查制度同視。與英國相對者，乃為以「行政至上」為導向之法國。美國憲法雖採法儒孟德斯鳩之三權分立理論，但法國政府及人民一向反對有關司法獨立之觀念，故司法機關除掌理審判權外，並無其他足以與行政權或立法權抗衡之機制。憲法法令之解釋，則委由充滿行政色彩之憲法委員會(Constitutional Council)掌理，且其解釋對於行政部門尚無絕對之拘束力，故憲法委員會充其量僅係一提供法令釋示之諮詢性機構罷了 ❸❺。吾人似可稱法國之上述機制為行政審查(Executive Review)制度，但仍無法以之與美國之司法審查制度齊觀。是以，美國司法審查制度之淵源及成因，並非本於對立法例之繼受，而係一具有開創性之新發明。

　　Co., St. Paul, MN (1984)。

❸❹ 參閱羅傳賢著，《立法程序與技術》，五南圖書公司，民國八十五年，第十五～十六頁。

❸❺ 參閱M. A. Glendon, M. W. Gordon, C. Osakwe, *Comparative Legal Traditions*, 108–112, West Publishing Co., St. Paul, MN (1985)。

（二）美國司法審查權理論之形成

美國聯邦憲法並無有關聯邦最高法院應行使司法審查權之規定，故憲法學者對於司法審查權之歸屬是否已蘊涵於憲法文字中則迭有爭議。但司法審查制度究非憑空捏造或偶然拾得，畢竟「羅馬不是一天造成」，其建立乃係日積月累、奮鬥不懈之成果。司法審查權理論之建立，應係植基於英美普通法內業已完整形成之三項基本命題。第一項基本命題係「神律及自然法」(Divine Law & Natural Law)概念。基督宗教之十誡(Ten Commandments)，以及其他宗教或道德體系所建立之有關人類行為之其他基本規律，不論其屬神律或自然法，均為基本教義(Fundamental Tenents)。人民均熟知基本教義係由神所制定，故優位於一切之人為法(Man-made Law)。在英美國家歷史中，基本教義始終被視為係規範日常生活的現世法(Temporal or Secular Law)之上位法(Higher Law)，故人為之現世法不得牴觸神定之基本教義。

第二項基本命題乃為「正當法律程序」原則。正當法律程序原則首次出現在西元一二一五年之英國大憲章(Magna Carta)之內。題首為「本國法律」(Law of the Land)之第三十九條明定，縱然貴為帝王，仍應受到「本國法律」之拘束。美國憲法廣泛運用「正當法律程序」一詞，並視其為各種程序及實體面自由權(Liberty)之概稱 ❸❻。英美法國家均肯定，正當法律程序乃係正義精髓之所在，具體實現正當法律程序原則，更係政府重視人性尊嚴之明證。為檢視政府行為是否正當(Due)，僅憑抽象之正當法律程序概念恐不為功，尚待平等原則及比例原則等實質內容加以補充。惟平等原則及比例原則乃係正義原則之下位概念，故二者均不得牴觸優位之正當法律程序原則，要無疑義 ❸❼。

---

❸❻ 參見U.S. CONST. Amend. IV & XIV, Sec. 1: "No person... be deprived of Life, Liberty or Property, without due process of Law."

　　第三項基本命題則係「規範政府組織之基本法律應作成書面」(The fundamental law which controls the organization of government should be in writing)。此一概念逐步發展，成為現代法治國思想依法行政理論中之「法律保留」原則(der Grundsatz des Vorbehalts des Gesetzes)。英國國會於一六八九年制定「權利法案」(Bill of Rights)，在此同時，哲學家霍布斯氏及洛克氏(Thomas Hobbes & John Locke)亦先後發表有關社會契約(Social Compact)之哲學概念。於其理論架構內，二學者均試圖將自然法(Natural Law)轉化為自然權利(Natural rights)之概念，強調人民不分男女，均生活在一自然之狀態(Nature of State)，惟有在為保障自身之自由(Freedoms)時，人民才願意組織政府(government)。是以，主權(Sovereignty)為全體人民所共有，主權發生之同時，人民即同意由國家代表人民擁有主權。政府既係基於人民之自由意志而成立，其統治權之行使自須受到人民與其政府間所訂社會契約內容之限制，不得逾越。雖然社會契約本身毋須作成書面，但有關人民之基本自由權 (Basic Liberties)，則無可避免地必須以明示之方式保障之。

　　第三項基本命題之發展成果，亦於此時出現在新大陸之部分殖民地憲章(Colonial Charters)之內，並成為日後美國聯邦憲法之先河。美國開國元勳肯認成文憲法(Written Constitution)之價值，其部分原因乃係受到殖民地憲章之影響。殖民地憲章為書面之殖民地政府組織原則，因其內容詳盡完整，故成為規範殖民地活動之基本法律規定。殖民地政府憲章於美國採行聯邦憲法前，均發展成為各州之憲法。某些州之憲法甚至包含有關「州議會之行為應受司法審查」之特別規定，此一特別規定對於日後聯邦最高法院發展司法審查權理論，確有直接而正面之貢獻。

　　由於第三項基本命題蓬勃發展，造就出美國建國之基石。由傑佛遜

---

❸　參閱林錫堯著，《行政法要義》，法務通訊雜誌社，民國八十年，第三十九～四十四頁。

氏(Thomas Jefferson)起草之獨立宣言(The Declaration of Independence)，
即以下列名言著稱：「我等堅守自明之真理，即人民生而平等，並被造物
主賦與生命、自由與追求幸福等不可讓渡之權利——為確保上述權利，
政府乃設立於人民中間，並基於被統治者之同意，取得正當之權力❸。」
是以，生命權、自由權，以及其他追求幸福快樂之權利，均係人民之基
本權利(Fundamental Rights)，為「人之所以為人，異於禽獸」(Man as a
Man)所不可缺少之要素，故不得隨意拋棄或妄遭剝奪。然接續之問題則
是：「於政府之組織架構內，究竟何人有界定及執行人民基本權利之權
能」。

　　司法審查制度縱於制憲會議(Constitutional Convention)上屢經廣泛
討論，憲法起草人亦對司法權在憲政體制下所扮演之角色提出不同之建
議，但最後由美國十三州簽署之聯邦憲法本文卻未明文規定司法審查權
之意涵及歸屬，更未賦與聯邦最高法院規範或議決國會或各州議會立法
行為是否合憲之權力。而對於聯邦或各州政府之行政行為，以及各州法
院所作之終審裁判之合憲性爭議，聯邦最高法院是否有權予以審查，聯
邦憲法亦付諸闕如。直至一八〇三年首席大法官馬歇爾氏在 Marbury v.
Madison 一案之判決中，引述並採納韓美爾頓氏於聯邦黨第七十八號文
告所闡明之懿旨，方確認司法審查權之意義與範圍，並肯定聯邦最高法
院應擁有上述之司法審查權❸。

---

❸　參照Declaration of Independence: " ...We hold these truths to be self-evident,
that all men are created equal, that they are endowed by their Creator With Cer-
tain unalienable Rights, that among these are Life, Liberty and the pursuit of
Happiness—That to secure these Rights, Governments are instituted among
Men, deriving their just powers from the consent of the governed...."

❸　同前❸。

（三）Marbury v. Madison一案與司法審查制度之建立

聯邦憲法第三條第二項第一款規定聯邦司法權及於所有基於憲法、聯邦法律及條約所引起有關法律與衡平法則之事件，但又於同條項第二款明定聯邦最高法院僅對於涉及大使、其他公使及領事，以及一州政府為當事人之事件享有關於法律與事實之初審管轄權。除非國會制定例外規定，否則聯邦最高法院僅得享有對於其他事件之上訴審管轄權❹。國會依據憲法第三條之相關規定，於一七八九年制定司法組織法(The Judiciary Act of 1789)，該法除設立若干聯邦法院外，並於第十三條賦與聯邦最高法院向聯邦官員發布執行令(writs of mandamus)之權限。執行令係為強制聯邦政府或其機關之官員或職員履行對於原告所負義務，而向該官員或職員發布之司法性裁判，地區法院(District Courts)應對於此種案件享有專屬之初審管轄權。國會制定特別法律，排除憲法第三條第二項第二款有關聯邦最高法院初審管轄權之限制，是否合憲，輒起爭議。

Marbury v. Madison 一案，實起始於美國第二任總統亞當斯氏(John Adams,1735–1826)與第三任總統傑弗遜氏(Thomas Jefferson)在政治立場上之糾葛❹。亞當斯總統於任期屆滿行將離職前，提名多位包括麥伯瑞氏(William Marbury)在內之人士為華府哥倫比亞特區(District of Columbia)之治安法院法官(Justice of the Peace)。參議院在亞當斯總統任滿前一天同意上述提名，任命案隨即經亞當斯總統簽署，但因其離職而使得人事命令未及正式發布。新任總統傑弗遜就職後立即指示國務卿(Secretary of State)麥迪遜氏(James Madison)不予承認前項任命案，並撤回未及發布之人事命令。麥伯瑞乃依據國會於一七八九年制定之司法組

---

❹　參見U.S. CONST. Art. III, Sec. 2, Cls. 1 & 2。

❹　亞當斯氏與美國第一任總統華盛頓氏(George Washington, 1732–1799)同屬聯邦黨(Federalists)，而傑弗遜氏則屬民主共和黨(Republicans)。

織法，逕向聯邦最高法院聲請執行令，請求聯邦最高法院命令國務卿發布其人事命令。

聯邦最高法院受理此一案件，並由首席大法官馬歇爾氏作成裁判。馬歇爾分別就涉及本案之三項重要爭點(issues)進行討論，第一，原告麥伯瑞是否有權接受業經總統簽署但人事命令未能及時發布之任命；第二，國家法律對於原告麥伯瑞被剝奪之權利是否得提供任何救濟；第三，聯邦最高法院是否有依當事人聲請，逕自發布執行令之權。馬歇爾針對第三項爭點所闡釋之憲法懿旨，係 Marbury v. Madison 一案於美國憲政史上大放異彩之所在。

關於第一項爭點，大法官馬歇爾認為提名案既經參議院同意，且人事命令亦經總統簽署並封簽，治安法院法官之職位乃成為被任命人在法律上被賦與之權利(vested legal right)，不得任意剝奪。至於人事命令之發布或送達，則非任命之生效要件，故原告麥伯瑞有權履任治安法院法官之新職❷。其次，大法官馬歇爾為確認此一案件是否應由法院審理，而指出第二項重要之爭點。馬歇爾將行為分成政治上行為(Political Acts)與法律上行為(Acts Required by Law)兩大類，並認為政治上行為應委由政治過程(Political Process)解決，法院無法審查；惟有在個人權利涉及法律明定之義務時，法院方得依法審理，並提供若干法律上之救濟❸。依據大法官馬歇爾之判斷，國務卿麥迪遜拒絕發布人事命令之行為，違反法律上課予之義務，係屬法律上之行為，故法院應可審理此一案件。而公民自由權之本質(Essence of Civil Liberty)，乃在要求為法律上之不正行為提供任何法律上之救濟，故法院亦應針對原告麥伯瑞所受之損害，尋求任何適當之救濟措施❹。此一結論，成為聯邦最高法院司法審查權行使

---

❷ 參照同前❸，at 162。

❸ 大法官馬歇爾之論點，成為日後聯邦最高法院發展「政治問題」理論(Doctrine of Political Questions)之重要依據。

範圍之註腳。

　　大法官馬歇爾既肯定原告有權尋求法律上之救濟，接續之問題則是，麥伯瑞是否得直接請求聯邦最高法院發布執行令，或是聯邦最高法院是否有權逕自發布執行令。馬歇爾將此一爭點再分成執行令之本質及聯邦最高法院之權力等兩項議題，並分別討論之。大法官馬歇爾於考察執行令之本質時，肯定執行令乃係法院審查行政行為時，對於公務員之不正行為所提供之適當救濟措施，但法院亦尊重總統與其幕僚首長間之重要關係，故對於總統及其高層幕僚首長之行政行為，除非法律有特別規定，法院將不予審查。馬歇爾更進一步指出下列兩種行政行為不受司法審查權之監督，第一，總統及其幕僚首長之行為涉及富有政治性質之事物，第二，聯邦憲法及法律明定屬於總統及其幕僚首長行政裁量權範圍內之事物。換言之，純然屬於政治性或裁量性之行政行為，不受司法機關之審查❹，惟對於聯邦憲法或法律明文課予總統及其幕僚首長之法定義務，司法機關則有依法執行上述義務之權力。法院審查特別之法定義務，並未侵犯總統在憲法上之任何行政權能❻。是以，大法官馬歇爾因而宣稱，行政部門之行為應受聯邦憲法及法律之拘束，聯邦司法部門得指示行政部門遵守聯邦憲法及法律上之原則。

　　最後，關於聯邦最高法院之權限，大法官馬歇爾認為司法組織法第十三條有關聯邦最高法院亦得享有聲請發布執行令案件初審管轄權之內容，明顯牴觸憲法第三條第二項第二款前段有關聯邦最高法院初審管轄權範圍之規定。馬歇爾闡明憲法第三條第二項第二款之立法意旨，主張前段列舉最高法院之初審管轄權僅止於涉及大使、其他公使及領事，以及一州政府為當事人之事件，其目的乃在限定聯邦最高法院初審管轄權

---

❹　Id, at 163, 166.

❺　Id, at 170.

❻　Id.

之種類及範圍。由於聯邦憲法具有最高性，故任何機關均不得以任何手段改變憲法所定之限制。至於同條款後段有關國會得制定特別規定排除憲法所定管轄權之限制，馬歇爾主張，此一原則僅對於聯邦最高法院之上訴審管轄權，方有適用之餘地。對於同條款後段作任何擴張性之解釋，均將使本條款之規定形同具文，故不予採納。易言之，國會得隨時制定法律改變聯邦最高法院之上訴審管轄權，但憲法明定之聯邦最高法院初審管轄權，國會則不得以任何手段改變之❹。由於發布執行令不屬憲法第三條第二項第二款前段所列舉之事項，大法官馬歇爾遂肯定，國會制定之司法組織法第十三條牴觸憲法❹。

　　大法官馬歇爾代表聯邦最高法院起草解釋憲法之裁判，進而獲得國會法律牴觸憲法之結論，馬歇爾必須再進一步澄清以下問題：經聯邦最高法院認定為牴觸憲法之法律是否仍然有效，以及聯邦最高法院是否有權宣告牴觸憲法之法律失其效力。

　　大法官馬歇爾認為國民有權制定可規範社會之拘束性原則，此種原則應具有法律之效力。雖然人民可設立一個擁有概括權力之政府，但美國人民卻選擇建立一個僅擁有特定權力之政府❹。國家依據人民意志，制定附隨基本原則之成文憲法，國家則永遠受其拘束❺。是以，憲法乃

---

❹　於Ex Parte McCardle, 74 U.S. 506 (1868)一案，聯邦最高法院重申此一論點，參照同前❷。

❹　參閱J. E. Nowak, R. D. Rotunda, J. N. Young, *Constitutional Law*, 3rd Ed., 4–5, West Publishing Co., St. Paul, Minn (1987)。

❹　參照同前❸，at 176–177。

❺　參見U.S. CONST. Preamble: "We the People of the United States, in Order to form a more perfect Union, establish Justice, insure domestic Tranquility, provide for the common defense, promote the general Welfare, and secure the Blessings of Liberty to ourselves and our Posterity, do ordain and establish this Constitution for the United States of America."

優位於其他法律，為本國最高之法律，任何法令若與憲法牴觸，均屬無效。

　　大法官馬歇爾繼續表示，法院行使審判必須解釋法律，進而正確適用法律，故解釋法律(Interpretation of Law)本屬法院之固有機制，「說明法律是什麼」(to say what the law is)乃係司法部門獨特之職分與責任。憲法亦屬法律之一種，自應委由法院闡明憲法是什麼。因此，法院必須在特定訴訟案件之審判過程中，決定國會所通過之法律是否牴觸憲法。如最高法院認定國會法律與憲法內容確有衝突，最高法院應有宣告該法律違憲(Unconstitutional)，並拒絕適用該法律之權力及責任❺❶。馬歇爾認為，法院若無拒絕適用違憲法律之能力，將使得成文憲法之最根本基礎為之傾頹；否定法院得對於國會法令之合憲性爭議行使司法審查權，亦將使得法院僅注意法律而忽視憲法。如此，司法部門在三權分立政府中制衡及監督之機制，恐將無法發揮❺❷。

　　此外，大法官馬歇爾在憲法本文中，亦指出若干足以支持上述結論之內容。第一，馬歇爾引述憲法第三條第二項第一款有關司法權及於「所有基於美國憲法所提起之事件」(all cases arising under the constitution)❺❸之部分，認為起草該條款之制憲元勳必定樂見法院審理基於憲法所提起之事件時，得適用及解釋憲法。第二，馬歇爾引述憲法第六條第二項最高條款(Supremacy Clause)關於「憲法及遵循憲法制定之聯邦法律，以及依據美國政府授權締結之條約，為本國最高法律」之部分，認為憲法起草人將憲法置於第一位，且明定法律須依憲法而制定，其目的乃在確認憲法係本國最高法律，故法官應有遵守憲法，排除適用任何與憲法牴觸之聯邦法令之義務❺❹。第三，馬歇爾引述憲法上明定之限制，諸如禁設

---

❺❶　參照同前❸，at 177。

❺❷　Id, at 178。

❺❸　參照同前❾。

州際出口稅(Export Tax)、禁發公權剝奪令(Bill of Attainder)、禁止法律溯及既往(Ex post Facto)及證明叛國罪(Treason)之特別構成要件等，認為憲法起草人應期待法官會遵守憲法上之各種限制，並排斥與之違背之任何法令。最後，馬歇爾並舉出法官就職之誓詞，均要求法官支持憲法，而非低位階之法律❺，故而證明法官應優先適用憲法。

綜合上述理由，大法官馬歇爾駁回原告麥伯瑞執行令之聲請，認為聯邦最高法院無發布執行令之初審管轄權，同時，國會制定之一七八九年司法組織法第十三條亦因違憲而失其效力。 Marbury v. Madison 一案之判決將司法審查制度寫入憲法，使得該判決成為美國憲政史上最具劃時代意義之文件。Marbury 案並肯定聯邦最高法院對於國會制定之法律及聯邦政府之行政行為擁有司法審查權。聯邦最高法院隨即於一八一○年在 Fletcher v. Peck 一案之判決裡❺，表示各州議會制定之法律亦應受到聯邦最高法院司法審查權之拘束，並於一八一六年在 Martin v. Hunter's Lessee 一案之判決裡，確認各州法院之終審裁判如有違憲之虞，亦應接受聯邦最高法院之審查❺。至此，美國司法審查制度實已燦然大備。

大法官馬歇爾在 Marbury v. Madison 一案中採取「以退為進」之策略，主張聯邦最高法院並無擴張憲法所定初審管轄權之餘地，但卻依據三權分立之制衡精神，以及揣測制憲元勳之本意，獲得聯邦最高法院應有司法審查權之結論。論者有謂馬歇爾在 Marbury 一案獲得有關「法院係合憲性解釋之最高權威機關」之論點，僅係一假設性之推論(Assumption)，而不是一演繹性之結論(Deduction)。除非通過憲法增修條文，明定憲法解釋權之歸屬，否則關於究竟何機關方擁有對於憲法之最終解釋權

---

❺　參照同前❹。

❺　參照同前❸, at 180。

❺　參照10 U.S. (6 Cranch) 87 (1810)。

❺　參照14 U.S. (1 Wheat.) 304 (1816)。

的問題，則將永遠處於一不確定之狀態❸。站在司法獨立(Judicial Inde-pendence)之觀點，國會議員須按時接受選民之考驗，故較有僅維護大多數人利益之傾向；而聯邦最高法院法官為終身職，不必受到政治上日復一日之壓力，故應較有餘力眷顧少數人之利益。憲法由法院行使解釋權，似較能符合全體國民各自關切之利益，達成「服從多數，尊重少數」之目標❺。

　　聯邦最高法院於一九五八年對於 Cooper v. Aaron 一案之判決❻，亦充分顯示出聯邦最高法院全體大法官支持司法審查權理論之不變態度。Cooper 一案涉及阿肯色州(Arkansas)州長違背聯邦法院所發布，關於小石城(Little Rock)應儘速合併實行種族隔離政策的公立中學之命令。聯邦最高法院九位大法官以無異議 (Unanimous)之決議，裁決阿肯色州州長之行為違憲，使得聯邦最高法院司法審查權之範圍，再擴及於各州政府之行政行為。最高法院引述 Brown v. Board of Education of Topeka 一案之判決❻，強調「無州議員、州行政官員或州法院法官可在不違背其支持憲法之義務的情況下，與憲法為敵」❻。

---

❸　參閱Lawrence Tribe, *American Constitutional Law*, 2nd Ed., 25, Foundation Press (1988)。

❺　參閱Steven Emanuel, *Constitutional Law*, 9th Ed., 2–3, Emanuel Law Outlines, Inc., Larchmont, NY (1991)。

❻　參照358 U.S. 1 (1958)。

❻　參照347 U.S. 483 (1954)。

❻　參照同前❻，at 18。

四、司法審查權之行使與制約

（一）制約理論與人民訴權

　　美國聯邦憲法基於權力分立與三權制衡之精神，雖於其第一條、第二條及第三條分別規定立法權、行政權及司法權三權行使之種類與範疇，但為避免各權恣意擴張，逾越分際，政府各部門尚須嚴守自權力分立理論衍生而成之制約及尊重理論。制約乃各部門內斂之修為，尊重則係各部門外延之功夫，二者除有賴政府各機關主動遵循外，恐無其他強制實現之手段。

　　聯邦最高法院於聯邦憲法中，不僅擁有介入人民權利紛爭之審判權，同時更得挾其憲法解釋權之優勢，宣告聯邦與各州政府行政及立法行為因違憲而失其效力，並得以國家最高審判機關之尊隆，廢棄國內其他法院之裁判。前已述及，聯邦最高法院因享有解釋權與審判權合一之司法審查權，而使得她成為世界上最有權力之司法機關之一。該法院若僅一味發展司法權，罔顧立法、行政二部門在政治過程(Political Process)所扮演之角色，恐將失去其「憲法與人民守護神」之一貫立場，越俎代庖，而不意捲入政治角力之漩渦當中。此一結果，終非司法權之本旨。是以，基於制約理論發展而成之聯邦法院管轄權之限制(Limitations on Jurisdiction of Federal Courts)，乃成為防止司法權逾越憲法分際之最後防線。聯邦最高法院大法官布蘭德斯氏(Justice Louis D. Brandeis, 1856–1941)曾於一九三六年，在 Ashwander v. T.V.A. 一案中表示❸，聯邦法院縱於形式上有明顯之管轄權，某些法則(rules)仍將阻止其受理某些特定之案件。此種阻止聯邦法院受理特定案件之法則，即為聯邦法院管轄權之限制。

---

❸　參照297 U.S. 288 (1936)。

　　此外，人民實施訴訟權，對於聯邦司法權之消長亦有直接之影響。訴訟權乃為人民基本權利之一， 人民實施訴訟權本屬人民自由權(Liberty)之實現，政府固不得加以限制。司法機關如聯邦法院者應立於被動之地位，以「不告不理」之態度行使司法權。惟聯邦法院若極端地保護人民實施訴訟之自由，任令當事人濫行起訴，亦將導致司法權之不當擴張，其結果與聯邦法院不遵循制約理論而恣意擴張司法權之情形無異，故人民訴訟權應予限制之論點乃應運而生。

　　主張人民訴權應受相當限制之論者認為，人民實施訴訟權亦應同時考量公共利益。基於「訴訟經濟」之原則，人民固不可濫訴，縱使當事人在實體上有請求權存在，法院亦應自制。唯有在當事人有接受國家司法救濟之絕對必要性存在時，法院才可受理當事人實施訴訟之聲請。聯邦最高法院始終秉持此一原則，謹守司法制約之精神，透過歷年判例，次第建立形成一套完整之審理規則，作為限制聯邦法院管轄權種類及範疇之合理標準。

　　茲此，聯邦法院依制約理論行使司法權，不僅在橫向關係上與對等之立法及行政部門保持平等之聯繫，不逾分際，同時更在縱向關係上尊重各州州政府之主權自主，對於各州法院作成之裁判，除非有涉及聯邦問題(Federal Questions)者，否則不予干涉。更有甚者，聯邦法院肯認人民訴權應受相當限制之論點，且在歷年判例重申此一立場，並一再表明其不主動介入政治活動，不被動受理一切司法案件之決心，則又是聯邦法院恪遵司法制約理論之具體實踐❻❹。

　　聯邦最高法院行使司法審查權，雖係以實施解釋權為手段，達成違憲審查之目的，其作用固與一般審判權有別，但其行使究不可能與一般

---

❻❹　關於人民訴權應受相當限制之理論，係為學理上所稱之「具體訴權說」。與其對立之概念則為「抽象訴權說」，已為訴權理論所揚棄。並參閱楊建華著，《民事訴訟法要論》，三民書局，民國八十二年，第一八七～二○五頁。

審判權分離而為單純法令之抽象審查，故有關聯邦法院依制約精神發展而成的管轄權限制原則，於聯邦最高法院行使司法審查權時亦應一併適用，初無軒輊。

（二）聯邦法院管轄權之限制

1.事件或爭執(Case or Controversy)之限制

聯邦憲法第三條第二項明定聯邦司法權及於所有基於法律及衡平法則所提起之事件或爭執，此為當事人在實體上訴訟標的法律關係必須具體存在之限制。聯邦最高法院解釋事件及爭執之意義，認為在法院訴訟程序中所謂之「事件」，係指有真正對立當事人存在，涉及法定權利遭受對造行為侵害，而法院確有權限解決此一紛爭之情形而言；至於所謂「爭執」，則係指真實當事人涉及現時紛爭之情形而言。申言之，所謂「事件或爭執」，乃係指一足以影響對立當事人在法律上權利義務關係之現時紛爭而言。故紛爭之標的或客體必須確定而具體(Definite and Concrete)，且紛爭本身應適合以司法裁決之途徑予以解決❻。

同時，紛爭之標的或客體必須涉及對立當事人法定權利或利益真實而即時之危險(Real and Immediate Danger)。是故，對於當事人本於通謀虛偽之意思而提起之勾結性或友誼性訴訟(Collusive or Friendly Suits)，法院將以無真實而即時之危險為理由，拒絕受理當事人之訴訟案件❻；對於總統或國會依法行使職權而引起之疑義，法院亦將以無真實而即時之危險為理由，拒絕提供任何形態之諮詢性意見(Advisory Opinion)❼；對於紛爭業已解決之訴訟案件(Moot Cases)，法院更將以無事件或爭執之存

---

❻　參照Aetna Life Insurance Co. v. Haworth, 300 U.S. 227(1937)。

❻　參照Chicago & Grand Trank Railway v. Wellman, 143 U.S. 339 (1892)。

❼　參閱G. Gunther, *Constitutional Law*, 8th Ed., 1535, West Publishing Co., St. Paul, MN (1985)。

在為理由，駁回當事人實施訴訟之請求❻。但法院仍將以有真正爭執之
存在為理由，受理單純聲請為確認當事人權利義務關係，而請求法院作
成確認性判決(Declartory Judgment)之訴訟案件，自無問題❻。

　　在聯邦最高法院受理司法審查案件,審理政府行為之合憲性問題時,
亦無法拋開前述「事件或爭執」之要求。法院決定某一立法或行政行為
是否違憲，必須以確定而具體之事實作基礎，任何抽象或假設性之議題，
均不足以發動法院行使司法審查權。故聯邦法院強調，只有在對立當事
人之一方因政府行為而確實發生傷害時，才會使訴訟案件之憲法爭點變
得明顯與尖銳。但人民是否確有傷害，則端賴法院體系中認定事實之機
制，是以，聯邦法院行使司法審查權，必須與通常訴訟程序及一般審判
權合一，其原由即在此。職是之故，人民欲針對某一法令或政府之行為
發動司法審查權，不可僅單純地提示該法令或政府行為之違誤不當，而
必須依通常訴訟程序向法院提起訴訟，使自己成為訴訟案件之當事人。
訴訟案件可向聯邦或州之法院提起，亦可為民事、刑事或行政訴訟案件，
當事人更可為訴訟案件之原告或被告，但唯有在訴訟案件涉及憲法爭點
(Constitutional Issues)時，聯邦最高法院方有行使其司法審查權之餘地。

　　茲應注意者，司法審查案件「事件或爭執」之要求，往往令許多潛
在當事人裹足不前，對於人民權利之影響不可謂不大。故對於法令合憲
性之爭執，人民為爭取時效，減少開支，得選擇依衡平救濟途徑，聲請
法院發布禁制令(Injunction)，以阻止該法令之有效施行。人民依通常訴
訟程序，請求法院就法令之憲法爭點進行合憲性審查，已漸漸為上述之
衡平救濟途徑所取代。

2.當事人適格(Standing)之限制

　　為保證訴訟案件確有對立當事人存在，及當事人一方之法律上權益

---

❻　　參照Liner v. Jafco, Inc., 375 U.S. 301 (1964)。

❻　　參照United Public Workers v. Mitchell, 330 U.S. 75 (1947)。

確有損害，聯邦最高法院基於制約理論，於憲法所定「事件或爭執」限制以外，附加當事人適格之要求，故當事人適格亦屬憲法上之限制❼，自無疑義。所謂「當事人適格」，係指特定訴訟當事人，得就本案法律關係，請求或接受法院裁判之地位或資格而言。原告須主張自己因被告的行為，而遭受在感官上(Aesthetic)、給養上(Conservational)、休憩上(Recreational)或經濟上(Economic)直接和即時(Direct and Immediate)之個人傷害(Personal Injury)，且原告亦須提出充分證據，證明被告的行為與自己所受損害的結果之間具有相當程度之因果關係。

上述二項要件成立之後，法院仍將審視原告所提起之訴訟案件是否已達到可為司法裁判(Ripeness)之程度。唯有在原告所受損害適合以司法裁判之救濟途徑予以解決時，法院始認定訴訟案件符合當事人適格之要求❼。茲此，對於被告所為單純及不確定之威脅或恫嚇，且尚未造成原告任何現實利益具體傷害之行為，法院通常將依司法制約理論中之審慎考量原則(Prudential Principles of Judicial Self-restraint)，以訴訟案件未達可為司法裁判之程度為理由，駁回原告司法救濟之聲請❼。美國聯邦最高法院大法官史東氏(Harlan F. Stone, 1872–1946)曾表示，具有價值之法律上權利(valuable legal rights)構成當事人適格，即時侵犯之威脅 (threat of imminent invasion)構成訴訟案件已達可為司法裁判之程度。渠等將二概念作一區分，頗值吾人參考❼。

原告除依傳統訴權理論取得當事人適格之地位或資格外，國會亦得制定法令創設新利益，以擴大法律保障原告法定權益之涵蓋區域(Zone of

---

❼　參照Flast v. Cohen, 392 U.S. 83 (1968)。

❼　參照Simon v. Eastern Kentucky Welfare Rights Organization, 426 U.S. 26 (1976); Allen v. Wright, 468 U.S. 737 (1984)。

❼　參照Rescue Army v. Municipal Court, 331 U.S. 549 (1947)。

❼　參照Nashville, C. & St. L. Ry. v. Wallace, 288 U.S. 249 (1933)。

Interest)。惟原告法律上傷害(Injury in Law)縱可依法從寬認定，但於確認
原告當事人適格之地位或資格時，　法院仍須以原告具有事實上傷害(In-
jury in Fact)為底線❼。事實上傷害之成立，不以忍受刑事犯罪或經濟損
失為必要，只要其傷害得表徵某些感官上、給養上、休憩上或經濟上之
價值即可❼。更有甚者，當傷害面廣大，任何一特定原告所受傷害對於
整體傷害而言幾已微不足道時，法院仍認為此一情形並無損及事實上傷
害之成立，原告已符合當事人適格之要求❼。

聯邦最高法院行使司法審查權時，亦受上述當事人適格原則之拘束。
最高法院認為，憲法上揭櫫之任何原則性權益，僅係歸屬於全體公民之
概然化利益(Generalized Interest of All Citizens)，違反上述利益僅得構成
公民個人抽象之傷害(Abstract Injury)，與事實上傷害不可同視。故人民不
得以公民之身分主張當事人適格，而於訴訟程序中居於原告，請求聯邦
最高法院對於其所宣稱違背聯邦憲法之法令進行司法審查。同時，公民
亦無原告之適格地位，向法院質疑國會議員是否違反憲法所定之職務限
制❼。但公民有時得以在野檢察長(Private Attorney General)之身分，對於
某些特定事項如環境事件者，向法院提起公民訴訟(Citizen Suits)，排除
傳統當事人適格理論之適用，茲應注意❼。

基於當事人適格原則之限制，法院對於涉及人民概然化利益與抽象
性傷害之憲法爭點，認為因其欠缺事實上傷害之性質，故不予審理。換

❼　參照Trafficante v. Metropolitan Life Insurance Co., 409 U.S. 205 (1972); Sierra
　　Club v. Morton, 405 U.S. 727 (1972)。

❼　參照Association of Data Processing Service Organizations, Inc. v. Camp, 397
　　U.S. 150 (1970)。

❼　參照United States v. SCRAP, 412 U.S. 669 (1973)。

❼　參照Schlesinger v. Reservists Committee, 418 U.S. 208 (1974)。

❼　參閱後文，〈美國國家環境政策之制定執行與司法審查〉； 並參照Lujan v.
　　Defenders of Wildlife, 504 U.S. 555(1992)。

句話說，原告如欲提起憲法爭訟，為滿足當事人適格之要求，渠必須主張其本人應為訴訟案件結果中之利害關係人(a stake in the outcome of the case)。準此，納稅義務人對於國家歲出(Expenditures)之一般性支用認為違憲而起訴時，法院將以原告所受侵害遙遠，不確定及微小等理由，否認原告符合當事人適格之要求 ⓲。但納稅義務人卻可因訴訟案件之結果顯然將影響其未來納稅權義之變動，而例外地獲得當事人適格之地位，得請求法院審查稅法上有關核定課稅金額規定之合憲性爭議 ⓳。

同時，納稅義務人亦得以當事人適格之地位，請求法院審查政府行使徵稅及支出(Taxing and Spending Power)之權限是否逾越憲法上之特別授權 ⓷。惟截至目前為止，僅有涉及憲法增修條文第一條「抑設宗教條款」(Establishment Clause)之合憲性審查案件，始被聯邦最高法院認為具有原告之當事人適格，茲應注意。

此外，法院僅允許直接受害人提起關於憲法爭點之訴訟 ⓸。但在直接受害人不能或不易自行主張其權利，或原告與直接受害人間有特殊關係存在，且原告為本案之間接受害人時，法院亦准許原告得實施為第三人之訴訟，肯定原告具有當事人適格 ⓹。縱於社團組織本身並無遭受任何侵害之情形，法院仍同意該社團組織可代表具有當事人適格之成員進行訴訟，亦屬當事人適格原則之例外 ⓺。另外，州政府得以財產所有人

⓲　參照Frothingham v. Mellon, 262 U.S. 447 (1923)。

⓳　參照United States v. Butler, 297 U.S. 1 (1936)。

⓷　參照Everson v. Board of Education, 330 U.S. 1 (1947); Doremus v. Board of Education, 342 U.S. 429 (1952); Asarco, Inc. v. Kadish, 490 U.S. 605(1989)。

⓸　參照Tileston v. Ullman, 318 U.S. 44 (1943)。

⓹　參照NAACP v. Albama, 357 U.S. 449 (1958); Barrows v. Jackson, 346 U.S. 249 (1953); Craig v. Boren, 429 U.S. 190 (1976); Carey v. Population Services International, 431 U.S. 678 (1977)。

⓺　參照Hunt v. Washington State Apple Advertising Commission, 432 U.S. 333

之地位，主張涉及州產之聯邦法令違憲。州政府在此一情形下，亦具有原告之當事人適格，自不待言❽。

3. 絕對必要(Strict Necessity)之政策

聯邦最高法院依據司法制約理論，發展而成所謂「審慎考量原則」(Prudential Concerns Principles)，認為聯邦最高法院最重要及最慎重之職權乃係審理憲法上之爭點，故於行使此項職權時，自應遵循絕對必要之政策❽。是以，該院僅審理源自訴訟事件之憲法爭點，對於涉及訴訟事件事實以外之事項，則不予裁決。當國會制定之法令引起合憲性之嚴重疑義時，聯邦最高法院將首先探究是否有為法令解釋之可能，以避免逕予行使違憲審查之職權❽，甚至在聯邦最高法院對於上訴案件享有完全之管轄權，且非不得依憲法基礎自為裁決之情形，該院仍將以訴狀闡述事實及對於當事人之影響不夠明確及具體(Clean Cut and Concrete)為理由，拒絕受理因該事實而引發之法令違憲審查案件❽

聯邦最高法院對於各州終審裁判行使司法審查權時，亦注意謹守聯邦司法權之分際。各州終審裁判除須符合上述事件或爭執、當事人適格與保護必要等要求外，尚須滿足可審查性(Reviewability)要件。所謂「具可審查性」之終審裁判，係指該訴訟案件涉及一項重大之聯邦問題，且當事人於其本州已用盡一切可資適用之程序，仍無法獲得適當救濟之情形而言❽。所謂「聯邦問題」(Federal Questions)，則係指涉及意圖違反聯邦憲法、法令或條約之情事❾。聯邦最高法院僅審查各州涉及聯邦問

(1977).

❽　參照Missouri v. Holland, 252 U.S. 416 (1920)。

❽　參照Rescue Army v. Municipal Court, 331 U.S. 549 (1947)。

❽　參照Ashwander v. Tennessee Valley Authority, 297 U.S. 288 (1936)。

❽　參照Socialist Labor Party v. Gilligan, 406 U.S. 583 (1972)。

❽　參照Cox Broadcasting Corp. v. Cohn, 420 U.S. 469 (1975)。

❾　參照NAACP v. Alabama, 357 U.S. 449 (1958)。

題之終審裁判。如各州終審法院得以該州適當且獨立(adequate and independent)之法令充當審理基礎時，則其作成之裁判即不屬聯邦最高法院司法審查權行使之對象[91]。於州終審裁判是否確以州法令為審理基礎不甚明確時，聯邦最高法院將以訴訟案件無管轄權為理由，駁回(Dismiss)司法審查之聲請，或發回(Remand)州法院更審，要求州法院再予確認裁判基礎之屬性[92]。聯邦最高法院考量州終審裁判是否具可審查性，亦係遵循絕對必要政策之具體表現。

4.**政治問題**(Political Questions)

聯邦最高法院表示，某些源自訴訟事件事實之憲法爭點雖符合事件或爭執、當事人適格與絕對必要等要件，但仍不屬司法權所及之範圍，法院將不予審理。此種憲法爭點稱為「政治問題」。如果聯邦最高法院確認某一憲法問題含有政治性，該院將宣稱此一憲法問題應由政府之政治部門，亦即立法部門及行政部門二者自行解決，司法部門不宜貿然介入或干涉。國會或總統針對於此種政治問題作成之決定，不受聯邦最高法院司法審查權之拘束。

所謂「政治問題」，係指司法部門對於該項爭點欠缺可資適用之審查標準，亦不能或不易提供有效之救濟方法，然政治部門卻對於同項爭點負有憲法所交付應自行裁決之責任，且此項爭點有由政治部門為徹底解決之必要。法院審查「政治問題」是否存在，應依個案研究，各別判斷[93]。

聯邦最高法院認為司法部門不應審理政治問題，其立論實植基於權力分立理論與審慎考量原則。依據權力分立理論，聯邦最高法院對於憲法已明文授權，應交付其他政治部門裁決之事務，或依據審慎考量原則，司法部門經過周延縝密之考量，認定以司法裁決為其救濟方法雖非違憲，

---

[91] 參照Herb v. Pitcairn, 324 U.S. 117 (1945)。

[92] 參照Michigan v. Long, 463 U.S. 1032 (1983)。

[93] 參照Baker v. Carr, 369 U.S. 186 (1962)。

但非明智之事務，均不予審理及作成裁判。

聯邦最高法院在 Baker v. Carr 一案❹，提出六項各自獨立之標準，作為決定某一憲法爭點應否為政治問題之基礎，茲分述如後。

(1)屬於政府其他部門之職掌：若基於憲法，應交付政府政治部門處理之事務，法院將不予審理。

(2)司法部門欠缺裁判基準：司法部門對於某一憲法爭點，欠缺明顯與可資適用之裁判基礎或標準，法院將不予審理。

(3)不具司法爭訟性質之政策性決定：對於非經司法部門以外之裁量者作成初步之政策性決定，司法部門無法就系爭焦點進行裁判之事務，法院將不予審理。

(4)尊重政府其他部門：為避免司法部門獨斷專擅，法院尊重政府其他對等合作部門之決定，故對於對等合作部門之決定，法院將不予審理。

(5)政治部門已作成的政治上之決定：法院為政府統治權行使之一環，有謹從政治部門已作成的政治上決定之義務，故對於政治部門作成的政治上決定，法院將不予審理。

(6)統一口徑，一致對外：政府不同部門間對於同一事務意見發生齟齬，將導致政府困窘，此現象於處理涉及對外關係之事務尤甚，故對於此項事務，法院將不予審理。

以上所列六項標準均各自獨立，只要符合其中任何一項，該事務即構成政治問題。此外，為尊重既成之政治現實，避免因司法裁判造成社會之動盪或不安，聯邦最高法院曾表示，避免司法部門裁決或觸及將對於政治現實發生傷害之重大事務，亦為考量某一憲法爭點應否為政治問題之標準❺。聯邦最高法院大法官布芮蘭氏(William J. Brennan, 1906–)

---

❹　Id.;並參照Nixon v. United States,506 U.S. 224(1993)。

❺　參照Pacific States Telephone & Telegraph Co. v. Oregan, 223 U.S. 118 (1912)。

表示,「總統與國會間發生摩擦,於憲政體制下實屬常情,惟歧見實多源自對於政治上之考量甚於法律上之考量。司法部門不應於政治部門陷人憲政僵局前,貿然介入並裁決涉及總統與國會間權力分配之事務。否則,本院將鼓勵國會次級團體或議員個人,於通常政治過程可望解決衝突前,嘗試以司法途徑解決紛爭」**96**。布芮蘭氏依審慎考量原則,強調司法部門應嚴守分際,不宜越俎代庖,勉強介入政治過程。

實際上,聯邦最高法院已依憲法及有關權力制衡之精神,將涉及對外關係(Foreign Relations)、軍事組織(Military Organizations)、敵對狀態持續期間、政府民主政治運作形式、憲法修改程序、國會議員資格、國內政黨紛爭,以及參政權或政府統治權分配之事務,歸類為政治問題,法院均不予審理。惟近年來聯邦最高法院有不輕易認定政治問題之趨勢,頗值吾人注意。

五、司法審查權之效力

司法審查權之行使,係以解釋憲法為手段,達成違憲審查之目的。聯邦最高法院基於司法制約理論,強調該院不審理單純聲請為憲法解釋之案件。故與訴訟標的法律關係脫離,無具體當事人適格之事務,縱使涉及憲法爭點,聯邦最高法院仍將拒絕受理,以訴訟案件欠缺審判權為理由,裁定駁回請求該院進行抽象法規範合憲性審查之案件。

惟司法審查案件因不屬單純抽象法規範合憲性審查之性質,故必須與通常訴訟事件結合,成為釋憲權及審判權合一行使之特殊案件類型,以期有效發動聯邦最高法院司法審查權之實施。是以,關於通常訴訟終局裁判所應具有之各種效力,諸如確定力、法之拘束力、既判力及執行力等,對於司法審查案件之裁判亦有相同之適用。更有甚者,由於司法

---

96 參照Goldwater v. Carter, 444 U.S. 996 (1979)。

審查案件之裁判均包含憲法解釋之內容，故該類裁判亦具憲法之位階，用以闡明憲法精神及補充憲法內容之疏漏或不足。

依據英美法體系，判例(precedents)具有法之拘束力，而非僅具事實上拘束力之特質，判例一經作成，即不僅依既判力之效果拘束訴訟當事人及訴訟標的，同時亦依法官造法(Judge-made Law)之功能，創設一法律原則(Principle of Law)，具有法律之本質，成為一抽象之法律規範，得以拘束訴訟當事人或訴訟標的以外之人或事務；又因司法審查案件之裁判含有解釋憲法之內容，使得該裁判具有憲法之效力；再因憲法解釋之內容均附麗於一與審判權合一之終局裁判以內，更使得憲法解釋之內容具有執行力。茲此，司法審查案件之裁判不僅具有憲法之效力，同時更有單純抽象法規範審查所不易擁有之既判力及執行力，可謂畢全功於一役，集大成於一身，在在凸顯美國聯邦最高法院「司法一元制」之宏大規模。

聯邦最高法院行使司法審查權，其首要目的乃係在確認法令是否牴觸憲法。依據大法官馬歇爾氏於一八〇三年在 Marbury v. Madison 一案所揭示之原則，聯邦最高法院若宣告某法令違憲，該法令即失其效力。聯邦最高法院之判例亦表示，「一違憲之法令並非法律，其無法賦與任何權利，亦無法課予任何義務；其無法提供任何保障，亦無法創設任何職務；其不再有效，如同未經通過」❾❼。此一極端之見解，曾引起相當程度之迴響。持反對意見者則認為，聯邦最高法院之見解顯然言過其實，法院違憲之宣判無法使系爭法令全然失效。例如法院可能於日後以新裁判廢棄原裁判，重新確認於原裁判中曾被宣告為違憲之法令通過合憲性審查，並無違憲之情形。此際，國會毋需重新制定被法院宣告違憲之法令，因法院之前裁判並無廢止現行法令之效力，僅係中止對於該法令之執行而已❾❽。

---

❾❼　參照 Norton v. Shelby County, 118 U.S. 425 (1886)。

❾❽　參閱 G. Gunther, *Constitutional Law*, 8th Ed., 28, West Publishing Co. (1985)。

事實上，聯邦最高法院近年來對於司法審查案件裁判之效力顯然採取較中庸之看法，尤其在關於違憲法令是否溯及既往(Retroactivity)發生無效效果之問題上，更能見其端倪。如採極端擴張之見解，則違憲法令應依最高法院之裁判，而溯及至法令制定時發生無效之效力；如採極端限縮之見解，則違憲法令應於最高法院裁判作成後始向後發生無效之效力，並無溯及既往發生無效效果之問題。聯邦最高法院則似乎已揚棄稍早之見解，認為其無法視一嚴格溯及無效之原理為正當❾，惟聯邦憲法究無明文禁止或強調有關聯邦最高法院裁判之溯及效力❿。故法院在決定某一業經宣告違憲之法令應否溯及無效時，將考慮溯及無效對於因系爭法令而取得之諸如權利、身分等憲法保障事項之影響。例如聯邦最高法院經常面臨刑法或刑事訴訟法上有關條款被該院宣告違憲及失其效力，其裁判有無溯及效果之問題。聯邦最高法院將以宣告法令違憲之主要目的，執法人員信賴系爭法令之程度，以及溯及無效對於刑事偵審程序之影響等因素為基礎， 決定裁判對於關係法令是否有溯及無效之效力⓫。

此外，聯邦最高法院宣告某法令違憲，尚有該法令應全部為無效，或僅違憲部分無效之問題。聯邦最高法院表示，如系爭法令違憲部分與同法令其他內容可清楚辨別及易於分割，且違憲部分足以獨立存在，而在探求立法者之初衷與立法本旨後，又進而查知立法原意並不反對系爭法令得一部為無效之情形，該院將宣告僅系爭法令之違憲部分無效，其他部分則仍有效存在，不受影響⓬。是以，立法者之本意乃成為聯邦最

---

❾　參照 Chicot County Drainage District v. Boxter State Bank, 308 U.S. 371 (1904)。

❿　參照Linkletter v. Walker, 381 U.S. 618 (1965)。

⓫　參照Johnson v. New Jersey, 384 U.S. 719 (1966)。

⓬　參照Cater v. Carter Coal Co., 298 U.S. 238 (1936)。

高法院決定違憲法令是否全部無效之重要考量因素。然而，縱在系爭法令具有分割條款(Severability Clause)，明定「本法令某部分縱經宣告無效，其無效不影響其他條款」之情形，聯邦最高法院為求慎重起見，僅得推定立法者有同意該系爭法令可一部無效之原意，但立法者尚得以反證推翻上述推定，阻止法院為系爭法令一部無效之宣告⓼。至於在系爭法令違憲部分與其他部分無法分割且互相依存之情形，聯邦最高法院將探求立法者之原意，進而宣告該系爭法令因部分內容違憲而全部失其效力，自屬自然⓽。

六、釋憲及審判合一行使之違憲審查制度——代結語

　　在美國司法一元制之體系運作下，聯邦最高法院除為掌理民事、刑事及行政訴訟案件之國家最高審判機關外，同時更為「守護憲法、保障人權」，掌理司法審查案件之國家最高司法機關。聯邦最高法院於審理司法審查案件時，為解決若干憲法爭點必須解釋憲法，又因此使得該院成為國家最高釋憲機關。惟基於三權分立理論與司法制約理論，聯邦最高法院行使司法審查權，仍應受到聯邦法院管轄權限制之拘束。換言之，司法審查案件尚須滿足事件或爭執、當事人適格及絕對必要之要求，實與一般訴訟案件應具「事件性」之性質無異。釋憲權不可能與審判權分離而單獨存在，故單純為法規範抽象審查之聲請案件，必遭聯邦法院以案件欠缺管轄權為理由而拒絕受理，此乃美國釋憲權及審判權合一行使的司法審查制度之特質。

⓼　參照Williams v. Standard Oil, 278 U.S.235 (1929)。

⓽　參照Pollock v. Farmers' Loan & Trust Co., 158 U.S. 601 (1895)。

　　此外，司法審查制度係以解釋憲法為手段，而以審查立法及行政行為是否違憲為其最終目標。違憲審查之裁判應具有與憲法相同之位階，惟若欠缺執行力，則該裁判形同具文，無法收三權分立政府監督制衡之功效。有鑒於此，美國司法審查制度合一釋憲權及審判權，使裁判之執行力與釋憲內容緊密結合，似可有效避免上述窘境，頗值吾人借鏡。

　　最後，美國聯邦最高法院踐履司法權，始終基於尊重理論保持嚴謹謙抑之態度，避免貿然介入政治部門之舞臺，亦值吾人稱道。如何在「守護憲法、保障人權」之使命感與司法制約或尊重其他部門之精神之間取得平衡點，應係現代司法部門戮力探索之重點。

美國聯邦最高法院對於國會州際商務規範權解釋之研究

一、前　言

　　美國憲法第一條第八項第三款規定,「國會有規範與外國、州際及與印地安部落商務之權」❶,此即所謂「商務條款」(Commerce Clause)。基於商務條款,國會有權規範州與州之間,以及美國與外國之間包括實業及勞動在內之各種商務活動。在美國實施邦聯制(Confederation)期間,各州進行商務活動,經常與外國或他州發生嚴重之摩擦或衝突,此乃施行邦聯條款(Articles of Confederation)必然之結果。在該制度之下,中央政府並無規範商務活動之實質權限,且在當時亦無統一之有關法律頒行全國。是以,商務條款乃本於上述立法背景與要求,於數州憲法規定之

---

❶ 參見U.S. CONST. Art. I, Sec. 8, Cl. 3:" The Congress shall have the Power to regulate Commerce with foreign Nations, and among the several States, and with the Indian Tribes."

內容中應運而生，其用意乃在有效整合各州共識，協力挽救陷入困境且無法化解之州際商務(Interstate Commerce)問題。 聯邦政府隨而因勢利導，從善如流，在一七八七年決議揚棄邦聯制改採聯邦制(Federalism)之同時，並於美國憲法第一條第八項第三款「商務條款」中明定國會有規範州際商務之權力，係為美國憲法所保障之國會「明示權」(Enumerated Power)之一。

自此，美國憲法所明定之商務條款，乃儼然成為國會權力擴張之權源。直至一八六五年美國爆發南北戰爭以後，由於鐵路建設之完備，全國經濟乃呈現實質而蓬勃之發展。國會為行使其規範國家商務之權限，不免涉入各州州內之經濟事務，致而威脅至各州規範其本州商務活動之權限，有關國會商務規範權意義與範圍之爭議乃隨之備受各界矚目，終於成為一項憲法上之爭執焦點。一般而言，國會商務規範權爭議之焦點計如下述，亦即第一，如何之商務(Commerce)活動才是國會得以規範之對象；以及第二，國會商務權之範圍究竟為何等二項。是以，例如商品之生產或製造是否屬於商務之意涵，以及國會商務權得否涉及傳統上認為係具地區性本質之事務或關係等爭議，均係聯邦最高法院解釋商務條款首應釐清之問題。

二、憲法商務條款與國會州際商務規範權

基於規範與外國政府從事之商務活動應口徑一致的理由，聯邦政府對於外國商務(Foreign Commerce)事務，享有專屬之規範權❷。惟對於州際商務事務，則與商務活動所由發生之各州俱有管轄權。是以，聯邦最高法院經常依聲請決定聯邦與州規範州際商務活動的權力之有關範圍。

如前所述，美國憲法第一條第八項第一款明文授予國會規範州際商

---

❷　參照Michelin Tire Corp. v. Wages, 423 U.S. 276 (1976)。

務之權力。基於此項憲法明示權,國會應享有對於州際商務之完全權力
(Plenary Power)。國會依商務條款之授權,對於州際商務所使用之通道或
設施, 以及對於具有全國性經濟效應(national economic effect)之行為行
使規範權力,法院均將予以認可。是以,國會的商務規範權,將擴及於
所有州際運輸業者、道路或其他州際傳送設施等事務,可謂無遠弗屆。

　　甚且,國會如認為必要且適當,並得依據此項完全之州際商務規範
權,禁止經國會認定對於公眾健康、安全、福利或道德有所損害之物品、
人員或活動於州際商務通道內運送或旅行。甚至,於運送若干種類如酒
類等商品之情形,為檢查之便利(convenience of inspection)所必要,國會
並得將其州際商務規範權,延伸至州際商務活動業已完成,系爭物品已
然運達目的州之後❸。此項屬於國會之完全規範權一旦實施,將使得聯
邦政府擁有一聯邦警察權(Federal police power),此一結果雖非制憲元勳
所預見,但其性質卻幾乎與州政府所專享之警察權並無二致。

　　無論國會制定有關規範之動機究竟為何,國會得基於州際商務規範
權,排除其於州際商務通道以外的客體包括損及州際商務本身之物品,
例如於州際傳輸中可能將傳染疾病予其他動物之有病動物;一般性商品,
例如樂透獎券或低於標準條件之產品; 以及非商品,例如逃避追訴或綁
架他人之人員等❹。更進一步言,依據聯邦最高法院之意見,聯邦警察
權尚包括國會促進州法律或政策之權力,例如聯邦法令禁止在某州其收
受、買賣或持有係屬不法之犯罪物品於州際間運輸者是❺。

---

❸　參照McDermott v. Wisconsin, 228 U.S. 115 (1913) ; United States v. Sullivan,
　　332 U.S. 689 (1948)。

❹　參照United States v. Darby Lumber, 312 U.S. 100 (1941) ;Gooch v. United
　　States, 297 U.S. 124 (1936)。

❺　參照Kentucky Whip & Collar Co. v. Illinois Central Railroad, 299 U.S. 334
　　(1937)。

　　然而，州際商務(Inter-state Commerce)本身究非屬一項得以清楚界定其意涵之名稱，其與州內商務(Intra-state Commerce)之意涵是否有重疊或不易劃分之區域，則不無疑義。於州內發生之商務活動，應專屬於本州政府自行規範之事務固無問題，惟如州內商務活動之結果將直接或間接地對於州際商務造成若干影響時，國會得否依憑憲法所授予規範州際商務之權力，介入各州州內之商務活動，則有待聯邦最高法院考察憲法之精神及制憲者之本意，本於各個時期之社經情況及聯邦與州政府間之互動背景，持續對於憲法商務條款之意涵，作成最合時宜及最明確之解釋與釐清。

（一）早期對於商務條款之解釋

　　如前所述，美國憲法第一條第八項「商務條款」賦與聯邦政府規範州際、國際及與印地安部落商務之權。由於在理論上，聯邦政府權力之種類與範圍僅得基於憲法之授權，故該政府在體質上應為一有限權力(Limited Powers)之政府。憲法既無明文授予聯邦政府規範州內商務(Intra-state Commerce)之權限，有關州內商務活動之問題，自應依美國憲法增修條文第十條剩餘權(Residue Powers)歸屬於各州及人民之本旨，保留與各州，由各州政府自行規範並解決之。惟論及商務活動之問題，一項根本之難題馬上浮現，亦即「商務究於何時始具有州際活動之性質」。事實上，美國聯邦最高法院對於商務條款所作成之一系列解釋，乃係由此一疑義為其切入探討之起始點。

　　美國聯邦最高法院前首席大法官馬歇爾氏(Chief Justice John Marshall)曾在 McCulloch v. Maryland 與 Gibbons v. Ogden 二案中，將州際商務定義為「涉於二州以上之商務」❻。首席大法官馬歇爾氏基於自然法

---

❻　參照McCulloch v. Maryland, 17 U.S. (4 Wheat.)316, 4 L.Ed. 579 (1819)。本案乃係美國聯邦最高法院就商務規範權，對於聯邦政府權力本質及聯邦與州

(Natural Law)所揭櫫自然正義(Natural Justice)之本質，認為縱使聯邦政府僅擁有若干憲法明定之明示權，惟解釋上，憲法賦與聯邦政府各項權限，並不以明示及明文規定之方式為必要。因之，國會在憲法商務條款所享有規範州際商務之權力，應包括規範全國工業的非不重要部分(no inconsiderable portion of the industry of the nation)之權限在內。

馬歇爾氏強調，賦與政府廣泛之規範商務權，不僅係基於政治性自然正義之理念，同時亦符合憲法第一條第八項第十八款「必要且適當條款」(Necessary and Proper Clause)所賦與國會的附隨權(Incidental Powers)之本旨❼。依據馬歇爾氏之定義，只有完全屬於州內之商務活動，始不受聯邦法令之規範。然而，儘管如此，國會尚得規範於州際商務發生影響(affectation)之州內商務活動。

美國憲法賦與國會最重要之概括權限之一，應屬該法第一條第八項第十八款「必要且適當條款」所明定之附隨權。依據上開條款規定之本旨，國會為切實執行憲法同條項第一款至第十七款所授予國會之各種明示權，以及憲法授予聯邦政府或任何政府部門及其官員之所有其他權力，應有制定一切必要且適當法律之權力❽。此條款係屬在有限權力政府理論下一個較為例外之概念，其雖與憲法第一條第八項第一款至第十七款授予國會之各種明示權力並列，但在性質上，卻屬蘊涵於憲法精神與立法者本意之中的蘊涵權(Implied Powers)之一，為附隨於國會其他明示權

關係所表達之最初始看法。並參照Gibbons v. Ogden, 22 U.S. (9 Wheat)1, 6 L.Ed. 23 (1824)。

❼ Id.馬歇爾氏解釋政治性自然正義，認為人民既賦與政府全國幸福及繁榮所賴以寄託廣泛且正當之行政權，自亦應賦與政府實施其行政權之廣泛權限。

❽ 參見U.S.CONST Art. I, Sec. 8, Cl. 18: "Congress shall have the Power to make all Laws which shall be Necessary and Proper for carrying into Execution the foregoing Powers, and all other Powers vested by this Constitution in the Government of the United States, or in any Department or Officer thereof. "

之一項概括權限。

解釋上，基於必要且適當條款之意旨，國會為切實執行各個政府部門依憲法所授予之權力，得行使任何其自認必要且適當之行為。茲此，必要且適當條款所揭示之國會附隨權理論，極易被使用於大量擴張聯邦政府權力及規模之場合。國會除得依本條款擴大自己對於各種事務之管轄權限外，並得適用此一條款擴張聯邦政府其他部門之事務管轄權限。是以，國會為擴大聯邦政府管轄事務之權限，得制定類如肯定總統或其它行政官員有權掌理締約事務之法律，亦得制定設立國務院、明定外交事務或授權動用政府資金等有關事項之法律。

如前所述，必要且適當條款理論乃係大法官馬歇爾氏於 McCulloch v. Maryland 一案中所建立。在該一案件裡，聯邦最高法院肯認聯邦政府有設立一個國家銀行之權力。縱然憲法並無允許設立國家銀行之明文，但最高法院仍認為國家銀行係國會財政權之適當延伸，而課稅(collect taxes)及舉債(borrow money)正是憲法所明文授予國會之二項明示權。聯邦最高法院認為，依據必要且適當條款，只要法律提供一合法之目標，且確係為上開目的而制定，則該項法律應屬有效。

大法官馬歇爾氏之見解，主導往後百餘年美國聯邦最高法院對於州際商務與州內商務之解釋。例如於一九二二年，聯邦最高法院在 Stafford v. Wallace 一案中強調，芝加哥飼養場因係一州際商務往來之轉運站，故其所從事之商務雖屬州內活動之性質，仍得受聯邦法令之拘束是。最高法院更進一步指出，州內活動如係商務流程或流通之一部分(part of stream or current of commerce)，該活動自應受聯邦法令之規範❾。頗為明顯者，前首席大法官馬歇爾氏於一八一九年針對聯邦政府規範商務權限所作成之廣泛解釋，在一九三〇年以前仍維持其主導之地位，該見解仍受到二十世紀初聯邦最高法院大法官之景崇。

---

❾　參照Stafford v. Wallace, 258 U.S. 495 (1922)。

（二）羅斯福總統之新政與商務條款

　　美國羅斯福總統(Franklin D. Roosevelt)主政並於一九三三年開始推行新政(New Deal)之際，聯邦最高法院對於國會商務權之看法仍處於一個較為混沌且模糊之狀態。最高法院於二十世紀初，曾多次肯定國會得純粹為規範經濟事務，或為實行警察權及道德目的，而制定有關規範州內商務之法令。但此類商務禁止技術(commerce-prohibiting technique)之合法性，在政府開展新政之同時，乃備受多位最高法院大法官之質疑。此外，最高法院在先前所建立之重大商務效應(substantial economic effect)理論，其立論基礎及有效性似亦不甚明確。聯邦最高法院重予評估國會州際商務規範權限之趨勢與決心，在此已隱然若現，對於羅斯福總統新政之推行，不無形成若干程度之障礙❿。

　　未久，美國聯邦最高法院即改變其過去對於商務條款解釋之取向。由於最高法院對於商務改採一較為地區性之解釋取向，故而開拓出一個屬於州之規範領域。在數宗案件中，最高法院宣告多項為彌補經濟蕭條所帶來的損害而制定之新政法令失其效力。例如在一九三五年之 Railroad Retirement Board v. Alton Rail Co.一案中，最高法院裁決鐵路工人退休法(The Railroad Retirement Act)因國會逾越憲法所賦與規範商務之權限而失其效力是。最高法院表示，該法雖規定有關鐵路工人之年金事宜，但州際商務與鐵路工人財政保證之間似並無任何明顯之關聯⓫。

　　此外，在同年之 Schechter Poultry Corp v. United States 一案中，聯邦最高法院再次顯示其欲擊潰在新政期間，聯邦政府為經濟復甦所作任何努力之決心。行政機關在羅斯福總統之指揮下，逕予認定被告公司違反

---

❿　參照Hammer v. Dagenhart, 247 U.S. 251 (1918) ;Shreveport Rate Case, Houston E. & Texas Railway Co. v. United States, 234 U.S. 342 (1914)。

⓫　參照Railroad Retirement Board v. Alton Rail Co., 295 U.S. 330 (1935)。

總統所批准僅適用於家禽業之公平競爭法(Codes of fair competition for the poultry industry)。被告公司不服,向法院起訴。聯邦最高法院表示,由於州際交易行為在家禽運送至被告於紐約市的屠宰場後結束,而州內家禽營業活動尚非屬商務流通或流程(current & stream of commerce)內之行為,與州際商務之間並無直接且具有邏輯之關係(direct and l ogical relationship),二者究無充分關聯。是以,國會制定聯邦法令規範州內家禽實業,顯已逾越憲法商務條款所賦與之權限,該項公平競爭法縱經總統之批准,仍屬失其效力❷。

此後,聯邦最高法院於其他案件,例如於 Carter v. Carter Coal Co.一案中解釋商務條款,仍然維持與前二案件相同之解釋取向,均認為憲法商務條款應賦與聯邦政府較以往所允許者為少之商務規範權限。聯邦最高法院認為,考察國會商務權應否規範州內商務之重點,並不在於生產活動與商務活動是否有別,亦不在於州內生產活動之產品是否流入州際商務活動,而係在於州內生產活動與州際商務之間是否有直接且具邏輯之關係存在。如直接且具邏輯之關係並不存在,縱令地區性事務具有邪惡之本質,國會亦不得制定法令予以規範。質言之,國會規範州際商務之權力,僅得擴及於對於州際商務發生直接影響(directly affect)之州內事務❸。

(三) 商務條款之現代意義

隨著聯邦最高法院前大法官范德文特氏(Justice Van Devanter)之退休,聯邦最高法院絕對多數評議決態勢發生變化。該法院於一九三七年審理 NLRB v. Jones & Laughlin Steel Corp.一案時,在解釋憲法商務條款之取向方面,又發生重大之轉向❹。在此案件以後,法院對於立法部門

---

❷　參照Schechter Poultry Corp v. United States, 295 U.S. 495 (1935)。

❸　參照Carter v. Carter Coal Co., 298 U.S. 238 (1936)。

之決定，多表現出樂於尊重之強烈意願。最高法院宣稱，規範之客體縱屬地區性或州內事務，但國會仍得在某些時點，基於前述全國性經濟效應理論之考量，決定規範對於州際商務發生重大影響(substantially affect)之商務活動。法院對於國會之決定，應給予高度之尊重。是以，最高法院乃認定規範集體協議(collective bargaining)及不公平勞動競業(unfair labor practices)之國家勞動關係法(National Labor Relations Act)為有效。

　　最高法院認為，任何活動，縱使在個別考量時係屬州內事務，如該項活動與州際業務有緊密及重大(close and substantial)之關聯，且管理該活動係為保護州際商務免受負擔(burden)及阻礙(obstruct)之適當手段，則該項活動得受國會之規範。是以，系爭法律明定有關任何影響(affect)或阻礙(obstruct)商務之交易行為(transaction)均應受其規範之規定自屬有效❹。茲此，國會對於任何影響二州以上之商務或行為，均應享有完全規範之權力。此項規範之權力，解釋上，應包括所有禁止或鼓勵任何商務或非商務之行為在內，自不待言。

　　依據此一解釋取向，無論商務是否具有州內活動之本質，如得以證實某一實業可能會對全國造成經濟衝擊(economic impact on the nation)，則聯邦法令對於該項商務活動即有規範之餘地。從而，曾被聯邦最高法院用以確認州政府商務主導地位之憲法增修條文第十條之有關規定，因其內容無異係對於聯邦政府之權限作成重大之限制，故在此時已不再為最高法院所青睞。

　　自此，國會權限顯著成長，幾達司法部門無法制衡之地步，而聯邦政府事權管轄之範圍更擴及於一般人所無法預期應屬聯邦政府管轄之案件。在許多方面，國會規範之權限已延伸至以往公認應專屬於州之爭議焦點。更有甚者，現今之國會並得為人民之公眾福利而規範商務。此一

---

❹　參照NLRB v. Jones & Laughlin Steel Corp., 301 U.S. 1 (1937)。

❺　Id.

結果，顯與在費城制憲會議上憲法起草者之本意有所出入。易言之，規範健康(health)、福利(welfare)和安全(safety)之權力，即係一般所稱之警察權(Police power)❶。由於當時之制憲元勳拒絕認可有一全國性警察權(national police power)之存在，故警察權仍應保留給各州，由各州行使之。全國性警察權既不存在，前述有關國會為公眾福利而規範商務之權力自當無所附麗。

前首席大法官馬歇爾氏亦曾於 McCulloch v. Maryland 一案中肯認，警察權應歸屬於各州所有❶。渠並於該一案件中揭示所謂之託辭原則(pretext principle)。依據託辭原則，國會不得以規範屬於州之事務為其真正目的，而依其所享有之明示權(Enumerative powers)制定法律，否則失其效力。然而，託辭原則在今日已因影響理論(Affectation doctrine)之提出而喪失其重要性。甚且，法院審查國會權限多未調查國會動機，益使託辭原則形同具文。

時至今日，國會得為公共福利之目的而自由規範任何活動，只要該活動與州際商務有所關聯，例如由於種族歧視將妨礙民眾旅行並進而對於其他各州產生效應，國會乃得禁止從事此類區別待遇之汽車旅館提供州際旅客任何有關旅館之服務即是❶。是以，國會規範州際商務之權限，將不再僅以嚴格意義之商務關係為限。從而，國會規範包含童工與職場安全規則在內之多項勞工法令均為聯邦最高法院所認可。最高法院審查聯邦法令是否合憲，係依法令與其目的間有無合理關聯之標準行之。如最高法院認定系爭聯邦法令與其目的之間確有合理關聯之存在，則該項

---

❶　關於警察權之意義，得依美國憲政實施之情形，分就二方面說明之。第一，警察權係指政府為維護與提昇公共福利及防止人民妨害他人權利所必要，制定及執行法令之權力；第二，美國各州依憲法未讓渡予聯邦政府之主權。

❶　參照McCulloch v. Maryland, 17 U.S. (4 Wheat.) 316, 4 L.Ed. 579 (1819)。

❶　參照Heart of Atlanta Motel Inc. v. United States, 379 U.S. 241, 257 (1964)。

法令即屬合憲。由於合理關聯之存在頗易認定，故對於聯邦法令而言，滿足此項審查標準，究非難事。

1. 累積之影響(Cumulative Affects)

惟涉及商務之州內規範究應在何種程度內受到聯邦法令之拘束，乃不無疑義。如前所述，在若干早期之案例中，聯邦最高法院確曾限制國會僅得規範對於州務商業發生直接影響(directly affect)之活動。然而，自一九三〇年代開始，國會規範對於州際商務產生間接影響(indirectly affect)之活動的權力乃逐漸增加。基於影響理論，國會通常得以公共福利為理由規範任何商務活動。

當考量某一行為是否間接影響州際商務時，國會得考量在外觀上似屬地區性行為之累積影響。換言之，縱使個別行為係屬地區性且不致影響州際商務活動，惟若結合其他人於類似情形下所從事之相同行為，將可對州際商務發生重大之經濟效應(substantial economic effect)時，則國會自可規範該類行為，例如由於農民自產小麥將減少其向外購買並進而影響小麥需求及州際價格，農民自行生產自行消費之行為將受到國會商務權之規範即是❶⑨。

與之類似者，又如由於煤礦產物流通於州際商務之中，且開採行為所產生之環境效應得延伸於本州以外，故國會得規範地表礦藏之開採行為❷⓪；由於實施區別待遇將影響黑人州際旅行自由，且旅行具有州際活動之本質，故國會得禁止旅館實施區別待遇㉑；以及由於其所提供之食物流通於州際商務之中，一間為當地人所有、屬地區性經營方式且僅提供州內顧客餐飲服務之餐廳，仍應受到聯邦公民權利法(Civil Rights Act)

⑲　參照Wickard v. Filburn, 317 U.S. 111 (1942)。

⑳　參照Hodel v. Virginia Surface Mining & Reclamation Ass'n, 452 U.S. 264 (1981)。

㉑　參照Heart of Atlanta Motel Inc. v. United States, 379 U.S. 241 (1964)。

應服務黑人有關規定之限制等均屬之❷。

2. 外延之限制(The Outer Limit)

自一九三〇年起歷經六十餘年之時間，聯邦最高法院從未以逾越憲法商務條款所授予聯邦政府之權限為理由，宣告任何國會所制定之法律失其效力。此一結果不啻肯認國會似可無限制地規範商務活動，特別是在一個於實質意義上，各個企業無論大小，均有與流通於州際商務活動之人或商品接觸之國家如美國者尤甚。國會乃因此而擴大適用其在憲法所賦與之商業權。經由憲法之商務條款，國會乃得以規範環境、貧窮、電腦網路及刑事犯罪等事務。

近年來，在刑法領域方面，國會得規範曾被認為係具地區性本質之犯罪行為。曼恩法案(The Mann Act)將婦女基於不道德之目的所為之州際遷徙活動明定為犯罪行為❷。同時，依據上開法案，為違反包括保護令在內之家事法令而行使之州際遷徙活動，亦屬聯邦法令所明定之犯罪行為❷。此外，統一飛行逃避追訴法案(The Uniform Flight to Avoid Prosecution Act)亦使為逃避刑事追訴而由一州飛行至他州之行為成為一項聯邦罪名❷。甚且，該法案亦明定某些於州際商業活動中運送武器之行為為不法❷。與之相同者，為不道德之目的而於州際商務活動中運送兒童及於州際間運送幼童色情圖畫之行為，遞均屬聯邦犯罪行為❷。

再者，聯邦最高法院亦以所有高利貸行為累積而成之效應將影響州際商務為理由，宣告適用於地區性不合理信用交易行為之消費者信用保

---

❷　參照Katzenbach v. McClung, 379 U.S. 294 (1964)。

❷　參見18 U.S.C. § 2421。

❷　參見18 U.S.C. § 2261 et seq.。

❷　參見28 U.S.C. § 1073。

❷　參見28 U.S.C. § 921 et seq.。

❷　參見28 U.S.C. § 2251 et seq.。

護法(The Consumer Credit Protection Act)為有效❷。國會並於一九九二年將劫持汽車之行為明定為聯邦犯罪。該法律明文規定,「任何人所為意圖致死或重傷害,而以武力、強暴或脅迫之方法,自他人劫持於州際或與外國商務活動中運輸、傳送或收受之動力車輛之行為」為聯邦犯罪。此一規定業經若干聯邦上訴法院以合法行使聯邦商務規範權為理由,宣告其為有效❷。

綜言之,上述法律乃係以對於健康及福利事項之關切為其制定之動機,與商務事項反而較無直接之關涉。再者,聯邦最高法院曾在 Heart of Atlanta Motel 及其他案例中明白表示國會得行使其聯邦警察權。甚且,該法院亦未曾要求須有真正之影響。是以,州際商務活動與聯邦規範間顯然毋須存在一種真實之關聯。惟聯邦最高法院之此種見解,已於一九九五年在 United States v. Lopez 一案中遭到現任最高法院大法官之質疑與修正❸。

Lopez 一案係自一九四〇年代以來,因系爭法令過分擴張聯邦政府在商務條款上之權力,致使聯邦最高法院以逾越國會商務權為理由,宣告該聯邦法令失其效力之首例。國會於一九九〇年制定通過無槍械學區法案(Gun-free School Zones Act of 1990),明定「任何人於其知悉或有合理理由足信為一學區之地點明知持有槍械」係為一項聯邦犯罪行為。上開聯邦法令不僅未敘明學區持槍行為影響商務之認定,且未明定類如持槍進入州際商務等之管轄上牽連因素。同時,與其他以國會商務權為前

---

❷　參照Perez v. United States, 402 U.S. 146 (1971)。

❷　參見18 U.S.C.§ 2119。該法曾經聯邦地區法院宣告失其效力,但又為聯邦上訴法院所認可。 參閱United States v. Cortner, 834 F. Supp. 242 (M.D. Tenn. 1993);United States v. Johnson, 22 F.3d 106 (6th Cir. 1994) ; United States v. Osteen, 30 F.3d 135 (6th Cir. 1994)。

❸　參照United States v. Lopez, 115 S.Ct. 1624 (1995)。

提之聯邦法令相比，該系爭法令顯然較欠缺與州際商務之明確關聯。

聯邦最高法院以五對四之評議決定，宣告該聯邦法令失其效力。該法院一反過去之見解而於本案中強調，國會以立法權介入州內商務之前提，乃係商務與規範間應有一真正之關聯(genuine connection)。該法院認為，於學校附近持有槍械本非商業活動，是以，國會並無規範前項行為之權力。然而，此一判決並未限制州政府有自行設定禁槍學區之權力。蓋州政府依其概括之警察權，乃擁有制定此類法律之權限。

在 Lopez 一案中，聯邦最高法院確認，基於商務條款，國會管轄權所得延伸並予以規範或保護之事務包括以下三種類型：⑴州際商務之通道(channel)；⑵無論威脅來自州內或州際商務活動，從事州際商務之工具，或進行州際商務之人或物；以及⑶與州際商務有重大關係(substantially relation)，且重大影響(substantially affect)州際商務之活動等 ❸ 。

Lopez 一案顯係關於國會對於第三種類型規範事務之權限爭議。最高法院在本案中明白指出，僅係影響州際商務之行為，不足以移由聯邦法令為規範。唯有行為對於州際商務發生重大影響時，國會始有規範系爭活動之權限。然而，州內活動對於州際活動所產生之累積效應，仍舊係聯邦管轄權行使之基礎。

概括言之，國會引用兩種模式主張其州際商務權。第一種模式，國會得就某種類別之所有案件作成一州際本質之認定。例如國會於委員會審查報告或於法律之部分條文中指稱，某一活動重大影響州際商務是。第二種模式，國會得明定應依個案滿足商務之要求。例如提起刑事或民事訴訟得包含一項州際關聯(interstate connection)要件，類如要求有關毒品在聯邦為運送或販售該物進行訴追前已於州際商務中流通之證據是。

一般而言，國會於商務條款下之權力是廣泛的。國家與世界之關聯愈加緊密，愈多之活動將被納入聯邦法令予以規範。然而，Lopez 一案

---

❸　Id.

則將國會外延之權限予以限縮，強調國會行使其州際商務權以前，應證明商務與聯邦法令所規範的活動之間確有一真正牽連(true nexus)存在。如一項活動不具商務性，且在本質上屬於州內事務，則該行為應完全由州政府逕予規範之。

　　Lopez 一案對於今後聯邦管轄權之衝擊仍有待觀察。誠然，於一九九五年末葉以後，大多數審查現行聯邦法令之聯邦上訴法院尚遵循聯邦最高法院於一九九五年以前之見解，認為系爭法令仍應予以維持，例如對於明定以武力劫持在州際商務中運輸、傳送或收受之動力車輛為犯罪行為之聯邦劫持汽車法(Federal Carjacking Statute)，若干聯邦上訴法院仍肯認其應為有效者即是❷。然而，聯邦最高法院於二〇〇〇年五月再次於 United States v. Morrison 一案否定國會得廣泛規範對於婦女之暴力犯罪❸。無可諱言者，最高法院在 Lopez 一案中解釋國會州際商務規範權之取向，仍是國會試圖以憲法商務權之名介入非商務州內事務之最主要障礙。

三、國會州際商務規範權與先占理論

　　如前所述，關於在州內所實施之交易行為，聯邦與州往往同時具有對於該項商務活動之管轄權限。是以，美國聯邦最高法院經常依聲請決定聯邦政府與州政府有關規範州際商務權限之行使範圍。一般而言，聯邦政府對於州際商務活動雖擁有幾近無所不在之管轄潛能，但其權力不

---

❷　參照United States v. Oliver, 60 F.3d 547 (9th Cir. 1995) ; United States v. Carolina, 61 U.S. F.3d 917 (10th Cur. 1995)。

❸　參照68 U.S.L.W. 4351 (May 15, 2000);但參照Reno v. Condon, 68 U.S.L.W. 4037 (Jan. 12, 2000)，聯邦最高法院肯認國會得以商務權之名，規範州監理所出售或公開駕駛人個人資訊之行為。

論如何擴張，商務規範權究非一專屬之權限，各州政府對於在州內進行之商務活動，仍應擁有相當範圍之規範餘地，否則憲法增修條文第十條所明定以聯邦制為中央與地方權力劃分基準之精神將因此而蕩然無存。

為解決規範有關商務活動管轄權歸屬之爭議，首應確定者乃為州政府行使商務規範權之外延範圍究竟為何之問題。依據美國憲法第六條第二項「最高條款」(Supremacy Clause)之本旨，聯邦法律乃本國最高法律(the supreme law of the land)之一，故應予優先適用，此為聯邦最高法院為決定聯邦與州權力之歸屬，透過判決遞次形成的先占理論(Doctrine of Preemption)之憲法基礎❸❹。依據先占理論，除經國會明示授權或因其他特殊情事所必要，否則聯邦法令應具先占地位，較各州法令為優先之適用。由於先占理論之發展，主要係為解決商務規範權及因其所衍生必要且適當的附隨權(Incidental Power)之歸屬問題，故上述聯邦先占(Federal preemption)之原則，在決定系爭有關商務規範權究應歸屬於聯邦或州政府時，自有其適用之餘地。

美國聯邦最高法院強調，美國憲法第一條第八項「商務條款」除賦與國會在實質上無所限制之州際商務規範權限以外，更給予國會完整之權限許可或限制州法令有關規範經其認定為州際商務事務之權力。是以，依據憲法商務條款之本旨，州法令僅得在國會尚未制定相關聯邦法令以資規範時，始有介入規範該項州際商務活動之可能。非經國會之授權、許可或同意，規範州際商務之系爭州法令勢將因違反憲法商務條款而失其效力。與此類似者，國會亦得限制憲法商務條款所認可得以直接規範州際商務的州法令之適用。聯邦最高法院對於國會有關許可或限制州法令規範州際商務活動之決定，均將儘予尊重❸❺。甚至，國會所制定有關授權或限制州法令之規定，尚得推翻或改變最高法院在先前判決中對於

---

❸❹　參見U.S.CONST. Art. VI, Sec. 2。

❸❺　參照Prudential Insurance Co. v. Benjamin, 328 U.S. 408 (1946)。

州法令規範州際商務活動所作成之有關解釋或意見❸。

　　茲應注意者，經國會授權對於州際商務活動行使區別待遇之州法令雖得豁免於憲法商務條款之指謫，但為遂行州之非法目的，而由國會授權州政府制定之有關歧視性法令，法院仍將以其違反憲法平等保護條款而認定該項州法令失其效力。至於何種目的始屬州之合法目的(legitimate state purpose)，則應由法院依具體個案客觀認定之。

　　例如加利福尼亞州(California State)經國會授權制定一項歧視性法令，規定加州得對於其本州曾對加州保險公司行使區別待遇之他州保險公司行使區別待遇。聯邦最高法院認為，本項州法令乃係為遂行阻止他州對於州際商務行使區別待遇之合法目的，故應屬有效，該法令尚未違反憲法平等保護條款之本旨❸。 此外， 聯邦最高法院對於康乃迪克州(Connecticut State)所制定， 經國會授權僅許可本地及來自新英格蘭地區之外州公司獲得本地銀行融資之州法令，亦以其目的並未違反憲法平等保護條款為理由，宣告該項州法令為有效❸。惟如州法令之目的如僅係在保護本地經濟利益，則為遂行此項非法目的，對於外州保險公司課予較本地保險公司更重稅負之州法令，其縱經國會授權，法院仍將以其違反憲法平等保護條款而令該項法令失其效力❸。

　　在相關聯邦法令雖屬存在，但國會對於州法令得否規範系爭州際商務活動欠缺明示之授權或限制時，聯邦最高法院將探詢該相關聯邦法令之文義、完整之立法資料、歷史、背景，以及行政機關之有關解釋，用

---

❸　參照In re Rahrer, 140 U.S. 545 (1891);Clark Distilling Co. v. Western Maryland Railroad, 242 U.S. 311 (1917)。

❸　參照Western & Southern Life Insurance Co. v. California Board of Equalization, 451 U.S. 648 (1981)。

❸　參照Northeast Bancorp, Inc. v. Board of Governors, 472 U.S. 159 (1985)。

❸　參照Metropolitan Life Insurance Co. v. Ward, 470 U.S. 869 (1985)。

以決定其是否有授權或限制系爭州法令規範州際商務之本意。此項爭點
乃屬法令解釋之問題，法院將探求以下事項：⑴系爭州法令是否與聯邦
法令發生衝突；⑵如未發生直接衝突，不論該項系爭州法令是否係補充
或遵守聯邦法令，國會是否有完整規定此項標的事務進而排除任何州法
令存在之意圖❹。為此，法院尚須就應受法令規範之系爭標的事務本身
有關事項，諸如統一規範系爭標的事務之利益，系爭標的事務在歷史上
或傳統上被歸類為地區性或全國性之傾向，聯邦法令規範系爭標的事務
之完整性，以及聯邦與州法令規範系爭標的事務之同質性等因素，考察
國會規範系爭標的事務之初始意圖❹。

如最高法院基於憲法「最高條款」所揭示聯邦法律最高之意旨，認
為系爭州法令應為與之衝突之聯邦法律所取代，或認定聯邦法令應完整
先占或占據此一領域時，則該系爭州法令應即失其效力。是以，州法令
是否直接與聯邦法令衝突，以及聯邦法令是否有完全排除州法令規範該
項系爭事務之本意等二事項，應是法院審查州法令是否得以規範州際商
務活動之焦點❹。

最後，如國會未曾制定關於系爭事務之相關法令，亦未曾以明示或
默示之方式排除州法令規範該項事務之權力，且依先占理論該項系爭事
務非僅以聯邦法令之管轄為必要，則縱使該項在州內進行之交易行為因
影響州際商務活動而成為州際商務事務，州法令對於該項系爭事務仍有
行使其規範權限之餘地。

---

❹　參照Campbell v. Hussey, 368 U.S. 297 (1961)。

❹　參照Hines v. Davidowitz, 312 U.S. 52 (1941);Rice v. Santa Fe Elevator Co.,
　　331 U.S. 218 (1947); Pennsylvania v. Nelson, 350 U.S. 497 (1956); Florida
　　Lime & Avocado Growers, inc. v. Paul, 373 U.S. 132 (1963)。

❹　Id.

四、結　語

　　美國憲法自一七八七年制定至今，已施行近二百二十年，除於一七九一年為權利法案納入憲法增修條文第一條至第十條而增補憲法之實質內容以外，憲法在其後二百餘年漫長之憲政進程中，僅增修十七條之多，其穩定性與安定性自是有目共賭，足堪世界法制效法之典範。惟極端追求法律之安定與穩定，不僅極易造成法律制度之保守迂腐與食古不化，且對於社會公平正義之實現，亦將緩不濟急，失去法律存在之價值。是故，活化法律之生機，使之得以適時順應時代之脈動與需求，乃是避免法律脫離現實，遠離社會民心之關鍵。美國聯邦最高法院在此即始終扮演著活化憲法意涵之角色，致使美國憲法在穩定與靈活二大利益之間獲得平衡，如此不僅可有效減少浩大修憲工程所引起之社會成本，同時更得經由憲法之解釋，贏得公權力行使之公信力與人民對於政府之信賴，法治建設基礎於焉鞏固。

　　美國國會規範州際商務之權力，雖明文規定於憲法第一條第八項商務條款之文義中，惟解讀法律文字不可拘泥於立憲史料，亦不應恣意悖離現實，單憑制憲當時文義所為之解釋顯已不符社會正義之要求，故聯邦最高法院乃依其解釋時代背景之不同，對於國會州際商務規範權之意義與行使範圍，分別作成若干對比鮮明，甚且互有矛盾之結論，其勇於面對社會脈動，不惜推翻或大幅修正過往結論之氣魄與擔當，自是令美國憲法屹立不搖，為人民永矢咸遵之主因。

　　惟解釋憲法不可獨斷專擅、恣意妄為，美國聯邦最高法院為解釋國會規範州際商務權，而在實證經驗或思維方法上所累積體現之諸多精神與原則，確值吾人深思借鏡。

正當法律程序與美國刑事偵審程序之研究

一、前　言

「正當法律程序」(Due Process of Law)一語,在概念上實肇源於西元一三三五年英王愛德華三世(Edward III)公布之倫敦西敏寺自由法(Statute of Westminister of the Liberties of London)。該法第三章第二十八條明定:「任何人無分身分或情況,非依正當法律程序應訊,不得被逐出與沒收其土地或租地,剝奪其繼承權,與處以死刑」❶。而上述條款又以一二二五年大英國協憲章(Magna Carta)第二十九條英王所承允之內容

---

❶　參照I Statute at Large of Gr. Br. & Ireland 643, "No man of what state or condition he be, shall be put out of his lands or tenements nor taken, nor disinherited, nor put to death, without he be brought to answer by due process of law."

為基礎。該條意旨略謂:「任何人非經合法審判與非依國家法律,不得予以逮捕或監禁、沒收其財產、放逐、傷害,或不給予法律之保護」❷。英國「正當法律程序」之理念,皆與對刑事被告的種種保障緊密結合。

英國「正當法律程序」之精神,伴隨殖民地政府陸續開發新大陸而傳入美國。西元一六四一年之「麻薩諸塞灣自由典則」第一條,以及西元一七七六年美國獨立革命前後各州之憲法可茲佐證。迨至西元一七九一年美國憲法增修條文第五條正式通過,制定「正當法律程序」之規定後,各州憲法紛紛起而效尤,蔚為風尚,「正當法律程序」原則遂亦成為美國法律體系中保障人權之另一重要磐石❸。

美國憲法增修條文第五條明定:「任何人非經正當法律程序,其生命、自由或財產不得被剝奪」❹。此即美國憲法中首次揭櫫之「正當法律程序」條款。於西元一八六八年制定通過之美國憲法增修條文第十四條第一項後段,亦出現類似之詞句,然何謂「正當法律程序」? 其適用之範圍究竟如何? 以及程序應於何時方屬「正當」? 憲法本文及歷次增修條文並未作進一步之解釋。此乃制憲者之疏漏,抑或刻意預留空間,以維持其適用上之彈性,不無疑義。

依美國憲法增修條文第五條起草人詹姆斯・麥迪遜(James Madison)之解釋,正當法律程序條款之制定,乃係為防止立法或行政部門因僭越專擅而侵害人權,法院則是維護其功能之衛士❺。既然適用「正當法律程序」原則志在抑制立法與行政部門之恣意專擅、危害人權,賦與「正當法律程序」條款相當程度之彈性自是刻不容緩;而法院既係維護「正

---

❷ 參閱荊知仁著,《美國憲法與憲政》,三民書局,第七十七頁。

❸ 參閱前揭書,第八十頁。

❹ 參見U.S. CONT. Amend. V, "No person...shall be deprived of life, liberty, or property, without due process of law..."

❺ 參閱Annals of Congress, Vol. I, 1st Congress, 1st and 2nd Sess. p. 439。

當法律程序」永矢咸遵之守護神，隨時注意社會經濟之變遷與需求，確定「正當法律程序」之意涵與適用標準，則是司法部門當仁不讓之職責。

如前所述，美國「正當法律程序」原則之體現，除明定於憲法本文及增修條文外，尚須法院之解釋與補充，而聯邦最高法院歷年之判例，則是確定其具體意涵之典則，吾人研究「正當法律程序」原則，自應由上述二方向著手。

二、 美國權利法案(Bill of Rights)與正當法律程序(Due Process of Law)條款

美國聯邦憲法第一條至第七條雖已於獨立宣言發布後之第十二個月，即西元一七八七年九月十七日經制憲會議中各州出席代表之一致同意而制定，且經九州州議會之認可而生效，但制憲會議中仍有不少代表擔憂此部憲法將導致聯邦政府無限擴權，各州州政府之權威有名無實，全國人民又將被另一新的獨裁政權所壓迫。果真如此，則無異又回到獨立革命前之殖民統治時代。

為祛除這批制憲會議代表之疑慮，權利法案(Bill of Rights)應運而生，並經美國第一屆國會向各州議會提出之。該法案共計十條，聯邦國會於一七八九年九月二十五日提出，經過數年之努力，終在一七九一年十二月十五日經各州州議會之認可而生效，成為美國憲法增修條文第一條至第十條，視為憲法之一部分，具有憲法之效力。

憲法增修條文第一條至第十條之內容，旨在約束聯邦政府，以期鞏固州政府之權力(Governmental Powers)與保障人民之基本權利(Fundamental Rights)，故其內容應不具限制州政府權力行使之效力。要言之，州政府之行為，除受該州憲法之監督外，應不受聯邦憲法增修條文第一

條至第十條之約束。然若各州政府一意孤行，漠視聯邦憲法中「權利法案」之存在，則基本權利不僅難下定論，且亦可導致州政府之專擅獨斷，危害人權，此一結果豈是憲法起草人所樂見？有鑒於此，聯邦憲法第十四號修正案適時被提出，其目的旨在使權利法案之適用擴及各州，使各州政府之行為亦受聯邦憲法增修條文第一條至第十條之拘束。該修憲案係於西元一八六六年六月十六日由國會向各州州議會提出，於一八六八年七月二十一日經各州認可而生效。自此，「權利法案」所保證，得以對抗聯邦政府之基本權利，在解釋上亦可同樣用以對抗各州州政府所行使之權力。至於有關何謂基本權利之問題，依權力分立(Separation of Powers)理論之體現，則應由司法部門，即聯邦最高法院裁決。

(一) 人民自由權利之保證書──權利法案(Bill of Rights)

聯邦憲法於西元一七八九年三月施行後，制憲人士鑒於人民自由權利未明定於憲法，恐對人民保護不周，故而促請國會於是年九月通過「權利法案」十條，並依憲法第五條之修憲程序，於一七九一年十二月獲得各州之認可並付諸施行，成為美國憲法增修條文第一條至第十條❻。

權利法案所列舉之重要自由權利，包括下列各項：

(1)宗教、信仰自由；言論、新聞自由；和平集會與請求政府救濟之權利。(憲法增修條文第一條)

(2)組織民兵、配帶武器之權利。(憲法增修條文第二條)

(3)民房免受軍隊駐紮之權利。(憲法增修條文第三條)

(4)人民身體、住所、文件和財產免遭不合理搜索與扣押，非有相當理由，不得簽發令狀之權利。(憲法增修條文第四條)

(5)非經大陪審團審判，不對死罪或其他不名譽罪名負責之權利；對

❻　參閱陸潤康著，《美國聯邦憲法論》，文笙書局，民國七十五年九月增訂初版，第三一五頁。

同一犯罪不受二次處罰之權利；在刑事案件中不得被強制自證己罪，非依正當法律程序，生命、自由與財產不得被剝奪；非經公正補償，私有財產不得收為公用。(憲法增修條文第五條)

(6)刑事被告接受公正陪審團迅速且公開審判，與被告知控訴本旨與原因之權利；與不利己證人對質之權利；以強制程序取得利己證人，以及獲得律師協助為其辯護之權利。(憲法增修條文第六條)

(7)依普通法提起，系爭金額超過二十元之訴訟，有受陪審團審判之權利，且同一事實不得再予審理。(憲法增修條文第七條)

(8)過多保釋金、過重罰金與殘酷和異常處罰之禁止。(憲法增修條文第八條)

(9)憲法列舉某些權利，不得解釋為否認或貶損人民所保留之其他權利。(憲法增修條文第九條)

(10)未依憲法授予聯邦政府，且未依憲法禁止授予州政府之權力，分別保留於州政府或人民。(憲法增修條文第十條)

美國建國後之一百五十年間，州政府仍握有相當大之主權，聯邦政府尚不敢明確主張「聯邦至上」之論調，因此各州憲法甚少為聯邦憲法之法理所左右。在此期間，聯邦憲法與州憲法各自為政，互不干涉，在處理政府與人民互動關係之事務上，更顯得意見分歧❼。聯邦「權利法案」所保護者，僅是涉及聯邦政府行為之公民；而州憲法所保障者，卻又侷限在涉及州政府不法行為之人民。聯邦憲法增修條文第一條至第十條對人民自由權利之保障固然周到，但由於地理環境與交通不便等因素之阻撓，往往又使得新大陸之拓荒者無法即時獲得聯邦憲法之保護與救濟，因此,本州憲法成為保障當地人民自由權利之首要文件,自屬當然❽。

---

❼　參閱Crossley, "Miranda And the State Constitution: State　Courts Take A Stand," 39 Vanderbilt L. Rev. 1693 (1986)。

❽　參閱Newman, "The 'Old Federalism': Protection of Individual Rights By State

在美國內戰之前，州主權論者勢力強大，憲法增修條文所保障之自由權利，對州政府之行為而言，影響極其有限。迨自南北戰爭之後，為彌補增修條文第一條至第十條有名無實之缺憾，乃迅速地於一八六五年至一八七〇年間陸續通過增修條文第十三條、第十四條與第十五條。此三條憲法增修條文，從實體及程序上全面地保障了人民的自由權利，尤其是增修條文第十四條第一項所明定之「正當法律程序」條款與「平等保護」條款(Equal Protection Clause)二法則，影響更屬深遠。由於增修條文第十四條之制定，使聯邦「權利法案」之保障擴及於各州政府和人民，亦使得憲法增修條文第一條至第十條發揮了應有之功能，並不折不扣地成為各州應予遵守之本國最高法律(the Supreme Law of the Land)❾。

（二）憲法增修條文第十四條之實施──選擇性併入理論(Selective Incorporation Theory)之發展

西元一八六八年憲法增修條文第十四條經各州認可施行後，各州憲法之最高性(primacy)相對降低，「聯邦至上」之理念在最高法院歷次判決中益見抬頭。該增修條文允許聯邦法院審查各州之立法與行政行為❿。質言之，聯邦法院可依憲法增修條文第十四條第一項之「正當法律程序」條款，審查州議會所制定之法律是否符合實體性正當程序(Substantive Due Process)，以及州政府所行使之行政行為是否違背程序性正當程序(Procedural Due Process)。至於刑事偵審程序，不僅嚴密涉入人民之自由權利，且程序本身即富有極為濃厚之司法行政色彩，故其應受聯邦法院之審查與監督，自不待言。

Courts In An Era of Federal Court Passity," 15 Conn. L. Rev. 21, 22 (1982).

❾ 參閱陸潤康著，前揭書，第三一八頁。

❿ 參閱Schaefer, "Federalism And State Criminal Procedure," 70 Harv. L. Rev. 1, 3 (1956).

　　茲有問題者，憲法增修條文第十四條第一項「正當法律程序」條款僅籠統地規定：「無論何州，……不得未經正當法律程序，剝奪任何人之生命、自由或財產。」憲法增修條文第十四條既係為防止州政府之獨斷專擅而制定，但對於人民得享受之「基本」自由與權利，卻又未如「權利法案」第一條至第八條為詳盡之列舉，亦未如該法案第九條與第十條為概括之涵示。憲法增修條文第十四條所保障之自由權利，究何所指，不無疑義。

　　於增修條文第十四條實施後之數十年，聯邦最高法院始終堅持「權利法案」之保障，不得併入憲法增修條文第十四條第一項之「正當法律程序」條款。州法院之法官應依其憲法，自行解釋「正當法律程序」之內涵。憲法增修條文第一條至第十條（權利法案）僅拘束聯邦政府之行為，州政府之行為則不受其限制 **⓫**。另一極端相反之見解，即主張「權利法案」之保障應完全併入增修條文第十四條內之論點，亦曾出現在一九四七年聯邦最高法院之評議程序。在亞當森一案中，大法官布萊克氏(Hugo L. Black)表示，「歷史確實表明，憲法第十四號修正案提案人認為，該修憲案第一項之文字足以保證日後任何州均無權剝奪其人民於權利法案中所享有之特權與保障」。他認為最高法院應製作新的判例，來完成制憲者之心願，並實現憲法增修條文第十四條之目的 **⓬**。但是大法官布萊克氏之意見未能使最高法院之多數同僚信服，因此該論點遂成為少數說，藉不同意見書公諸於世，靜待日後敗部復活。

　　自一九二五年起，最高法院揚棄十九世紀末葉保守的觀點，開始對憲法增修條文第十四條之適用作較擴張之解釋，肯定「權利法案」中某

⓫　參照O'Neill v. Vermont, 144 U.S. 323, 332 (1892); Presser v. Illinois, 11 U.S. 252, 263–268 (1886); United States v. Cruikshank, 92 U.S. 542, 552–556 (1875)。

⓬　參照Adamson v. California, 332 U.S. 46 (1947)。

些特定之條款對各州亦有拘束力❸。州法院法官亦頗感「聯邦至上」之
大勢沛然莫之能禦，漸漸願意以聯邦憲法及法令作為其審判本州案件之
依據，不再視解釋與適用本州憲法及法令為其唯一之職志❹。既然聯邦
法院法官與州法院法官對憲法增修條文第十四條之擴張解釋已達共識，
接下來的問題則是「聯邦憲法究有哪些條款可併入各州之憲法」，以及「各
州當以何種標準取捨聯邦憲法之內容」。「選擇性併入」理論於焉發展，
而大部分之爭議則係著重在「權利法案」中涉及刑事偵審程序之條款。

　　「選擇性併入」理論不贊成「權利法案」之內容應全部併入憲法增
修條文第十四條而一體適用於各州之論調。具體言之，憲法增修條文第
十四條第一項的「自由」所蘊涵之意義，應由法官自為解釋或補充，毋
需受到聯邦憲法增修條文第一條至第十條之限制。但如所爭議之「自由」
具有某些基本(Fundamental)之特質，且該種基本之特質足以觸動增修條
文第十四條對所涉及之自由詳加保障，則聯邦法院得依憲法第六條之最
高條款(Supremacy Clause)，阻止州政府對人民的基本權利妄加干擾。換
句話說，「權利法案」中具有基本重要性(Fundamental Importance)之部分，
應選擇地併入憲法增修條文第十四條第一項之「正當法律程序」條款。
茲此，選擇性併入理論亦被稱為「基本權利取向」(Fundamental Rights
Approach)。

　　聯邦最高法院大法官卡多索氏(Benjamin N. Cardozo)與法蘭克福特
氏(Felix Frankfurter)是選擇性併入理論之主要倡議者。對於「權利法案」
中哪些「自由」方屬「基本權利」之問題，卡多索氏曾提出一較明確之
檢視標準。於波柯(Palko)一案之判決裡，卡多索氏指出，憲法增修條文
第十四條僅併入蘊涵於制度化自由觀念之原則(principles implicit in the

---

❸　參照Gitlow v. New York, 268 U.S. 652, 666 (1925)。

❹　參閱Brennan, "State Constitutions And the Protection of Individual Rights, " 90
　　Harv. L. Rev. 489, 490 (1977)。

concept of ordered liberty)。如某一「自由」係屬「權利法案」保證之某種制度化自由的內容，且如該「自由」確屬政府與政治機構所信賴之原則，則該一「自由」即係憲法增修條文第十四條第一項「正當法律程序」條款所包攝之「自由」。「權利法案」中之此類基本權利，對各州亦有其適用❺。

依卡多索氏之標準，聯邦憲法增修條文第五條明定之「同一犯罪不得受二次處罰」(Double Jeopardy)的權利，並不屬基本權利，故各州無遵行之義務。此一論點對自由派色彩濃厚之華倫法院(Warren Court)而言，顯然稍嫌保守，故卡多索氏之意見，於六〇年代前後大法官華倫氏(Earl Warren)擔任首席大法官期間迭遭修正。華倫氏意圖全國化(nationalize)大部分之憲法權利，因而擴大適用「選擇性併入」理論。依其見解，凡對美國所維護之司法程序而言係屬基本之任何保證(Fundamental in the context of the judicial processes maintained by the American states)，均應併入憲法增修條文第十四條的內涵之中，聯邦與各州均須受其拘束❻。華倫法院試圖藉司法權發展出凸顯個人、限制政府之法則，主張正當程序模式之刑事司法體系，以及擴大承認刑事被告在憲法上之權利，對日後正當法律程序理論之具體實踐，可謂功不可沒。

「選擇性併入」理論華倫法院版於今日仍屬通說，除憲法增修條文第五條「經大陪審團起訴」，與增修條文第七條「受陪審團審判」之權利未曾解凍外，「權利法案」中之其他自由權利幾乎均已全部併入，成為憲法增修條文第十四條第一項「正當法律程序」之內容，州法院法官依據聯邦憲法進行審判，當屬責無旁貸❼。

---

❺　參照Palko v. Connecticut, 302 U.S. 319 (1937)。

❻　參照Duncan v. Louisiana, 391 U.S. 145 (1968)。

❼　參照Hurtado v. California, 110 U.S. 516 (1884); Walker v. Sauvinet, 92 U.S. 90 (1876)。

（三）正當程序(Due Process)之適用——程序性正當法律程序 (Procedural Due Process of Law)之內涵

　　如前所述，正當程序原則明定於憲法增修條文第五條及第十四條之中，強調聯邦政府及州政府非經正當法律程序，不得剝奪人民之生命、自由或財產。「正當法律程序」條款雖兼具實體性與程序性正當程序之意義，但實體性正當法律程序係以限制立法之實質內容為依歸，究非本文探討之重心，故暫予擱置，容後再論。

　　實際上，「正當法律程序」在適用上之意義，原本僅限於就程序上之正當而言，且以提供刑事被告在偵審過程中之程序性保障為主要目的。而所謂程序性之正當，就其對於刑事被告而言，應包括「權利法案」中保障刑事被告的一切規定，但並不以此為限。例如證據必須超越合理懷疑(Beyond a Reasonable Doubt)始得定罪之限制，早經法院確認亦屬正當程序之內涵，但卻未曾明定於「權利法案」中即是著例❶。

　　值得注意者，「正當法律程序」條款並非僅依其文字而概然阻止任何不法之程序，惟有在人民之生命(Life)、自由(Liberty)或財產(Property)將被剝奪時，始有責令政府依正當程序為之的餘地。換句話說，政府所行使之行為，若涉及人民生命、自由或財產以外之利益，該項行為縱有專擅獨斷之情事，理論上尚不得逕依「正當法律程序」條款予以限制或糾正。是以，程序性正當法律程序所討論之核心，均環繞在到底哪些利益得被視為非經正當法律程序不得被剝奪之「自由」或「財產」的問題上，至於「生命」利益攸關人命，茲事體大，政府甚少貿然剝奪。縱有行使，除自為謙抑與慎重外，更常受各界之嚴重關切與嚴密監督，故悖離「正當法律程序」條款之情事尚不多見，當毋須大費周章詳予討論❶。

---

❶　參照In re Winship, 397 U.S. 358 (1970)。

❶　參閱Steven Emanuel, *Constitutional Law*, 206 (Emanuel Law Outlines, Inc. 9th

關於「自由」與「財產」之定義，聯邦最高法院依社經文化環境之不同而有互異之解釋。依歷史作分析，大約可分為三個階段，即一九七〇年代以前、一九七〇年代初期與一九七二年以後等三期。於一九七〇年代以前，最高法院對於何者構成「自由」與「財產」係採較擴張之看法。於梅耳一案中，最高法院表示，「自由」利益不僅係指自由免受拘束，且應包括個人締約、謀生、求學、結婚、建立家庭、生養子女、以及依良心驅使崇拜神明之權利 ❷。最高法院對「財產」之解釋，亦採類似之擴張取向。但是關於源自公共部門之利益(benefits flowing from the public sector)，包括公職與公共福利等，最高法院僅將之歸類為特權(privilege)，而非權利(rights)。既係特權，享受與否須端視公共部門之事前允許或事後承認，究不得與基本權利同視，故特權之撤銷或撤回，尚毋須非經正當法律程序不可。最高法院將權利與特權依二分法分論之作法，尚符合美國於一九七〇年代以前社經文化環境之需求 ❹。

隨著政府與公務員間特別權力關係在本質上發生鬆動，以及民眾對福利國家理念具體實現之渴慕，最高法院於一九七〇年代初期，藉新判決揚棄傳統之權利特權二分法，認為許多形態之公共利益，非僅係特權，而係事實上之自由與財產利益(in fact interests in liberty or property)，故應適用「正當法律程序」條款，非經程序性正當手段，不得遽予撤銷或撤回 ❷。

在普通法(Common Law)中，「財產」一詞係「所有權」之意，其最主要與最充分之涵義乃是對物件之行使權利，特別是對土地上權利之行

Ed. 1991)。

❷ 參照Meyer v. Nebraska, 262 U.S. 390 (1923)。

❹ 參閱 Lawrence Tribe, *American Constitutional Law*, 680–681 (Foundation Press, 2nd Ed. 1988)。

❷ 參照Goldberg v. Kelly, 397 U.S. 254 (1970)。

使而言。但於最高法院之早年判決裡，不乏有將「財產」之涵義涵蓋所有權一切有價值因素之著例，且還有與更不確定之「自由」概念混為一談之趨勢。在普通法中，「自由」之意義不過係「除有充分理由，人身不受拘束」之權利。最高法院將此二概念合而為一，其主要目的乃係為保護從事一般工作者之「契約自由」。然於一九二五年之後，最高法院進一步將憲法增修條文第十四條中所使用之「自由」名詞擴及於「權利法案」中某些歸類為「基本」之權利，使人身自由，包括前述之「契約自由」，得以直接享受憲法之明文保障。迂迴地將「財產」與「自由」合而為一，以保護勞工「契約自由」之手段漸受質疑。其後，美國面臨前所未有之經濟大蕭條(Great Depression)，勞動者與資本家之經濟地位大相逕庭，單靠「契約自由」實已不足以保護勞工權益。為響應羅斯福總統(Franklin D. Roosevelt)推行新政(New Deal)，最高法院實際上毅然揚棄以「契約自由」作為「自由」概念之部分定義，而以新興之「勞工權利」代之，宣稱只要不使用過當之暴力，勞工之組織權、罷工權和糾察權應受憲法之保護。自此，「自由」與「財產」之概念，歷經數次整合、修正而擴大。但至一九七二年以後，又出現窄化之趨勢。

最高法院依二階段分析(Two-step Analysis)方法決定程序性正當法律程序是否違反：(1)是否一「自由」或「財產」利益業遭損害；以及(2)如前一問題為肯定，則繼續決定何種程序方屬正當。至於何為非經正當程序不得被剝奪之「自由」與「財產」，最高法院始終未曾，且無意願作出一明確之界定，尚待最高法院之主人翁依社經文化環境之變遷而為因地制宜、因時而異之解釋，前已述及，自不待言。吾人僅得藉判例之研讀，一窺近年最高法院解釋「自由」與「財產」概念之究竟。

「自由」當然包攝免於政府於非刑事事務與刑事程序中為強制性身體拘束(Physical Restraints)的權利[23]。所謂「非刑事事務」，例如政府課

❷❸　參照Vitex v. Jones, 445 U.S. 480 (1980)。

予某成年人進入精神醫療機構接受治療之非自願性義務即是❷。「自由」
尚包括與人訂立契約及從事有償勞務之權利❷，亦包括人民免於因某些
重要有形利益之被排除而遭公務員公然貶損其名譽(Public Defamation)
的權利❷。後者例如警察禁止醉漢一年內不得買酒，再將醉漢之名單張
貼於酒店前之行為即是❷。但是貶損名譽若僅單純地造成某人名聲慘遭
破壞，則當無危及憲法保障之自由利益❷。

　　「財產」一詞所蘊涵之意義，除傳統上的對於土地、動產、或金錢
之所有權外，尚包括對於某些特定既得利益之頭銜或資格(Entitlements)。
因此「財產」之概念超過僅係一項對某種利益抽象的需要與慾望，且對
於該種利益，須依合法之主張。所謂合法之主張，係指該主張就聯邦法
令、州法令與地方法令而言皆屬合法者而言。例如州法明定非有正當理
由，市立電力公司不得無故斷電。基此，客戶享有經憲法保障的接受電
力公司永續服務之「財產」利益即是❷。關於服公職是否亦係憲法所保
障之「財產」利益，則端視在有關法令、僱傭契約與其他實務運作習慣
和理解之中，是否包含「受僱人不得無故被停職」之內容。如有此類文
字，則受僱人擔任公職之利益係屬憲法所保障之「財產」。反之，僱傭關
係若可由僱用人片面終止，受僱人即無上述之「財產」利益❸。至於人
民因政府行為而偶然享受之反射利益，縱使該利益涉及人民之「自由」
與「財產」，亦非憲法「正當法律程序」條款所保證之利益❸。

---

❷　參照Addington v. Texas, 441 U.S. 418 (1979)。

❷　參照Board of Regents v. Roth, 408 U.S. 564 (1972)。

❷　Id.

❷　參照Wisconsin v. Constantineau, 400 U.S. 433 (1971)。

❷　參照Paul v. Davis, 424 U.S. 693 (1976)。

❷　參照Memphis Light, Gas & Water Division v. Craft, 436 U.S. 1 (1978)。

❸　參照Arnett v. Kennedy, 416 U.S. 134 (1974); Bishop v. Wood, 426 U.S. 341
　　(1976)。

「正當法律程序」條款中「剝奪」(Deprivation)一詞，應係指政府官員所為較單純過失嚴重之行為，但重大過失行為得否構成「剝奪」，或逕與故意行為同視，目前尚無定論，仍有開放討論之餘地❸❷。

如法院決定某一經憲法保證之「自由」或「財產」業經損害，下一議題則係：何種程序方屬正當。關於此一議題，美國行政法領域對此有較完整之發展，認為所謂「正當」之程序，應至少符合以下三點要求，即第一，要有合理之通知(Reasonable Notice)。所謂合理之通知，不僅指被處分人應受被處分事項之合理說明，同時更包括被處分人應在某一合理的時間內接獲通知。至於是否合理，則須依事件之性質作客觀之認定。第二，被處分人須有提示證據與陳述之機會(Present Evidence and Opportunity to Be Heard)。至於此一程序是否公開，或是否依一定形式，均在所不問，得依事件之性質決定。第三，須有公正之審理機關(fair tribunal)。此一要求於行政機關為準司法之行政裁決行為時益形重要。行政法領域對「正當」程序之詮釋，已具體納入美國現行行政程序法(Administrative Procedure Act)之中，並受到各界之肯定與遵行。行政程序與刑事偵審程序究有不同，但上述最低標準之「正當」程序，對刑事偵審程序而言仍有其適用之空間。

三、正當法律程序條款於刑事偵審程序之適用

一九六二年至一九六九年間，以大法官華倫氏領導之最高法院試圖藉著司法權發展個人對抗政府之法則，致使美國刑事偵審體制面臨重大之變革。最高法院採行所謂「正當程序模式」(Due Process Model)之刑事

---

❸❶ 參照O'Bannon v. Town Court Nursing Center, 447 U.S. 773 (1980)。

❸❷ 參照Daniels v. Williams, 474 U.S. 327 (1986); Deshaney v. Winnebago County Department of Social Service, 489 U.S. 189(1989)。

偵審制度，並將人民之基本自由權利概念擴展到刑事被告身上。

　　伴隨選擇性併入理論之發展，憲法增修條文第八條中殘酷和異常處罰之禁止於一九六二年起適用於各州❸。憲法增修條文第六條中刑事被告須獲得律師全程協助之規定，亦於一九六三年起對各州之刑事偵審程序有其適用。是以，各州之法院必須提供律師以確保刑事被告之權利❸。於一九六四年，憲法增修條文第五條中不得強迫被告自證己罪之特權亦見擴大適用於各州❸。而不得被迫自證己罪之特權，又成為自一九六六年以後，司法警察官員依法逮捕被告須向被告為口頭的米蘭達警語(Miranda Warning)之理論基礎❸。依米蘭達案之決定，司法警察官員於逮捕被告時，以及在開始偵訊該被告時，必須向被告為以下之警語：⑴你有權保持緘默；⑵你的任何陳述在審判時均可作不利於你之用途；⑶你有尋求律師協助之權利；以及⑷如你無力聘請律師，政府將提供給你一位律師。如此，被告乃不致為司法警察官員之威迫所震懾，而平白喪失其權利。

　　於一九六五年，憲法增修條文第六條中與不利己證人對質之權利擴大適用於各州❸。於一九六七年，同條款中刑事被告接受公正陪審團迅速且公開審判之權利，以及得以強制程序取得利己證人之權利，亦相繼為各州所採用❸。增修條文第五條中對同一犯罪不受二次處罰之權利於一九六九年亦見適用於各州❸。至此，由於華倫法院激烈之自由派取向，使得個人，包括刑事被告之自由權利，明顯超乎國家利益之上，並透過

---

❸　　參照Robinson v. California, 370 U.S. 660 (1962)。

❸　　參照Gideon v. Wainwright, 372 U.S. 335 (1963)。

❸　　參照Malloy v. Hogan, 378 U.S. 1 (1964)。

❸　　參照Miranda v. Arizona, 384 U.S. 436 (1966)。

❸　　參照Pointer v. Texas, 380 U.S. 440 (1965)。

❸　　參照Klopfer v. North Carolina, 386 U.S. 213 (1967)。

❸　　參照Benton v. Maryland , 395 U.S. 784 (1969)。

憲法增修條文第十四條第一項之「正當法律程序」條款獲得聯邦憲法之直接保護。州法院法官感受到本州憲法已經式微，漸漸將其注意力集中在聯邦憲法之解釋與發展上，聯邦至上之氣氛瀰漫全國，人民與州政府之關係遂由聯邦憲法作直接的控制與規範。

首席大法官華倫氏於一九六九年退休，意謂自由激進之華倫時代的結束，由尼克森總統任命之大法官柏格氏(Warren Burger)接掌最高法院。柏格繼任首席大法官之後，逐漸偏離華倫法院的自由趨勢，亦拒絕華倫法院在刑事訴訟事務中對「權利法案」之保證所為的擴張解釋，雖無意將華倫法院之判決全數推翻，但在刑事訴訟程序中有關被告的基本自由權利上增添某些例外，使得華倫法院所造就之原則大打折扣❹。聯邦至上之風潮亦因此而漸趨平緩，本州之憲法又再度受到州法院法官之青睞，他們可在憲法與州法令間作較自由之選擇❹。

與華倫法院不同者，柏格法院趨於採行「犯罪防治模式」(Crime Control Model)之刑事偵審制度，個人自由，尤其是刑事被告之權利應受到相當程度之拘束。為即時有效防治犯罪，關於犯罪之界定、調查與起訴，最高法院則賦與立法部門與行政部門之檢察機關實質的自由裁量權限。職是之故，嚴格之證據排除法則(Exclusionary Rule)因柏格法院所創設之善意例外(Good Faith Exception)而遭修正❷，成立相當理由(Probable Cause)之標準亦較過去寬鬆❸，當事人適格之要求趨向嚴謹❹，以及無

---

❹　參閱段重民著，〈就刑事訴訟法看Warren, Burger 及 Rehnquist 法院〉，第九頁；收錄於焦興鎧主編，《美國聯邦最高法院論文集》，民國八十二年，中央研究院歐美研究所，第六十七頁。

❹　參閱Note, " Expanding State Constitutional Protections And The New Silver Platter: After They're Shut The Door, Can They Bar The Window?" 8 Loy. Chi. L. J. 186, 195–196 (1970)。

❷　參閱Bradley, " Two Models of The Fourth Amendment, " 83 Mich. L. Rev. 1468 (1985)。

令狀搜索與扣押之範圍益形擴大等❹，在在顯示政府權力凌駕刑事被告之自由權利。柏格法院不惜以刑事被告為代價，謀求犯罪防治工作之有效與落實。個人自由與政府權力在華倫時代與柏格時代互比角力，各有高下。

　　大法官芮恩奎斯特氏(William Rehnquist)於一九八六年擔任聯邦最高法院首席大法官後，其所表現之保守態度較大法官柏格有過之而無不及，亦主張犯罪防治模式之刑事偵審制度，但其路徑比柏格更難預測。芮恩奎斯特法院強調要求實現某一特定程序之成本，必須要與使用該一程序之利益抗衡。前述之成本，係指被告自由權利之限制；而所謂利益，則係指政府對被告定罪之國家利益。祇有在為維護國家利益，而顯著忽略個人利益時，犯罪防治模式之刑事偵審制度始有接受修正之必要。聯邦憲法僅提供人民最低限度之保障，任何一州均有權力提供其州民較聯邦憲法更周全、更嚴謹之人權保障。是以，儘管聯邦法院仍趨保守，各州仍可自行決定是否追隨❹。

　　歷經華倫法院、柏格法院乃至芮恩奎斯特法院，美國刑事偵審制度之架構與精神大致已告底定，柏格時代興起之犯罪防治理念仍主導今日之刑事司法體系。茲將憲法「權利法案」所保證之自由權利，體現於現代刑事偵審程序之情形，縈其大者分述如後。

(一) 獲得律師協助之權利(Right to Counsel)

　　獲得律師協助之權利既經憲法明文保障，其適用之範圍即不得因被

---

❹　參照Illinois v. Gates, 462 U.S. 213 (1983)。

❹　參照Rakas v. Illinois, 439 U.S. 465 (1976)。

❹　參照United States v. Ross, 456 U.S. 798 (1982); New York v. Belton, 453 U.S. 454 (1981); United States v. Robinson, 414 U.S. 218 (1973)。

❹　參閱段重民著，前揭書，第七十三頁。

告所犯之罪名屬於重罪(Felony)或輕罪(Misdemeanor)而有差異。質言之，上述權利適用於一切有期徒刑以上之罪名❹。如屬有期徒刑以上之罪名而未提供被告適當之律師，法官縱經審判程序認為被告有罪，亦不得課予被告發監服刑之制裁。同樣地，未替犯有期徒刑以上之無資力被告聘請律師，該名被告亦不得受監禁以上之制裁❹。

（二）不得使用非自發性自白(Use of Involuntary Confessions)與避免自證己罪之特權(Privilege against Self-incrimination)

憲法增修條文第五條明定，「任何人不得於任何刑事案件中，被強制擔任不利於自己之證人。」上述文字，至少蘊涵以下二項重要之原則，即非自發性自白不得作為呈堂證供，以及不論係刑事訴訟或民事訴訟程序中之證人，不得強制其提供任何可能陷自己於任何罪名之證詞❹。此二原則，亦已併入憲法增修條文第十四條之第一項「正當法律程序」條款中而分別適用於各州之刑事偵審程序❺。

所謂自發性自白，係指刑事被告本於自由意志而為供述。偵審機關使用非自發性自白乃為法律所不許，但並非意謂著所有自發性自白皆得充作呈堂證供。於米蘭達一案中，最高法院認為司法警察機關拘留刑事被告之行為，即含有固有地強制性(inherently compulsive)，故司法警察官員於拘留期間製作之偵訊筆錄，除非在逮捕刑事被告時完成口頭之米蘭達警語，否則不論被告自願與否，該筆錄均不得在法庭中作為不利於被告之證據❺。但最高法院為避免過分強調被告人權而忽略整體公共利益，

---

❹　參照Arger-singer v. Hamlin, 407 U.S. 25 (1972)。

❹　參照Scott v. Illinois, 440 U.S. 367 (1979)。

❹　參照Bram v. United States, 168 U.S. 532 (1897); Malloy v. Hogan, 378 U.S. 1 (1964)。

❺　參照Brown v. Mississippi, 297 U.S. 278 (1936)。

亦曾肯定某些情形不適用上述之原則，例如被告之供述涉及公共安全，以及在逮捕被告時雖未為米蘭達警語，但供述是在補作米蘭達警語後被告自願提出者即是❷。最高法院在米蘭達一案裡，將憲法增修條文第五條「不得強制被告自證己罪」，與增修條文第六條「獲得律師協助之權利」二項人權保證結合在米蘭達警語中，主要目的乃在有效保護刑事被告於所有偵審程序中之一切利益。首席大法官華倫氏認為，發生在警察局之事務，亦將對法庭內事務產生莫大之影響❸。被告當然有權拋棄(waive)保持緘默與獲得律師協助之特權與權利，但如對拋棄與否發生爭執，檢察機關必須提出非常強而有力之證據，證明被告之拋棄乃係出自其全知與智慧之抉擇，否則，法院不得本於事實與情況而推定被告曾為上述特權或權利之拋棄❹。

（三）不法搜索與扣押所取得證據之排除(Exclusion of Evidence Obtained by Illegal Searches and Seizures)

依據憲法增修條文第四條，人民的身體、住所、文件與財產有免受不合理(Unreasonable)搜索與扣押之權利；非依相當理由(Probable Cause)，令狀(Warrants)不予簽發。而合法簽發之令狀，須經宣誓或簽證，且須列述被搜索之地點、被扣押之人或物。偵審機關違背上述保證所獲得之證據，不得於審判程序中，以其為起訴基礎(case-in-chief)向法院提出❺。此一原則，對各州亦有適用之餘地。❻

---

❺　參照Miranda v. Arizona, 384 U.S. 436(1966)。

❷　參照New York v. Quarles, 467 U.S. 649 (1984); Oregon v. Elstad, 470 U.S. 298 (1985)。

❸　參照Mason & Stephenson, *American Constitutional Law* 316 (Prentic e-Hall, 9 th Ed. 1990)。

❹　參照Tague v. Louisiana, 444 U.S. 469 (1980)

前已論及，柏格法院較強調國家利益與社會安全，故主張一犯罪防治模式之刑事偵審制度，因此視上述原則為施展其理念之絆腳石，在歷次判決中，有意無意地將華倫法院正當程序模式之刑事偵審制度作若干之修正，其對「善意例外」原則之創設，即是一著名之實例。依「善意例外」原則，證據排除法則並不能排除欠缺相當理由之令狀所取得之證據，如果該不法令狀係由一獨立而公正之治安法官所簽發，且執行搜索或扣押之官員於準備書狀時並無不誠實或重大過失，並依客觀合理之確信，可認定該紙令狀係為合法。一旦符合上開條件，縱係不法之令狀，亦不影響取得證物之法定證據能力❺❼。

憲法增修條文第四條之證據排除法則，配合增修條文第五條避免自證己罪特權之實踐，足以有效防堵政府利用依不法手段取得之證詞或文件，作為定罪之重要依據。至於證據排除法則所保障之範圍，不僅包括非法取得之物證，諸如文件、武器、藥品等，且包括非法截收之口頭傳訊，更擴及非經授權侵入他人的隱私所窺得之事物。

（四）由陪審團審判之權利(Right to Trial by Jury)

刑事被告有受陪審團審判之權利，乃明文規定於憲法增修條文第六條之中，基於此項保證，任何刑事被告經受重大犯罪(serious offense)之指控，均得接受一公正陪審團之審判。此項保證係屬一基本之權利，故得併入憲法增修條文第十四條第一項之「正當法律程序」條款而適用於各州❺❽。所謂重大犯罪，乃係指法定刑六個月以上之罪名而言❺❾。

---

❺❺　參照Elkin v. United States, 364 U.S. 206(1960)。

❺❻　參照Mapp v. Ohio, 367 U.S. 643 (1961)。

❺❼　參照United States v. Leon, 468 U.S. 897 (1984); Massachusetts v. Sheppard, 468 U.S. 981 (1984)。

❺❽　參照Patton v. United States, 281 U.S. 276 (1930); Duncan v. Louisiana, 391 U.

　　關於陪審團陪審員之法定組成人數，憲法並無明文規定，但要求陪審員之人數，須達到足資適當表達團體思維意識，以及得以公平代表社區族群或團體之數額❻。依據聯邦刑事訴訟規則(Federal Rule of Criminal Procedure)，於聯邦法院進行刑事審判，其陪審員之法定組成人數為十二人。各州之刑事訴訟程序則規定陪審團人數應為六至十二人不等，但五人以下之陪審團則被聯邦法院視為不符合憲法之基本要求❻。

　　至於陪審團判決之可決人數究為全體無異議、特別多數決、絕對多數決或相對多數決，憲法亦無明文加以界定，但依最高法院之意見，聯邦法院之刑事被告有受陪審團以無異議之表決程序審定判決之權利❻。依此原則，陪審員中只要有一人對刑事被告之有罪與否提出質疑，該陪審團即成為懸置陪審團(Hung Jury)，除非依法另組陪審團，否則不得對該名被告作成有罪(guilty)之判決。然而聯邦最高法院仍然表示，州法院刑事庭依四分之三特別多數決定是否有罪並未違背憲法之本旨，蓋絕對少數之意見不能自行否定合理懷疑(reasonable doubt)之成立,但如陪審團係由六位陪審員組成，則該陪審團須以全體無異議之方式評決刑事被告是否有罪❻。不論刑事被告或檢察機關，在審判程序中，均有受一公正陪審團審判之權利。自由選擇陪審員固然是組成一公正陪審團之必要手段，但陪審員本身具有捐棄偏見、惟證據是賴之法治素養，才是落實陪審制度的最佳保證❻。

　　S. 145 (1968)。

❺⁹　參照Baldwin v. New York, 399 U.S. 66 (1970)。

❻⁰　參照 Williams v. Florida, 399 U.S. 78 (1970); Ballew v. Georgia, 435 U.S. 223 (1978)。

❻¹　參照Ballew v. Georgia, 435 U.S. 223 (1978)。

❻²　參照Apodaca v. Oregon, 406 U.S. 404 (1972)。

❻³　參照Johnson v. Louisiana, 406 U.S. 356 (1972); Burch v. Louisiana, 441 U.S. 130 (1979)。

（五）獲得公開與公平審判之權利(Right to Public & Fair Trial)

　　審判公開原則明定於憲法增修條文第六條，併入增修條文第十四條第一項之「正當法律程序」條款而適用於全國，採行秘密審判自為法所不許❻。但公開審判之權利僅及於刑事被告，公眾，包括媒體、出版業者縱有知的權利(Right to Know)，法院仍得於特殊情況之要求下，自為裁量拒絕某些民眾旁聽審判。經法院拒絕之民眾不得依憲法增修條文第六條向法院聲明異議。例如強姦罪之被害人出庭作證，為避免被害人因向大眾陳述被害之細節而困窘，暫時關閉旁聽席即是；又如旁聽者可能會使主要證人心生恐懼而拒絕該名旁聽者在場旁聽亦是一例❻。然而，媒體記者仍然可依憲法增修條文第一條之言論、新聞自由請求法院准予旁聽。此際，法院僅得就公平審判權利之保障為基礎，尋求秘密審判之合法根據❻。

　　關於何謂「公平審判」，最高法院至今仍未描繪具體之圖像，但曾於數判決裡，認定某些行為如有造成偏頗之可能(Probability of Prejudice)，勢將造成刑事偵審程序在本質上欠缺正當性。依上述見解，只要某些行為有造成偏頗之可能，被告獲得公平審判之權利即告喪失，至於實際的偏頗結果究否發生，則在所不問。例如以收音機、電視網轉播，或以照片傳播某刑事審判之進行本為法之所許，但如被告提出證據，證明上述公開將對審判之公平性造成負面之效果時，被告接受公平審判之權利已

---

❻　參照Irvin v. Dowd, 366 U.S. 717 (1961)。

❻　參照In re Oliver, 333 U.S. 257 (1948)。

❻　參照Gannett Co. v. DePasquale, 443 U.S. 368 (1979); Harris v. Stephens, 361 F.2d 888 (8th Cir. 1966); United States v. Herold, 368 F.2d 187 (2nd Cir. 1966)。

❻　參照Globe Newspaper Co. v. Superior Court, 457 U.S. 596 (1982); Richmond Newspapers. Inc. v. Virginia, 448 U.S. 555 (1980)。

遭損害，上開審判程序亦已違背憲法所保證之「正當法律程序」❻❽。

（六）　與證人對質和以強制程序取得證人之權利(Right to Confrontation of Witnesses and to Compulsory Process for Obtaining Witnesses)

　　與證人對質既屬基本權利之一，故得併入憲法增修條文第十四條第一項「正當法律程序」條款而適用於各州❻❾。准許被告與不利己證人對質，其目的乃在確定證詞之可信度，藉交互詰問(Cross-examination)程序檢驗證人之可靠度，以及使審判者藉衡量證人之態度以決定證詞之證據力❼⓪。基本上，被告有權與證人在法庭中當面對質，對被告不利之證人不得匿名作證，必須揭示其真實姓名與住所，以利被告隨時查詢，作推翻證人證詞之準備❼❶。但被告之行為或態度如有不當，法院非不得剝奪上開權利。例如被告經常缺席，法院將認定其已自願放棄與證人對質之權利❼❷。

　　憲法亦賦與被告得以強制手段取得利己證人出庭作證之權利，在刑事審判程序中檢察機關所得利用之資源與設施，被告亦得利用，因此被告得請求法院簽發傳票，強制利己證人到場作證❼❸。取得證人之權利當然包含被告提出攻擊防禦之權利。審判法官如於審判程序進行中出言不遜，作威脅性之評論，導致被告證人離開證人席停止作證，則被告提出攻擊防禦之權利已遭剝奪，憲法「正當法律程序」條款亦告違反❼❹。

---

❻❽　參照Chandler v. Florida, 449 U.S. 560 (1981)。

❻❾　參照Pointer v. Texas, 380 U.S. 400 (1965)。

❼⓪　參照California v. Green, 399 U.S. 149 (1970)。

❼❶　參照Smith v. Illinois, 390 U.S. 129 (1968)。

❼❷　參照Taylor v. United States, 414 U.S. 17 (1973)。

❼❸　參照Washington v. Texas, 388 U.S. 14 (1967)。

四、美國刑事偵審模式之檢討——代結語

　　在典型之刑事偵審程序中，刑事被告與檢察官均為當事人，而檢察官係代表聯邦政府或州政府以及人民進行訴訟，因此政府理應與刑事被告同享對等之基本自由權利。但法院卻往往認為政府無享受憲法「正當法律程序」保障之權利，致使檢察官，甚至犯罪之受害人，無法在刑事偵審程序中，擁有憲法增修條文第十四條第一項「正當法律程序」所保證之任何權利❼❹。然而眾所周知，刑事偵審制度最主要之職能乃在保護無辜之人民，以及為犯罪被害人之權利伸張正義。如一味保障「壞人」而忽略「好人」，究非憲法精神之本旨，亦非政府公權力行使之目的。上述結果顯然侵毀政府存在之基礎，不僅鼓勵犯罪，造就社會之動盪不安，同時更以犧牲現在及未來犯罪被害人之寧靜安全為實現憲法「權利法案」之代價，邏輯架構顯有問題❼❻。

　　首席大法官柏格顯然已體認到極端擴張刑事被告憲法權利的矛盾，在接掌最高法院後，極力鼓吹犯罪防治模式之刑事偵審制度，此一理念亦由其繼任大法官芮恩奎斯特續予發揚。誠然，檢察官於刑事審判程序中，不僅是人民與被害人之公益代理人，同時更是一公正主權政府之代表。檢察官之職責不僅在追訴犯罪，同時更在尋求全體人民之共通正義；不僅要贏得審判程序之勝利，同時更要確保正義之實現❼❼。政府之基本權利固然不得大過人民，但至少不得少於刑事被告，畢竟政府是全體人

---

❼❹　參照Webb v. Texas, 409 U.S. 95 (1972)。

❼❺　參照Collier v. Poe, 732 S.W.2d 332 (Tex. Crim. App. 1987)。

❼❻　參閱Aynes, "Constitutional Considerations: Government Responsibility And The Right Not To Be A Victum," 11 Pepperdine L. Rev. 63, 72 (1984)。

❼❼　參照Burger v. United States, 295 U.S. 78, 88 (1935)。

民之集合，既然每一位人民均得依「權利法案」接受憲法「正當法律程序」條款之保護，為何人民之集合體却無法享受對等之保護？此一矛盾，漸因採納犯罪防治模式之刑事偵審制度而獲得緩和❼❽。

　　最高法院認為，　檢察官追訴犯罪係一文明社會保護公共利益之基石❼❾，雖然檢察官負有代表國家追訴與懲治犯罪之職責，但其亦繼受被害人對抗犯罪行為人之權利。基此，政府絕對負有保護人民不受犯罪傷害或威脅之憲法上義務，自屬不爭之結論❽⓿。

　　雖然最高法院未曾明確指出政府於刑事偵審程序中可得延用之正當程序權利，但不止一次地默許州政府有獲得一公平審判之權利❽①。在近年之判決裡，最高法院更主張政府規範社區安全之利益，於某些合理之情況下，顯然大過個人自由之利益❽②。是以，個人自由之範圍已非漫無限制，刑事被告享受「權利法案」中之各項保證，必須不違背公共利益與社區安全，如此方屬刑事正義之本旨。

　　總之，「正當法律程序」之概念究非一成不變、故步自封，而係一個具可塑性的原則。在現代之刑事偵審程序中，犯罪被害人、社會大眾，乃至於各級政府，皆應與刑事被告相同，擁有對等之合法權益，不容偏祖於任何一方。是以，法律應平等保護控訴者與被控訴者。任何刑事偵審制度若重被控訴者而輕控訴者，或重控訴者而輕被控訴者，均將違反成立政府的首要前提，亦即政府應對其所屬公民提供免受政府侵害之充

---

❼❽　參閱Doerberg, "We The People: John Locke, Collective Constitutional Rights And Standing To Challenge Government Action," 73 Calif. L. Rev. 52 (1985)。

❼❾　參照Gideon v. Wainwright, 372 U.S. 335 (1963)。

❽⓿　參照Miranda v. Arizona, 384 U.S. 436, 539 (1966); Minor v. Happersett, 88 U. S. 162, 166 (1875)。

❽①　參照Snyder v. Massachusetts, 291 U.S. 97 (1934)。

❽②　參照United States v. Salerno, 481 U.S. 739 (1987)。

　　分保障，不論該公民是否觸犯法律。正當法律程序理念未來在美國刑事偵審程序中之適用與發展，仍值得吾人關切。

行政行為與美國行政爭訟制度之研究

一、前　言

美國政府遵循權力分立理論(Doctrine of Separation of Powers)，將國家統治權分割為立法(Legislature)、行政(Executive)及司法(Judiciary)等三種權力，並由立法部門(Legislative Branch)、行政部門(Executive Branch)及司法部門(Judicial Branch)，依憲法所賦與之權限分別掌理之。三大部門獨立平等，均為行使國家主權作用之權威機關，但為獲得統治權分配及行使上之均衡，各部門間仍藉制衡原則(Principle of Checks and Balancing)相互牽制，用以避免各個部門之獨斷專擅，僭越分際，肇致人民憲法或法律上權益之損害。

惟國家統治權之行使，又以行政部門最具特色。行政部門依立法機關之授權，為忠誠執行法律，乃責成所轄屬之行政機關行使各種行政行

為。而在所有行政行為之中，由於法令制定、行政裁決與行政調查等三類行政行為，與人民之權益息息相關，且涉及憲法所定人民自由權及財產權等有關正當法律程序之保障，故特別受到美國行政法上重要原理原則之關切。為維護人民在憲法正當法律程序原則所保障之各種權益，美國國會於一九四六年制定通過行政程序法，並就行政機關法令制定及行政裁決等行政行為，作成有關程序正義事項之準則性規定，要求聯邦及各州政府之行政機關依其所定確實遵守，否則，其所作成之行政決定將受到司法審查之限制與拘束。據此，因行政行為受有不利益之當事人，自得依行政程序法及有關法律之規定，向行政機關及法院提起行政上及司法上之救濟。美國行政救濟制度及司法審查之結合，乃建構成一完整之行政爭訟制度。

美國聯邦最高法院所擁有之司法審查權，係以審查聯邦政府及各州政府之立法行為與行政行為，以及各州終審裁判是否牴觸聯邦憲法、法律、以及經美國政府授權而締結之條約為範圍。換言之，司法審查係以解釋聯邦憲法為手段，而行使對於上述事項之違憲審查權。就美國行政法而言，法院行使司法審查權，不啻對於行政行為發揮一平衡輪軸之機制，一方面令法院有權執行限制行政機關行使權力之法律，一方面在行政機關逾越法定授權範圍時，又使其得以即時干涉行政行為。如無司法審查之監督，法律關於行政行為所明定之限制將歸於罔然。

本文乃依比較法學之研究模式，特別針對美國行政部門如何在司法審查的拘束下適當運作之實證情形，作一粗淺之研究，俾供吾人發展行政爭訟制度之省思與借鏡。

二、行政機關與行政行為

（一）行政機關(Agency)

　　美國政治制度因係採總統制，故總統(President)除代表國家並為國家元首外，亦肩負政府最高行政首長之職責，各州州長(Governor)亦然。行政部門(Departments)及行政機關 (Agencies)均為總統或州長之幕僚機構❶， 除司法部(Department of Justice)之首長稱為檢察總長(Attorney General)外， 其餘各行政部門之首長均稱為部長(Secretary)。一般而言，行政機關可依行政首長之自主性，而分為獨立機關(Independent agencies)及執行機關(Executive agencies)等二類。前者如國家勞動關係委員會(National Labor Relations Board)、 證券及交易總署(Securities and Exchange Commission)、聯邦保護委員會(Federal Reserve Board)，以及聯邦貿易總署(Federal Trade Commission)等行政機關；至於其他行政部門及機關，則多類屬於後者。二者雖同屬行政機關，但獨立機關所行使之職權，依法較不受最高行政首長總統或州長之干涉或影響。總統與州長任命行政首長，須徵得參議院(Senate)之同意。但對於執行機關行政首長之免職，則得任意為之， 無須附隨任何理由，此乃三權分立體例下總統制之特色，自不待言。

　　至於獨立機關首長之任期，則應依法律所定之期限，通常為五年，總統不得任意予以免職。論者曾謂此類行政機關之獨立性，違反美國憲

---

❶　概括言之，行政部門係指具最高階層之行政機關，例如商務部(Department of Commerce)、 農業部(Department of Agriculture)或教育部(Department of Education)等是。環境保護署(Environmental Protection Agency)雖亦屬政府關於環境保護行政之最高機關，但在地位及重要性上，則仍略遜於部門一籌。

法所建構權力分立理論之精神。渠等認為，政府執行法律之機構，均屬三權分立架構下行政部門所轄屬之機關，故不應在行政部門以外設置獨立機關。不論任命或免職，其首長均應受最高行政首長總統或州長意志絕對之拘束。但美國聯邦最高法院則表示，設置獨立機關尚非違憲，總統或州長仍得依其職權免除獨立機關首長之職務，惟應附記免去該獨立機關首長職務之充分理由(good cause)❷。

依據美國行政程序法(Administrative Procedure Act)第 551(1)條之規定，「行政機關」應廣泛定義為「美國聯邦政府之任何機構，不論是否隸屬於其他行政機關之下或應受其他行政機關之審查」，但行政機關之範圍，不包括⑴國會、⑵聯邦法院、⑶美國屬地或領地之政府，以及⑷哥倫比亞特區政府等。此外，除同法第 552 條關於公開資訊事項有特別規定者外，行政機關亦不包括⑴由當事人代表或由當事人所屬組織代表所組成決定紛爭之機關；⑵軍事法庭及軍事委員會；⑶戰地或占領區之軍事機構；或⑷行使聯邦法典(United States Code)第 12 編第 1738 條、1739 條、1743 條及 1744 條，第 41 編第 2 章，或第 50 編第 1622 條、第 1884 條、第 1891 條至 1902 條，以及第 1641(b)(2)條前段附款所定職掌之官員❸。茲此，政府之立法部門、司法部門、軍事機關，以及有關宗教機構等，均非行政程序法所定「行政機關」之範疇。至於美國總統本身是否為行政機關，美國行政程序法並無明文規定。惟美國聯邦最高法院曾表示，睽諸權力分立理論與美國憲政實況，美國總統應不屬行政程序法所定義之行政機關❹。

傳統上，美國行政法所關切者，並不以所有行使行政權之政府機關

---

❷　參照Humphrey's Executor v. United States, 295 U.S. 602 (1935); Bowsher v. Synar, 478 U.S. 714, 725 (1986); Morrison v. Olson, 487 U.S. 654 (1988)。

❸　參見5 U.S.C. §551 (1)。

❹　參照Franklin v. Massachusetts, 505 U.S. 788 (1992)。

為範圍，而係以影響人民權利義務之有關行政機關為主要關切對象。是以，某些重要之職權縱係由行政機關所行使，亦非行政法所關切之重點。例如國防事務(Military defense)本係政府所行使之一項重要之職權，但軍事機關卻被排除於行政程序法所定義之行政機關範圍以外即是。美國行政法學者認為，行政法應注意對於人民或其財產施加權力之機關，除非在戒嚴時期，否則國防僅係針對外國而實施之手段，究非行政法所關切之事務。與軍事機關類似，涉及對外關係事務(Foreign affairs)之行政機關，因其一般而言不致影響人民之權利義務，故亦非行政法所注意之客體。此外，政府機關組織行使類如維修房舍、保管案卷、人事及財務管理等關於內部行政事務之職權，因其效力僅及於政府本身，不涉及人民之權利義務，自非行政法所關切之重點。惟上述行政機關之有關行政行為，在某些情形下，因有影響人民權利義務之可能，故仍應例外地受到行政法有關原則之拘束，例如因拒發護照而致剝奪國民旅遊之權利者即是。惟類似上述例外之情形並不多見，茲應注意。

更有甚者，自本世紀初始，美國政府為與私人企業競爭，而設立若干行政機關，用以經營本由私人企業營運之公共服務業務，例如鐵路運輸、通訊衛星、廣播公司或法律服務公司等。此種行政機關所行使之營業行為，雖將影響人民及所屬社區，但該類行為產生之衝擊乃經濟面大於法律面，故應由與適用於私人公司從事類似行為相同之有關法律予以規範，尚非行政法首應關切之課題，自不待言。

行政機關執行法律，故可依設置目的及所適用法律之不同，而將其區分為規範機關(Regulatory agencies)、授益機關(Entitlements agencies)，及其他行政機關等三大類型，茲分述之。

1.規範機關

此類行政機關乃執行諸如消費者保護、環境保護、人民健康與安全、經濟利益及其他涉及社會及經濟目的之相關法律。基於法律之授權，此

類機關得訂定抽象行政法令，約束人民在特定情況下之行為；亦得依法定程序，決定人民在具體個案中之違法性；並得給予人民特權，及課予人民關於金錢數額之制裁等。由於此類行政機關之行政行為影響人民權利，並規範人民行使權利之方式，故稱其為規範機關。

於一八八七年設置，規範國家鐵路網之獨立機關州際商務委員會(Interstate Commerce Commission)，以及於一九七○年代陸續建立，規範人民應如何影響環境之環境保護署，規範工作場所應如何實施健康及安全作業之職業安全及健康局(Occupational Safety and Health Administration)，與規範商業組織應如何從事貿易實務之聯邦貿易總署等機關，均屬典型之規範機關❺。

2. 授益機關

此類行政機關為達成諸如年金、殘障及福利補助，以及政府保險等社會和經濟福利事務，乃執行發放經濟利益之相關法律。整體而言，美國政府所提供之社會福利措施計有老人、災害生還者及殘障保險，醫療給付，協助家庭扶養幼童，補助基本收入，榮民年金與其他經濟利益，以及勞工失業補償等事項。上述社會福利措施，依法應由社會安全局(Social Security Administration)、健康照護融資局(Health Care Financing Administration)，以及榮民事務部(Department of Veterans affairs)等行政機關分別辦理之。由於此類行政機關之行政行為給予人民取得經濟利益之資格，故稱其為授益機關。

隨著近代福利國(Welfare Nation)理念之發展，授益行政機關已漸漸成為美國各級政府之主幹，政府之職能亦因而由規範性轉化為非規範性。茲此，政府將不再以規範性之手段強迫人民改變其行為，而係以提供經濟利益為手段，誘導人民經由某些特定之方式，對於其行為予以調整。是以，現代行政法所關切之議題，不僅在於行政機關對於利益之特定接

---

❺　參閱Sidney Shapiro & Joseph Tomain, *Regulatory Law & Policy* 32 (1993)。

受者資格的決定是否正確，且包括行政機關對於獲得利益資格之決定是否適當。

3.其他行政機關

此類行政機關職能特殊，不易歸類為上述機關之一，故稱其為其他行政機關，國稅局(Internal Revenue Service)即為一典例。雖然國稅局稽徵稅賦之行為不易被歸類為規範性或授益性之行政行為，但其行為對於人民及經濟所造成之衝擊則又毋庸置疑。此外，類如移民局(Immigration and Naturalization Service)核准外國人入境及驅逐非法移民，國務院(Department of State)核發護照，林務局(Forest Service)販售木材，以及其他類似之行政行為等，由於該類行政行為多少均有影響人民或私人團體權益之餘地，故仍無法為現代行政法之原理原則所忽視。

（二）行政行為(Agency Action)

行政行為之意涵甚為廣泛，行政部門及其轄屬之行政機關，為遂行行政目的所為之一切行為，舉凡作成行政裁決、締結行政契約、訂定行政法令、決定行政計劃，以及進行行政指導等事項，均屬行政行為之範疇。為滿足憲法上程序正義之要求，行政機關所為之一切行政行為，無論其係法律行為抑係事實行為，無論該行為係發生公法上效果抑係發生私法上效果，亦無論該行為係對外向人民發生效果抑係對內向機關內部發生效果，均有受行政法上有關原理原則拘束之餘地，要無例外。

行政機關承最高行政首長之命執行國家法律。為避免因語意模糊，肇致行政機關執行法律與法院進行司法審查之困難，美國行政程序法第551(13)條乃規定，「行政行為」包括「行政機關行使制定、下命、許可、制裁、救濟、或其他類同行為之全部或一部，或關於前揭行為之拒絕，或怠於行使行為」等意涵❻。而行政機關依國會或議會之授權，行使關

---

❻　參見5 U.S.C. §551(13)。

於法令制定(Rulemaking)、行政裁決(Adjudication)，以及行政調查(Administrative Investigation)等事項之有關行政行為，更係美國行政程序法所最關切之焦點。法令制定與國會或議會之立法行為一致，故又稱為準立法行為(Quasi-Legislative Action)；行政裁決與法院之裁判功能一致，故亦稱為準裁判行為(Quasi-Adjudicatory Action)；　而行政調查則係行政部門在執行國家法律時所不可或缺之基本職權，茲分述之。

1. **法令制定**

美國行政程序法第 551(5)條明定，「法令制定」係指行政機關制定、修正或廢止法令之程序。依同法第 551(4)條之規定，所謂「法令」，則係指行政機關有關一般或特定適用性及將來效力之聲明之全部或一部，用以執行、解釋或規定法律或政策，或敘明行政機關之組織、程序或實行準則，且包括對於未來利率、薪資、企業或金融組織或其重整、價格、設施、應用、勞務或其津貼，或關於前揭事項之估價、成本、會計或實行之核准或規定等❼。行政程序法第 553 條並規定，行政機關從事有關法令制定之行政行為，無論該行為之性質係屬正式(Formal)或非正式(Informal)，或兼具正式及非正式(Hybrid)之性質，均應受行政程序法所定程序之拘束。惟法令制定之行為如涉及美國政府關於軍事或外交關係之職權，或與行政機關之管理、人事，公有財產、借貸、授益或契約有關，則不在此限❽。

概括言之，行政程序法要求行政機關於制定行政法令時，應符合該法所定「通知與評論」(Notice and Comment)之程序。由於行政程序法建立事前公告(antecedent publicity)之制度，故除非關係人業經指明，且依法送達於本人或本人已接獲實際之通知，行政機關在進入法令制定之實質程序以前，應將行政法令草案公告於聯邦登記簿(federal register)之中，以

---

❼　Id., §§551(4)、(5).

❽　Id., §553(a)(1)、(2); §§556、557.

利關係人及其他人民閱覽與知悉該行政法令之內容。

此外，行政機關應給予關係人參與制定法令之機會。關係人得以提出書面資料、評論或參與言詞辯論之方式，與主管法令制定之行政機關當面交換意見，並對法令草案表達自己之立場與看法。此即行政程序法所稱通知與評論之法令制定程序❾。本法僅明定通知與評論之程序，並未強制規定法令制定前應舉行聽證(Hearing)，其目的乃在使法令制定之程序民主化，並避免因施加過於沉重之程序要求而貶抑行政程序之彈性❿。聯邦最高法院更進一步表示，除非由國會或行政機關自行施加較通知與評論嚴格之法令制定程序，否則縱係在法令內容須以某些事實的認定作為前提之情形，法院仍將否定有關行政機關應於法令制定程序適用通常僅為行政裁決程序設計之聽證規定。畢竟，機動性(flexibility)與簡便性(informality)，仍係法令制定程序所應重視之重要公共利益⓫。

2.行政裁決

美國行政程序法第 551(7)條規定，「行政裁決」係指行政機關下達命令之程序。依同法第 551(6)條之規定，所謂「命令」，則係指行政機關對於法令制定以外，但包括核准在內之事務，所作成關於積極、消極、禁止或確認之最終處分之全部或一部。同法第 551(9)條並規定，所謂「核准」，乃係指行政機關對於許可之授予、更新、否決、取消、中止、撤銷、撤回、限制、修正、調整或設定條件之程序⓬。行政程序法第 554(a)條進一步規定行政機關適用正式裁決程序之時機。該條明定，本法第 554條所定之程序，適用於法律規定行政機關應舉行聽證，並依所載筆錄予

---

❾　Id., §553(b)、(c).

❿　參照Federal Crop. Inc. v. Merrill, 332 U.S. 380, 387 (1947).

⓫　參照Vermont Yankee Nuclear Power Corp. v. Natural Resources Defense Council, 435 U.S. 519 (1978)。

⓬　參照5 U.S.C. §§551(6)、(7)、(9)。

以判斷之行政裁決案件❸。是以，如某一法律明文規定，行政機關僅得以聽證所載筆錄，作為獲得行政裁決之判斷依據，行政機關自應受該一法律之拘束，並應適用行政程序法第 554 條所定之程序。事實上，美國行政程序法所定適用於正式行政裁決之程序，其嚴謹之程度並不亞於法院之審判程序。

至於法律未規定應依聽證筆錄判斷之非正式行政裁決，行政程序法並無關於裁決程序之規定，故應依據其他相關法律所定之程序為之，例如國會要求各級地方政府在決定公路接受運輸部(Department of Transportation)融資之地點前，應舉行公聽會聽取公民之意見即是❹。此外，行政裁決縱屬非正式之性質，如在該行政行為有涉及人民自由權或財產權之剝奪，並違反憲法正當法律程序所定義務之情事，法院非不得藉由司法審查權之行使，要求行政機關舉行某種形態之聽證。惟法院依特定案件所定之聽證程序，雖不必與法院審判所實施之聽審程序完全相同，但應足資滿足行政程序上有關正當程序之要求，自不待言❺。

概括言之，行政程序法所體現之正當法律程序，乃係要求行政機關於可能作成對人民產生不利影響之行政決定之前，舉行一正式之對立聽證程序，亦即所謂之「證據聽證」(Evidentiary hearing)。茲此，因可能之行政決定而受不利影響之人民，乃有要求行政機關舉行一與司法聽審相當類同的證據聽證之權利。在證據聽證程序中，人民有以下所述之各種權利：(1)獲得包括與本案有關之標的及爭點之合理通知；(2)提出證言與

❸　Id., §554(a).

❹　參照Citizens to Preserve Overton Park, Inc. v. Volpe, 401 U.S. 402 (1971)；並參閱Peter Strauss, "Revising Overton Park: Political and Judicial Controls over Administrative Actions Affecting the Community," 39 U.C.L.A. L. Rev. 1251 (1992)。

❺　參閱Richard Pierce, Sidney Shapiro & Paul Verkuil, *Administrative Law* & Process §6.3 (1992)。

事證，以及辯論之機會；(3)經由交互詰問及其他適當方式，反駁不利證據；(4)有律師協助辯護；(5)以提示於聽證筆錄之證據，作為行政決定之唯一判斷依據；(6)作成一由證言與辯論所組成，且包括事證與其他在聽證程序中提報之所有其他文件之完整筆錄；以及(7)要求行政機關敘明其作成決定之基礎，以確保行政機關行使關於事實、政策及法律爭點之廣泛裁量權限時，仍能遵循法律之規定等 ❶❻。

　　惟行政程序之經濟與效率，亦屬應予維護之重要公共利益之一，故行政機關在為保護人民權利而採行正式之對立聽證程序時，亦應顧及上述公益。美國聯邦最高法院以成本利益取向(cost-benefit approach)，決定某一行政程序是否有實施特殊程序保障之必要。該院表示，行政機關應以下述三項標準，衡量某一行政裁決案件應否實施正式聽證程序，期使人民權利與公益二者在關於本案之行政程序中均可獲得相同之保障：(1)受影響之人民利益；(2)適用一般程序發生失誤決定之危險與附加程序保障之可能價值；以及(3)公共利益與額外程序所造成包括費用在內之行政負擔等 ❶❼。茲此，聯邦最高法院以成本利益標準研析，認為在刑事偵審程序所適用之各種證據排除法則(exclusionary rules)，由於適用於行政程序之成本遠大於其所保證之利益，故於行政聽證程序中尚毋需概予適用，是應注意 ❶❽。

　　隨著福利國理念之發展與落實，應依符合憲法正當程序要求之證據聽證程序予以保障之人民權利，亦已由涉及傳統規範行政領域之權利(rights)，擴及於在二十世紀初始見萌芽之受領給付特權(privileges)。聯邦最高法院認為，政府縱在決定終止給予公共補助款項之情形，亦應賦予

---

❶❻　參照Mathews v. Eldridge, 424 U.S. 319, 325 (1976)。

❶❼　參照United States v. Raddatz, 447 U.S. 667, 677 (1980)。

❶❽　參照Immigration and Naturalization Service v. Lopez-Mendoza, 468 U.S. 1032 (1984)。

關係人民一證據聽證之機會。人民接受政府公共補助給付之地位或資格，已非係一單純之特權，而應與權利相當；政府公共補助給付之性質，亦非係對於人民之無償給付，而應視其為人民之財產❶。此外，政府在終止與公共補助給付類同之社會福利給付，諸如老人給付、殘障給付、醫療保險、撫養未成年子女補助金與其他與社會福利措施有關之計劃時，亦應提供關係人民一證據聽證之程序，始可符合憲法正當程序保障人民權益之要求。惟最高法院表示，為維護行政效率，關於社會福利給付之證據聽證程序，政府得於作成終止給付之決定以後再行實施，與正當程序保障之本旨並無違背❷。

3.行政調查

行政機關為執行國家法律，決定人民是否違反行政法令或依立法授權所下達之行政命令，必須享有行政調查權，並以該項權力強制人民提供其所持有之資訊，或檢視人民工作或居住之所在。一般而言，行政機關要求人民提示資訊，須係基於法律明確之授權，或係基於關係人之自願或本於其事前之同意。但立法機關仍可授權行政機關得依其調查權之行使，強制人民提出文件及作成與調查資訊有關之證言，例如聯邦貿易總署得命令關係人提出書證及證言是❹。行政機關除可依法簽發傳票傳喚關係人及證人到案外，亦得依法律之授權命令有關機關申報定期與特別之報告，例如職業安全及健康局得要求僱用人定期申報受僱人之死亡是❷。此外，為作成一關於是否遵守法律或命令之決定，立法機關亦得授權行政機關檢查受規範客體之有關處所、居所或工作場所，例如前述職安局按時檢查工作場所，僱用人不得拒絕是❸。

---

❶　參照Goldberg v. Kelly, 397 U.S. 254, 262 (1970)。

❷　參照Mathews v. Eldridge, 424 U.S. 319 (1976)。

❹　參照15 U.S.C.A. §49。

❷　參見29 U.S.C.A. §657(c)(2)。

　　依據憲法權力分立理論之作用，關於以上三類之有關行政行為，均
應受到法院司法審查之拘束與控制。司法審查之機制，除可確保行政機
關之行政法令確係基於適當理由及遵守有關程序而制定，且未逾越法律
之授權，亦可保證行政機關之行政裁決確已符合法律授權及遵守相關法
定程序而作成,更可確定行政機關之調查行為確係在法律授權範圍之內,
且遵守憲法上諸如增修條文第四條有關搜索限制之程序保障。

三、美國行政爭訟制度與司法審查

(一) 美國行政爭訟制度之形成

　　美國政府行政機關行使法令制定(Rulemaking)、 行政裁決(Adjudica-
tion)及行政調查(Investigation)等行政行為時， 悉依循聯邦及各州所制定
之行政程序法。 而美國聯邦行政程序法(Administrative Procedure Act)除
規定各種特殊定義、 適用範圍及政府資訊公開之基本政策方針外，並分
別就行政機關法令制定、 行政裁決等行政行為，明定關於程序正義之基
本事項，諸如給予人民合理通知(Reasonable Notice)❷❹、 賦與人民提示證
據和適當陳述機會(Present Evidence & Opportunity To Be Heard)❷❺，以及
提供人民公正審理機關(A Fair Tribunal)❷❻等等， 俾使與人民權益息息相

---

❷❸　Id., §657(a)(1).

❷❹　參見5 U.S.C. §554(b)。依本條規定,有權獲得行政機關聽證通知之人民應被
　　適時告知(1)聽證之時間、地點與性質; (2)舉行聽證之法定權限及管轄; 以
　　及(3)所主張之事實及法律等。

❷❺　Id., §556(d). 本條規定, 除非法律另有規定, 主張行政法令或行政命令無
　　效者應負舉證之責。當事人有以口頭或書面證據提起案件或提出抗辯、 提
　　示反證之權, 亦得基於完整與真實公開事實之目的而進行交互詰問。

❷❻　Id., §556(b). 本條規定, 採擇證據時, 應由(1)行政機關; (2)組織行政機關

關之行政行為均可符合憲法所定正當法律程序之要求，可謂係美國各種行政法令之基本法❷。至於有關程序正義基本要求以外之其他行政事宜，舉凡聽證程序應否公開，裁決程序應否嚴謹，甚或行政救濟制度如何建構等事項，則委由單行行政法令就其所規範行政行為之性質與需要，分別予以規定之。

例如，政府應賦與人民有請求作成行政裁決之有關機關或其他行政機關，依再議或再聽審(Petition For Reconsideration or Rehearing)程序，審查(Review)、廢棄(Vacate)原決定或宣告原決定無效(Annul)之權利。惟人民可資適用之行政救濟制度，究非係基於聯邦行政程序法之統一規定所建置❷，而係依各該行政行為之有關行政單行法令之特別規定而設立。是故，美國有關行政救濟制度之立法例，乃因行政行為之種類、內容，或作成機關之不同，以及各級政府實證取向或法院裁判所持見解之差異，而呈現繁雜分歧之現象，一套放諸四海而皆準之行政救濟體例於焉尚未形成。

為符合行政程序法上有關應提供人民一公正審理機構之規定，行政機關須依法聘任獨立於行政機關編置成員以外，具有法律素養或有關專業知能之行政法法官(Administrative Law Judges，簡稱 ALJ)，於行政機關進行聽證程序及作成行政裁決時，充任聽證官(Hearing Examiners)或審理員(Presiding Employees)❷，行使證據聽證審判長之職務，擁有與法院審

之一位或多位成員；或(3)依本編第3105條任命之一位或多位行政法法官審理之。

❷ 參照Administrative Procedure Act of 1946, 5 U.S.C.A §551 et seq.。

❷ Id., §557(b):" .... When the presiding employee makes an initial decision, that decision then becomes the decision of the agency without further proceedings unless there is an appeal to, or review on motion of, the agency within time provided by rule...."

❷ Id., §§556, 3105, 7521, 5372, 3344 & 1305.

判長法官相當之職權。美國行政程序法第 556(c)條規定，行政法法官受行政機關行政法令及其權力之拘束，並得於聽證程序中行使以下之職掌：⑴主持宣誓及具結；⑵依法律授權簽發傳票；⑶指揮舉證及採擇相關證據；⑷為實現正義而取得證言及命令製作證言；⑸指揮聽證程序；⑹經當事人同意舉行解決或簡化爭點之會議；⑺處理程序上之請求及相類事務；⑻依本編第 557 條作成或建議決定；以及⑼行政法令授權行使之其他行為❸⓿。

　　行政法法官行使上述職權時，應本於公正之態度為之。行政法法官得隨時自行解除擔任聽證審判長之資格，行政機關如認確有適當及充分之書證顯示個人偏見或其他喪失資格之情形，該機關應繼續依前行政法法官所指揮製作之筆錄，決定有關事務及作成關於本案之決定。依行政程序法之規定，行政法法官有權作成各種初步之決定，如關係人未即時提起訴願，該決定則成為行政機關之決定❸❶。行政法法官係由總統、州長或各行政機關之首長依法任命，其員額視各行政機關之需求彈性調整。除非經文官功績制度保障委員會(Merit System Protection Board)依法定程序予以核可，任命行政法法官之行政機關不得對於行政法法官作成免職、停職、降級或減俸之處分。

　　行政法法官作成之行政裁決，代表行政機關所作之行政行為，得對外直接發生行政法上之效果。由於申請再議或再聽審究非憲法保障之權利，被裁決人對於行政法法官所為之決定如有不服，除非法律有特別規定且有正當理由(good cause)，被裁決人始得向原行政機關之行政首長或其他具有再議或再聽審職掌之行政機關提起訴願(Administrative Appeal)。否則，行政法法官所作成之行政裁決，乃屬行政機關之最終決定，如遇有關行政救濟制度未臻設立時，被裁決人僅得依法提起行政訴訟，

---

❸⓿　Id., §556(c).

❸❶　Id., §556(b).

請求法院依司法審查機制進行司法救濟❸。被裁決人如欲申請訴願，必須仔細考察下列事項：⑴受理訴願之行政機關是否具有行使再議或再聽審之法定職掌；⑵申請再議或再聽審之理由是否充分；以及⑶申請再議或再聽審是否係尋求行政救濟之最後手段等。

一般而言，訴願程序雖係以審查、廢棄或撤銷行政法法官所作成之行政裁決為目的，但受理訴願之行政機關在訴願程序中所具有之權限，除非法令有特別規定，否則幾與作成最初決定之行政法法官並無明顯之不同。但受理訴願事件之行政機關為限縮其行使再議或再聽審之權限，非不得依裁量權之行使，自行決定訴願申請之法定期間，對於人民在憲法所保障有關正當法律程序之程序上權益並無損害❸。同時，向原行政機關或有關行政機構申請再議或再聽審，本非被裁決人尋求行政訴訟之前置程序，故被裁決人在法律認可之範圍內，拋棄(Waive)行政機關或有關行政機構所提供之行政救濟程序，對於其日後直接向法院提起行政訴訟之權利並無重大之影響❸。所謂法律所認可之範圍，例如行政救濟不適用或不適當，行政救濟將導致無法彌補之傷害，尋求行政救濟程序並無實益，系爭行政行為涉及第三人所主張之公共利益，以及系爭焦點涉及有關行政法令或行政指導之合憲性爭議等是。

如前所述，行政法令得在其有關行政組織之規定上，明定特定行政機關得組織關於訴願事件之上訴機構，用以行使行政再訴願(Further Administrative Appeals)之職權。惟政府應否受理人民再訴願事件之申請，並進而行使關於本案之實體審理權限，乃委由具有此一權限之行政機關依其法定職掌，自行裁量之。至於再訴願事件之程序及內涵，則應依有關法律之特別規定辦理，因與訴願程序類似，在此不再贅敘。

---

❸ 參照De Cordoba v. Governing Bd., 71 CA 3d 155 (1977)。

❸ Id.

❸ 參照5 U.S.C.A. §701 et seq.。

　　行政機關之行政救濟制度應與法院之司法審查機制相結合，始為美國行政行為所適用之有關行政爭訟制度之全貌。茲以略圖簡介如後，以觀其梗概。

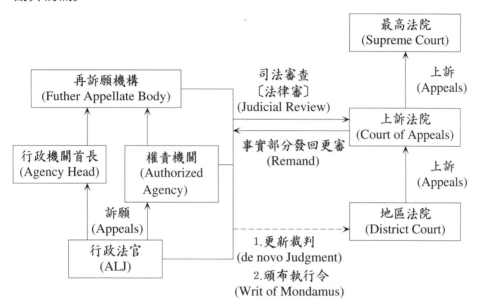

（二）司法審查及其檢驗標準

　　雖然大部分之行政行為均可依行政救濟程序進行訴願，但並非所有之行政行為均須受到司法審查之拘束與控制，此乃美國實踐三權分立理論所獲得之必然結果。美國行政程序法明定，人民在法律定有排除司法審查之規定，或在行政機關依法享有完全之裁量權時，不得向法院提起關於司法審查之行政訴訟❸❺。　同法並規定，　行政行為之可審查性(Reviewability)，乃係依據法律之規定。惟有對於行政機關之最後行為(Final Action)，當事人已用盡行政機關所提供一切可資適用之行政救濟途徑，

---

❸❺　參見5 U.S.C. §701(a)。

仍無法獲得適當救濟，且法院對其亦無特別提供任何適當之救濟時，該最後行為始應受到司法審查之拘束❸❻。行政機關所行使，具有準備、程序或中間性質之其他行政行為或命令，其本身雖未直接具可審查性，但仍在法院對於最後行為進行司法審查時，同受司法審查之拘束❸❼。

　　茲應注意者，美國聯邦最高法院近年來更有進一步從寬認定行政行為應接受司法審查之趨勢，甚至在多次判決中主張行政行為應推定具有可審查性(Presumption of Reviewability)。此一推定，雖與美國行政程序法所規定之意旨有所衝突❸❽，但並未違反國會立法者之本意。國會於一九四六年審議美國行政程序法草案時曾表示，法律未特別規定司法審查，並不足以證明國會有意否定某一行政行為有接受司法審查之義務❸❾。最高法院亦曾指出，法律無司法審查之規定，並不足以使行政機關豁免於法院針對行政行為的合法性所作之一般性司法檢驗❹❶。當事人如欲表示國會確有制定法律排除司法審查之意圖，必須以證據力極高之「明顯且具說服力」之證據(Clear & Convincing Evidence)證明之。否則，前開推定卓然成立❹❶。法律上單純之沉默，尚不構成一項有說服力之理由，證明

---

❸❻　對於上述之用盡行政救濟法則(Rule of Exhaustion of Administrative Reme-dies)，法院仍認可某些不予適用之例外，例如適用行政聽證程序及行政命令未經司法干預，將對於當事人或公益肇致無法彌補之傷害，以及行政救濟係屬不適當等是。參照Greenblatt v. Munro, 161 Cal. App. 2d 596, 326 P.2d 929 (1st Dist. 1958)。

❸❼　參見5 U.S.C. §704。

❸❽　參照Abbott Laboratories v. Gardner, 387 U.S. 136 (1967); Johnson v. Robison, 415 U.S. 361 (1974)。惟「推定得審查」亦有遭最高法院推翻之情形，例如參照Block v. Community Nutrition Institute, 467 U.S. 340 (1984)。

❸❾　參閱*Administrative Procedure Act: Legislative History* 275 (1946)。

❹❶　參照Stark v. Wickard, 321 U.S. 288 (1944)。

❹❶　參照Abbott Laboratories v. Gardner, 387 U.S. 136, 140 (1967)。

國會有排除系爭行政行為接受司法審查之意圖，而係藉以表明立法者之本意，乃是在將此類個別之行政行為，依美國行政法及行政程序法上之有關規定，歸交普通法上已建立之通常司法救濟途徑予以審查❷。

美國前聯邦最高法院大法官布蘭德斯氏(Louis D. Brandeis)曾謂，「法律優位性(Supremacy of Law)之要求，乃係給予某些法院得針對事實所由裁決之程序，決定其是否依規定行使之機會」❸。茲此，當行政命令直接危及人民身體或財產上之權利時，請求法院進行司法審查即係人民在憲法所保障之基本權利❹。是以，縱係在有法律明文排除行政行為應接受司法審查之情形，法院為實現憲法所定正當法律程序之要求，仍不得遽予解免其於憲法上所應履行之義務。憲法顯然未曾授予立法機關得以庇護行政機關為目的，而使其行為免受司法審查檢驗之權限❺。至少，司法審查之功能，乃在確保行政行為不致過於偏離人民在程序上之重要權利，亦可避免行政機關肇致不當解釋法令或其他涉及行政決定核心的類似違誤情事❻。

至於何種行為始在行政機關完全裁量權之範圍以內，而可不受司法審查之拘束與控制，最高法院提出「是否有法律可資適用」之標準(The Law to Apply Test)予以認定❼。依據前項標準，法院唯有在無法獲致可資適用於系爭行政行為之有關行政法令時，始將據以認定國會確有明顯意圖，責成行政機關依其自由裁量權之行使，自行決定某些具有高度行

---

❷　參照Ortego v. Weinberger, 516 F.2d 1005, 1009 (5th Cir. 1975)。

❸　參照St. Joseph Stock Yards Co. v. United States, 298 U.S. 38, 84 (1936)。

❹　參照Blount v. Metropolitan Life Ins. Co., 677 S.W.2d 565, 569 (Tex. App. 1984)。

❺　參照County Council v. Investors Funding Corp., 312 A.2d 225, 255 (Md. 1973)。

❻　參照Lindahl v. OPM, 470 U.S. 768, 791 (1985)。

❼　參照Citizen to Preserve Overton Park, Inc. v. Volpe, 401 U.S. 402 (1971)。

政專業性之行為。對於此類行政行為，法院將不受理關於司法審查之行政訴訟。但此項標準對於人民而言似乎仍過於嚴苛，不免影響人民實施訴訟尋求司法救濟之權益。是以，聯邦最高法院因而表示，縱然在「無法可管」之情形下，法院非不得以行政機關採擇證據違反證據法則，或適用證據法則顯有錯誤為理由，對於屬於行政機關高度裁量範圍內之行政行為進行司法審查。

此外，法院受理人民聲請司法審查之行政訴訟案件，尚須滿足憲法所定「當事人適格」(Standing)之要求。質言之，所謂「當事人適格」，乃係指聲請人因政府之行為而受到或即將受到損害，法院之裁判足資彌補或阻止此項損害者而言。早期之最高法院在詮釋此一憲法上之限制時，曾以「法律上保護之利益」標準("Legally Protected Interest" Test)決定聲請人是否滿足當事人適格之要求❹。但因失之嚴苛，遂於一九四〇年代以後，改採較寬鬆之「受害人」標準("An Aggrieved Person" test)認定當事人適格要件❹。一九四六年制定之美國行政程序法即以前項標準落實憲法當事人適格之限制❺。該法明定「人民唯有因行政機關之行為遭受不法，或在相關法令所定意涵之範圍內，因行政機關之行為而受到不當影響或侵害時」，始有聲請法院審查行政機關行政行為的法律上權利。是以，人民欲提起行政訴訟，必須係遭受不法，或在相關法令之意涵內受到不當影響，否則即屬當事人之不適格。

為擴大人民聲請行政訴訟之權益，美國聯邦最高法院更於一九七〇年代作成一系列從寬認定當事人適格要件之裁判❺。該院提出一雙叉標

---

❹　參照Alabama Power Co. v. Ickes, 302 U.S. 470 (1938)。

❹　參照FCC v. Sanders Bros Radio Station, 309 U.S. 470 (1940)。

❺　參見5 U.S.C. §702。

❺　參照Association of Data Processing Service Organizations v. Camp, 397 U.S. 150 (1970)。

準(Two-pronged Test)認定當事人適格。依前項標準，人民祇要聲明其已受到事實上之損害(Injury in Fact)，並證明其所主張之利益可得論據 (Arguly)確係在憲法或法令所保障利益之涵蓋區域(Zone of Interests)內，即可取得當事人適格之地位。茲此，當事人適格之標準顯然較半個世紀以前寬鬆，對於人民行政訴訟實施權之保障乃更臻完備。

　　法院依相關規定受理關於司法審查之行政訴訟案件時，首須確定其司法審查權所得行使之範圍。依據美國行政程序法第 706 條之規定，審查法院應決定所有與本案有關之法律問題(Questions of Law)、解釋憲法及法律之規定(Constitutional and Statutory provisions)，以及確定行政行為內容之意涵或其適用性(the meaning or applicability of the terms of an agency action)等 ❷。同條並規定，審查法院對於行政機關享有下列權力：⑴課予不法拒絕或不合理遲延之行為義務；以及⑵於行政機關之行政行為、所認定之事實及所作成之結論有以下情形之一時，宣告其違反法律並予以廢棄：(A)獨斷、專擅、濫用裁量權或其他違反法律之情事；(B)違背憲法上之權利、權力、特權或豁免權；(C)逾越法律上之管轄權、授權或限制，或欠缺法律上之權利；(D)未遵守法律所定之程序；(E)於本編第 556 條及第 557 條所定之案件，或依法律所定行政聽證應就筆錄所載而為審理之案件中，未提示實質證據；或是(F)未依據應受審查法院更新裁判拘束之事實等。法院在作成關於上揭權力之決定時，應審查所有筆錄或筆錄中一方當事人所特別引證之部分，並應確實考量偏頗所造成違誤之相關法則 ❸。

　　依據美國行政程序法之上開規定，法院應依權力分立理論，給予行政機關「充分尊重」、「尊重」及「不予尊重」等三種不同程度之尊重，並要求法院應依上述三種不同程度之尊重，訂定審查行政機關各種行政

---

❷　參見5 U.S.C. §706。

❸　Id.

行為之檢驗標準。茲此，在極端不予尊重之情形，法院應使用「更新審理」標準("De Novo" Standard)進行司法審查，並以更新裁判(de novo Judgment)取代行政機關之行政決定。於此情形，法院僅須不同意行政機關之決定，即可廢棄該項決定而重新審理。其次，在極端尊重之情形，法院得使用「獨斷專擅」或「濫用裁量權」("Arbitrary and Capricious" or "Abuse of Discretion" Standard)標準進行司法審查。於此情形，除非審查法院可證明行政機關作成一獨斷之決定，否則必須認可該項決定。法院對於行政法令進行司法審查，即係採用此項標準予以檢驗。最後，美國行政程序法尚提供一項「實質證據」標準(Substantial Evidence Standard)，建議法院對於行政裁決進行司法審查時，應依此項標準檢驗之。在此情形，審查法院縱使不同意行政機關作成之決定，但只要該項決定確係行政機關所為的一項合理之結論，該法院仍不得將前項決定予以廢棄或修正。是以，決定之作成是否係基於合理使用實質證據之問題，乃成為審查法院行使司法審查之焦點。

　　基於權力分立理論所衍生之尊重理論(Doctrine of Deference)，法院對於行政行為行使司法審查時，應尊重行政機關就其職掌所具有之專業素養及知能。美國聯邦最高法院於半個世紀以前，曾本於司法制約理論(Doctrine of Judicial Restraint)宣示，「法院法官既無技術上之知能，亦無法律上之權威判斷行政機關所採取行為方針之智慧」❺❹。當事人對於行政裁決所提起之司法審查案件，性質上本屬該行政行為之上訴審及法律審。是故，法院審理關於司法審查之行政訴訟案件，應僅得以行政機關依其聽證程序所獲得之有關證據作為判斷依據。除非法律有特別之規定，法院不得罔顧行政機關所採擇之證據，而另依其他證據進行裁判❺❺。縱在行政機關不法排除證據或發見新證據之情形，審理法院亦不得自行收

---

❺❹　參照Board of Trade v. United States, 314 U.S. 534, 548 (1942)。

❺❺　參閱Schwartz, *Administrative Law §10.2*, 3rd Ed., Little Brown (1991)。

取證據，而應速將本案發回(Remand)至為原裁決之行政機關，由該被發回機關作成證據取捨之決定。

茲此，法院受理行政訴訟案件，不宜直接介入應由行政機關本於其行政專業所負責認定之系爭事實問題(Questions of Fact at Issue)，而僅得藉由審理行政機關是否依實質證據作成行政裁決之時機，審查行政裁決所依據之事實。換言之，法院對於行政裁決行使司法審查之範圍，應僅侷限於作成行政結論判斷依據之有關事實，是否確係本於實質證據而認定之問題上。所謂實質證據，依聯邦最高法院之解釋，乃意指依合理思維得以認為，係一可適當支持某項結論之關聯性證據❺❻。法院即依前述實質證據標準，藉由司法審查之機制，檢驗行政裁決之合憲性問題。

質言之，實質證據標準乃在檢驗行政機關作成關於事實認定的決定之合理性(Reasonableness)，而非檢驗其所認定事實之正確性(Rightness)。是以，祇要能證明一位合理人(A Reasonable Person)將同意，行政機關作成其關於事實認定之決定時，確有適當證據支持，法院將對於行政機關所為有關認定事實的決定，作成合憲性之認可❺❼。與此同時，由於法院對於行政法令乃抱持較為尊重之態度，故在其針對行政機關法令制定之行為進行司法審查時，則係採取獨斷、專擅或濫用裁量權標準予以檢驗。除非能證明法令制定所依據之事實，係基於行政機關獨斷、專擅或濫用裁量權之決定所認定，否則法院應逕予認可行政機關所制定之行政法令。法院對於法令制定進行司法審查，仍係以行政機關有關事實認定之決定為審查之範圍，且未跳脫行使合理性審查之特質，與法院對於行政裁決所進行之司法審查並無不同，僅是就文字之使用稍事調整而已，是應注意❺❽。

---

❺❻　參照Consolidated Edison Co. v. National Labor Relations Board, 305 U.S. 197, 229 (1938)。

❺❼　參照Matter of Otero Electric Cooperation, 774 P.2d 1050, 1053 (N.M. 1989)。

　　此外，法院對於行政行為進行司法審查，必須解釋法律，惟法院之解釋如與行政機關適用法律所為之解釋有不一致時，法院應否仍依尊重理論認可行政機關之解釋，不無疑義。針對此一問題，美國聯邦最高法院揭示雪弗蘭理論(Chevron Doctrine)並強調，法律之解釋，首應受立法者之拘束。如立法者已明確表達法律之意涵及立法者之本意，法院及行政機關均應予以遵從。惟如法律之文義不明確，或立法者之本意無以查考時，行政機關應積極扮演給予法律明確意涵之首要角色。法院僅得在對於行政行為進行司法審查時，檢驗與其有關的行政解釋之合理性。法院應尊重行政機關對於法律所作成之解釋，除非在行政解釋違反立法者明確之本意，且有明顯違誤(Clearly Erroneous)之情形，否則法院應認可行政機關所為合理之行政解釋❺❾。法院應留給行政機關自由決定事實及政策之完整權限，僅於事後受司法審查有限之拘束即可。故而，法院對於行政行為進行司法審查，應僅著重於確保行政機關行使權力係在法律授權範圍以內，以及行政機關係正確解釋法律等有關之問題上。

　　惟如前所述，法院在審查行政解釋之合理性時，不免併予審理行政機關所認定之事實。就此疑義，除加利福尼亞州最高法院(Supreme Court of California)曾提出修正意見，認為涉及人民基本權利之行政決定，均應受司法審查之完整監督以外❻❶，最高法院於雪弗蘭一案所揭示應尊重行政決定之態度，仍為美國大多數法院所遵循❻❶。

❺❽　參閱Bernard Schwartz, "Administrative Law," *American Law* 129, 146, Oxford University Press, New York (1996)。

❺❾　參照Chevron v. NRDC, 467 U.S. 837 (1984)。

❻❶　參照Strumsky v. San Diego Employees Retirement Association, 520 P.2d 29, 33 (Cal. 1974)。

❻❶　參照National Fuel Gas Corp. v. FERC, 811 F.2d 1563 (D.C. Cir. 1987)。

四、結　語

　　美國行政爭訟救濟制度源遠流長，在憲法及行政程序法等有關法律之主導下，結合各種單行行政法關於組織及行政救濟等之相關法令，並佐以歷年各級法院之裁判，可謂燦然大備，頗值吾人借鏡。

　　在三權分立之憲政架構下，司法機關在行使司法審查之權限時，不宜僭越分際，應本權力分立理論中之制約及尊重等二項理論，善盡憲法及法律守護者之角色。尤其在涉及高度專業之行政行為時，法院應僅就法律審之部分詳實審查，縱使事實部分仍有爭議，法院仍以發回原行政機關更行審理為宜，此乃美國上訴法院受理行政訴訟第一審案件之通常作法，亦值得吾人省思。

　　嚴格言之，美國行政救濟制度與司法救濟制度之間，並無存在所謂前置性之關係，人民得依法捨原行政救濟程序而逕付司法審查。惟法院得因當事人尚未用盡一切可資適用之行政救濟途徑而拒絕受理行政訴訟。此一結果，並非係因行政救濟為司法救濟之前置程序使然，而係法院本於訴訟經濟及司法救濟之絕對必要性之考量而得，二者不宜混為一談，應予注意。此外，關於行政爭訟制度之雙軌制或單軌制取向，由於美國之立法例繁雜分歧，尚無強予歸類其屬性之必要，故在此亦僅以通盤論述之方式加以介紹，在此一併說明。

美國地方政府權力與權限爭議之研究

一、前　言

　　美國係採聯邦制，除聯邦政府外，並設五十個州政府，各州均享有完整獨立之自治權。依據美國聯邦憲法之設計，聯邦權乃非聯邦政府所固有，而係出諸憲法之付託。聯邦政府權力之增加或削減，皆須仰賴憲法之增補與修正。各州政府及人民方擁有固有及初始之權力，故毋庸聯邦憲法再予列舉或授權。基於國民主權及社會契約理論之傳統，政府主權應屬於全體人民，但為發揮主權之實際作用，美國人民乃以其主權分別委託予州政府及聯邦政府。美國聯邦憲法為保障人民及州政府之初始權力，特明文限定聯邦政府之權力，並於其增修條文第十條明示州政府及人民擁有概括之剩餘權。凡此種種，皆說明州自治政府之憲法地位乃不容忽視。

　　美國之地方制度，除州政府以外，尚設有許多地方政府。此類地方政府之名稱或功能或有不同，但皆屬由州憲法或州法律所創設或授權設立之公法人團體。然而，地方政府與州政府之關係，實與州政府與聯邦政府之關係，在本質上存有極大之差異。基於聯邦國家之特色，州政府並非聯邦政府之下級單位，而係在許多方面堪與國家本身抗衡之獨立政制實體；但地方政府卻係州政府之輔助單位，用以執行州之法律，稽徵州之歲入，以及行使州之其他功能等。易言之，美利堅合眾國係以聯邦制之基礎而組成，而各州則係以單一制之精神建立其政制體系❶。

　　美國繼受英國國民主權與有限及代議政府之傳統政治理念，認為國民應享有管理自己事業，排除他人干涉之權力，故將英國傳統之地方自治政府移植於美國之地方制度中。地方政府應履行消防、治安、教育等基本職能，於都市化地區，其他地方政府更應擔負供水及衛生等保障公眾健康之責任。大體而言，具有公法人地位之地方政府約可分成二類，第一類稱為市政法人，包括市(Cities)、村(Villages)、自治市鎮(Boroughs)、法人鎮(Incorporated Towns)等，此類地方政府乃係為管理地方事務之需要，與基於地方人民自發之意願而設立之公法人團體；第二類稱為準市政法人，包括郡(Counties)、鎮(Towns)、鄉(Townships)、學校分區(School Districts)，以及其他特別分區諸如排水分區、衛生分區等，此類地方政府則係為執行具有全州一致性地方事務之需要，與基於州政府之行政設計或因應人民自發之意願而設立之公法人團體。上述二類公法人之基本職能或有差異，但在行使自治政府機關與州行政區劃之作用上則並無二致。

　　市政府悉依州法律之特許而設立，故州議會除有權授予市政府某些權力外，更得依法撤回、中止、變更或解除市政府之授權。市政府均以其市政憲章作為基本法律，用以明定市界、權力、政制系統，民代會、

---

❶　參閱William H. Young, *Introduction To American Government*, 13th Ed., 849–853, Appleton-Century-Crofts, Inc. NY (1966)。

市長及其他官員之選舉方式，各種官員之職責，以及確立官員間之相互
關係等。與之相對者，郡政府之設立及郡界之劃定除以法律明定外，更
以州憲法保障之。郡政府既屬準公法人之地位，其職掌自係以履行具有
全州一致性質之事務為主要。至於郡政府之組織形態、官員種類，以及
其應享有之權力等，則均明定於州憲法或有關郡政府之法律中，並無類
似市政憲章之郡基本法律之制定。是以，郡政府之架構較為僵硬與缺乏
彈性，自無法和具有完整公法人地位之市政府相提並論。

　　美國聯邦憲法增修條文第十條僅規定，除聯邦憲法明文授予聯邦政
府，且禁止州政府擁有之權力外，剩餘之概括權力均歸屬於各州及人民
所有。是以，關於地方政府之保障，乃留待州憲法或州法律予以落實。
各州對於地方政府之保障，有落實於州憲法內者，如加利福尼亞州(Cal-
ifornia)；亦有落實於有關法律者，如紐約州(New York)，形形色色，莫
衷一是。

　　關於地方政府之形態、組織架構及權力職掌等規定，各州所採行之
方法亦有不同。有訂定特別法作一般性之規定者，如新英格蘭地區之各
州是。惟此種方法缺乏彈性，無法因應新時代之需要，故已為多數州所
不採；亦有訂定一般法，並依人口數對地方政府作等級之劃分者，如威
斯康辛州(Wisconsin)是。訂定一般法之目的，乃在避免州政府獨斷專擅，
干涉地方事務；對地方政府作等級劃分之作用，則係在界定各等級地方
政府之組織形態及權力職掌。如此，地方政府體系不致雜亂無章，而各
地方政府之差異亦得兼顧，不失為一較富彈性之作法。

　　然而，上述兩種方法均無法真正落實地方自治政府住民自治之觀點，
故自治權(Home Rule)及選擇性憲章計劃(Optional Charter Plans)乃於近
世應運而生，並為多數州所採。依據自治法則，被地方政府直接影響之
人民，應有權起草自己之憲章(Charter)，並得將任何認為滿意之政制計
劃，以及不違背聯邦及州憲法和法律之政府權力明定於該憲章之中。美

國目前已有半數以上之州憲法明定人民有依自治權草擬市政憲章之權
利。惟市政府或郡政府不可能遺世獨立，與州政府了然分離，故地區性
憲章仍受州法律之限制。地區性法令與州法律牴觸時，一般而言，仍應
優先適用州法律，自不待言。與自治權同受重視且並行不悖者，係為選
擇性憲章計劃。選擇性憲章計劃乃併入州之一般法律中，該法律明列州
政府認可之地方政制組織、形態與權力職掌，但交由市政府或郡政府依
其所需，自由選擇其中若干項目以為適用。自治權與選擇性憲章計劃均
為目前美國各州保障地方自治政府之有效制度。

　　本文研究之重點依序為地方政府權力之淵源，州政府干預地方政府
行使權力之限制，以及政府間權限爭議之解決方式等三項議題。至於公
民之監督亦為避免政府濫用權力之手段，故針對地方政府提起之公民訴
訟，基於傷害而請求之損害賠償訴訟，或公民所為阻止或強迫政府為或
不為某種行為之努力，雖均與地方政府權力之行使有關，但限於篇幅，
謹將此問題留待他文繼續研究。

二、地方政府權力之淵源

（一）美國之地方政府(Local Governments)

　　美國於聯邦制度之下，實行雙軌制之憲政體系，聯邦有施行於全國
之聯邦憲法，各州亦有施行於州內之本州憲法，此乃美國聯邦制度之重
要特色之一。美國之政治學者咸認為州為構成聯邦政體之單位，有其特
殊之地位，不能與州政府以下之地方政府混為一談。而所謂地方政府云
者，應僅指郡(County)、市(City)，以及職能與其類似之地方組織而言，
但不包括州政府在內❷。目前美國約有八萬五千個正常運作之政府單位，

──────────
❷　參閱David J. McCarthy, Jr., *Local Government Law*, 4th Ed., 7, West Publish-

屬於上述性質之地方政府則多達四萬個以上。是以，地方政府在美國政治制度中所扮演之角色，乃不容吾人輕忽。

　　一般而言，地方政府可大別為兩種類型，即地方一般政府(Local General Government)與特別區(Special District)等二者。市(City)、市政組織(Municipality)或市政法人(Municipal Corporation)等名詞均為地方一般政府之代稱，為該類型政府之基本組織，其在政治地位上雖從屬於州政府，且須受管轄區選民選票之政治考驗，但卻擁有行使最廣泛地方政府權力之能力，並在法律上具有公法人團體之地位。與之類似者，郡(County)、鎮(Town)或鄉(Township)等地方組織雖在美國南部各州有被定位為得行使廣泛地方政府權力之公法人團體之情形，惟多數州仍將上述組織視為州政府之地方機關(Local Agent)，行使州政府所授予之特定權力。因此種地方組織的創設顯然欠缺自發性之要素，故在法律上僅具有準公法人團體之地位，仍與市、市政組織或市政法人同屬地方一般政府之類型。

　　除地方一般政府之外，尚有許多為特定目的而設立之限定性政府機構，通稱為特別區❸。特別區之設立，有為擺脫一般政府在借貸行為方面之限制者，有為隔絕某些行為免受傳統政治活動之影響者，亦有為分配某種職能於某些具有特殊專業之組織，或使得某種政府職能較易接受地方居民之監督者，目的繁多，不一而足。此類特別區有僅提供某項單一目的者，例如防火、除蚊等是，亦有同時提供多項目的者，例如供水及排水、電力及衛生、以及公園及計劃等是。有些特別稅區尚提供政府基金予從事公共活動之私人機構，而儼然成為地方政府之代替組織。特別區如學務區者更得受轄區選民之選票考驗，並有為維持正常營運而稽徵財產稅(Ad Valorem Tax)之權力。

---

ing Co., MINN (1995)。

❸　參閱羅孟浩著，《各國地方政府》，國立政治大學叢書，正中書局，民國六十四年三月四版，第三〇一頁。

　　各個特別區均有其固定之轄區，但其轄區的劃分不以地方一般政府之行政區劃為依據，故常有與地方一般政府之疆界重疊或共管某一特定區域之情形。此外，特別區亦有其特設之機關，獨立之經費，以及前述之徵稅權，在在與地方一般政府並無二致，自未可等閒視之，故美國學者乃認為特別區亦屬地方政府之類型。

　　目前全美境內約有數千餘特別區存在，而以學務區最為普遍。於大都會地區(Metropolitan Area)，數個地方政府必須結合相互重疊之地理區域、人口及職能，共同行使地方政府之權力❹。地方政府權力經過數度分割，是否確能為人民提供更便利之服務，乃為一見人見智之問題，向為地方自治學者爭論之焦點。

（二）地方政府與主權(Sovereignty)

　　由於美國獨特的聯邦理論(Federalism)之蓬勃發展，促使聯邦憲法產生一個由全體國民所付託之國家主權，以及由十三州到目前五十州之盟約主權。主權屬於國民全體，國民經由州政府而授予地方政府行使地方統治權之能力。聯邦憲法並未保障地方政府之憲法地位，其建制均委由州政府決定。州政府基於廣泛之固有權力(Inherent Powers)，授予地方政府有限之授權權力(Delegated Powers)。是以，地方政府並非行使主權之主體，其所有之權力均係由各州所授予，州政府對於下級地方政府乃擁有完整之主導權，各州憲法自得對於地方政府之權力作成若干之限制。

----

❹　參照W. H. Young，同前❶。作者以威斯康辛州丹尼郡(Dane County, Wisconsin)之麥迪生大都會區(Madison Metropolitan)為例，說明地方政府組織在一般大都會區設置之複雜情況。依據作者統計，該都會區計有聯邦政府、州政府、郡政府、大都會污水區，於市區有市政府及學務區；於郊區有鎮政府、小學學務區、中學學務區、排水區及衛生區等，合計共有十一個大小層級職權均有不同之政府。

除非於聯邦憲法或州憲法有明文授予地方政府某種特定政府權力之情形，否則所有地方政府均應隨時受到其所屬州政府廣泛監督權之拘束。

　　地方政府在此種條件之下，究竟尚得行使哪些自主之行為，則頗值吾人深思。 愛荷華州(Iowa)最高法院在探討市政法人應否擁有自主行為之問題時，曾作出以下之結論，亦即「地方政府僅得擁有及行使下述權力：第一、以明示之文字授予之權力；第二、為行使明示授予之權力所必要之蘊涵權力或附隨權力；第三、對於該政府組織所宣示之目標及目的而言，係屬絕對基本且不可或缺，而非僅屬便宜之權力而已❺。」此一原則，係由迪倫法官(Judge John F. Dillon)所提出，故又稱為「迪倫法則」(Dillon's Rule)。

　　迪倫法則為當時搖擺不定之聯邦制度與地方自治之歷史習慣注入一明確且正確之分際。在美國，州與地方政府關係之消長，始終反映著歷史、自治組織理論之演變，政治與社會學說之改變，以及國家主權與政府權力在政治實體間之分配等問題。在歷史之進程中，出現如郡與鄉等行使中央主權之機關組織，其目的乃在補救中央政府無法在其所在地有效行使政府權力於廣大地理區域之窘境。同時，在歷史之發展中，人民乃傾向於依據自然權利(Natural Rights)之理論， 透過立法權賦與上述組織主權機關之地位，用以避免主權主體行使主權時，橫生專制獨裁之局面。此外，人民又提出設立組織(Corporation)之觀念，以表達政治地理上之商業中心長期以來，企盼提昇經濟、強化自主性與避免中央主權主體獨斷專擅之願望。設立組織理論於保障公、私法人地位及權力之餘，又結合了授權權力之理論，故認為設立組織所享有且應受保障之地位及權力，均應源自於主權主體之授予。是以，設立組織之憲章或章程，其功能應係授予權力，而非限制保留予人民之權力。

---

❺　參照Merrian v. Moody's Executors, 25 Iowa 163, 193 (1868);並參閱羅孟浩著，前揭書，同前❸，第三○二～三○三頁。

　　與此同時，政治與社會學說則強調個人自由權利與中央或各分支政府權力組織之關係。就一方面言之，政府權力之分散降低專制政體之控制；但就另一方面言之，政治組織之多重性卻足以妨害主權政府與主權人民間之社會契約。上述學說似乎已排除中層或同級競爭組織存在之餘地。然而，行使政府權力之政治實體仍在州主導權與反映社會長期存在之地方自治習慣之間游移不定，莫衷一是。迪倫法官依據嚴格之解釋法則，作成前述所謂之迪倫法則，其目的不僅在刻意排除從寬承認地方權力之情形，同時更在試圖減少地方政府之腐敗與無能，以及強化立法權之角色。迪倫法則有效修正主張地方自治政府應擁有固有權利(Inherent Rights)之多瑪斯·庫雷理論(Thomas Cooley's Doctrine)，而成為近世紀地方政府權力理論之重要原則❻。

　　綜上所述，固有主權不屬任何地方政治實體所擁有。主權實植基於全體人民，自聯邦政府之觀點，主權由州政府行使之；但自本州內部之觀點，主權則由州憲法所明定分配之權力行使之。地方政府既未擁有任何固有之主權，行使權力自須經過主權主體之授權，應屬一不爭之結論。州議會得制定法律授予地方政府各種權力，亦得以同樣之方式變更或剝奪地方政府之權力，但如經本州憲法授予地方自治權(Home-rule Powers)者，則不在此限，是為例外。茲此，憲法或有關法律授予地方政府組織委任之政府權力(Delegation of Governmental Power)可大可小，可單純、亦可瑣碎，端視主權主體之意思而定❼。在決定地方政府行使某種特定種類之行為是否合法時，應先審查該地方政府是否已獲得主權主體明示、蘊涵或可得推定之授權，自屬自然。

---

❻　嚴格之迪倫法則沿用至今已略顯寬鬆。該法則雖可用以決定地方政府之權利是否存在，但對於有關權力本身內容之分析則並未提供可資適用之建議。

❼　參閱T. C. Mark & J. F. Cooper, *State Constitutional Law*, 194, West Publishing Co., MINN (1988)。

（三）明示之授權(Express Grants of Authority)

　　以具有自治法人地位之市為例，市政府依市政憲章(Charter)所授予之職權行使權力❽。所謂「市政憲章」，在昔日係指英國國王為保護貿易及商業活動，對於殖民地市政組織所頒授之特許令而言；但在今日則係指由立法機關制定，交予市政組織選擇，或由立法機關草擬，依自治權交由公民同意通過之市政法令而言。有時，市政憲章亦兼指在本州憲法或有關組織法令中明示，授予某一特定市政組織廣泛權力之概括條款。於此情形，市政府所得享有之其他特別權力，將委由本州之其他法令分別授予之。

　　在美國計有四十八州將自治權授予市政府者，亦計有三十八州將自治權授予郡政府者，更有二者兼授予之者。自治權依授予方式之不同，可概分為二類，亦即由州憲法直接授予者及由州法律授予者。前者係分配州政府對於地方事務之管理監督權，後者則係分配地方政府在法律限制範圍以外之廣泛權力。以上分類雖略顯簡約，無法具體反映各州間實際之差異，惟自治權之授予，除均屬本州憲法或有關法律明示之概括授權外，並可有效限制州政府之權力。此一特色，不因各州間之差異而有不同。

1.憲法直接授予之自治權

　　市政府得因人民經由本州憲法一條或數條規定之直接委任，取得基本之授權❾。此類憲法條文不論簡約或明細，均得創設地方政府關於地方事務或市政事務，或任何未經市政憲章或一般法律禁止地方政府擁有

---

❽　參閱張金鑑著，《美國政府》，三民書局，民國八十一年九月六版，第二二五～二二七頁。

❾　參閱左潞生著，《比較憲法》，正中書局，民國七十七年二月初版，第五八○～五八一頁。

的所有事務之自主地位。此外，為使憲法之授權更為具體，非不得允許州之各種法律補充授予地方政府行使關於上述事務之其他權力。目前在美國計有三十七州之憲法明定所謂之自治權條款，其中，十三州之自治權係由憲法單獨授予，而其餘的二十四州之自治權則係由憲法及有關法律共同授予之。

在憲法明示授予自治權之情形下，縱使欠缺具體之市政憲章，地方政府尚得依據憲法之授權行使權力，惟市政憲章在今日仍被視為係市政組織取得自主地位之前提，必須作全盤性之規劃及草擬，並經由市民投票表決通過，始有拘束地方政府及州政府之效力。一般而言，此種市政憲章明定市政組織權力之種類以及職權之分配。而加州之憲法更表示，自治權憲章之內容不僅在授予地方政府各種權力，同時更係憲法委任地方政府行使各種權力之界限。此一看法，益加凸顯出市政憲章與州憲法間之依存關係。

2.法律授予之自治權

於州法律係依本州憲法之授權而制定之前提下，市政府得基於該項州法律所授予之自治權，取得基本之授權。雖然有多達十個州之法律在授予地方政府自治權時，未與該州憲法共同為之，其地方政府之自治地位在概念上似乎較經由憲法直接授予之地方政府薄弱，惟實際上並非如此。此類法律可透過司法之解釋予以強化，並由於其他多項原因，而使得某些州之地方政府取得更多之權力。值得注意者，依此種自治權所產生之市政憲章，其制定與修正，均與憲法直接授予自治權所產生之市政憲章無異。但關於地方政府之權力尚可自本州其他法律取得之特徵而言，則又與前述之市政憲章有異。

此外，自治權不論係採由憲法直接授予，或係採由法律授予之類型，自治地位僅得授予某些特定種類之市、郡或自治市等地方政府。對於特別區，則不得以任何形式授予其自治權，在此一併說明。

3.無自治權之市政組織

　　無自治權之市政組織得依特別法取得明示之授權。惟此一授權之類型實不常見，蓋各州憲法多已明文禁止其立法機關制定僅適用於某一特定城市之特別法。為避免陷入上述之困境，州之立法機關得制定數種得相互替代之市政憲章，交由市政組織選擇其一而適用之。如此，市政組織基於州之一般法律取得權力，實與由州法律授予自治權之地方政府並無二致。

(四) 司法解釋與蘊涵之權力(Implication of Powers)

　　透過法律解釋之途徑確定憲法及法律所蘊涵之授權內容，實與直接由憲法及法律作明文之授權同等重要，司法機關如法院者，在此即扮演著一相當具關鍵性之角色。例如一個採取嚴格解釋取向之法院可能會以市政憲章或法律在解釋上並無蘊涵某一授權之權力，或立法機關以立法手段允許為某種行為顯有不當，以及某一事項不屬地方或市政事務，或蘊涵於某一明示授權權力之範圍內將顯失公平或欠缺必要性，或非屬地方政府不可或缺之權力等主張為理由，否決或限制地方政府權力之運作與彈性，反之亦然。是以，司法解釋(Judicial Interpretation)之結果，確認地方政府蘊涵權力之範圍，應可有效解決憲法或法律在明文授權時，不免發生之曖昧不明或過於抽象之困境，對於地方政府權力分配制度之建立，自有積極而正面之影響。

　　各級法院可透過以下途徑，確認地方政府自治權之意涵：

1.立法史及立法者本意

　　法院行使司法解釋之權限時，除應就法律所規定之內容闡明其正確之意涵外，更應參酌立法文件及相關史料，以探求立法者之本意。事實上，立法者為獲得反對意見之相對支持，常在法律草擬、制定或決議通過之政治過程中，創造故意的模糊(Intentional Ambiguities)，而使得本應

明確之文字語焉不詳。於此情形，司法解釋往往成為決定某一權力是否已被授權之最後途徑，法院必須找出立法者或制憲者之原意，以界定法律條文之明確意涵。是以，地方政府權力行使之彈性空間，可能終將取決於法院，由司法機關作最終之裁決。

2. 蘊涵權力(Implied Powers)

當明示之授權權力無法有效地獲得證實時，廣泛之蘊涵權力領域則可提供若干助益，有關判例及學理在此亦扮演著重要之角色。就一方面言，法院可有效限制市政權之彈性空間。法院得認定授予市政府規範停車之授權，並未蘊涵市政府擁有禁止停車之權力；法院亦得認定市政府規範停車之權力，並未蘊涵市政府有推定「違規停車係其車主所為」之權力。除此之外，法院本此方式，亦得決定保障公共福利之授權，並無蘊涵因純粹感官上之考量，而得課予土地使用限制之授權。且限制使用土地涉及公用徵收和補償之問題，非單純之授權問題而已。但在另一方面而言，法院亦得認可規範權蘊涵設定條件權，故市政府得因而享有關於此一事務之立法權。法院得認定完整的規範權應蘊涵得創設便於執行法令之推定之權，並肯定市政府得因行使改善或保障市民感官生活之明示授權，而取得行使保護土地使用、提昇健康與安全生活條件，以及增進旅遊經濟價值之蘊涵權力。上述外在效果，均足以使得市政府規範權力之增長具有其正當性。

3. 基礎權力(Essential Powers)

由於基礎權力，或稱不可或缺之權力(Indispensable Powers)極易蘊涵於任何合理設計下之明示授權條款，故在此即無另行分類檢視之必要，視之為明示之授權或蘊涵之權力均有其成理。例如市政府為市議會提供一召開會議之場所，以及對於遭彈劾之官員作成免職之處分等權力，均屬基礎權力之類型。

4. 授權理論(Delegation Doctrine)之檢討

　　依據授權理論，地方政府行使各種權力，包括立法權及行政權等，須經憲法或有關法律明示、蘊涵或可得推定之授權。某種權力如未經授權，地方政府則不得行使之。此種嚴格意涵之授權理論，是否影響地方政府權力分配制度之建立，則頗值檢討。

　　在州憲法依據人民之意志，將自治權直接授予地方政府，使地方政府對於地方或市政事務享有完整之授權權力之情形，似無檢討授權理論之餘地，法院亦毋需透過司法解釋確認包括授權立法權及授權行政權等授權權力之範圍，蓋憲法既直接授予地方政府完整之自治權，自應准許州政府亦得授權地方政府行使廣泛之地方立法權及地方行政權。

　　惟在授予地方政府完整自治權以外之情形，授權立法即成為一項極為複雜之問題。一般而言，地方政府取得授權立法權之方式約可細分為以下數種：⑴主權主體於憲法中授予州議會立法權，再由州議會授權州政府之其他對等部門，各部門就權力分立理論(Doctrine of Separation of Powers)所要求之標準，依其裁量授予地方政府各種立法權；⑵州議會位居憲法上立法權最高擁有者之地位，決定授予地方政府立法權與執行權（行政權）之政策，但依正當法律程序理論(Doctrine of Due Process of Law)所要求之標準，限制州議會決定授權範圍之裁量權；⑶主權主體於州憲法中，直接授予市政組織立法權；以及⑷州議會授予市政組織廣泛之立法權，不受前述各種要求標準之限制，但為避免地方政府執行立法權時發生獨斷專擅之情事，非不得依正當法律程序理論中所謂「充分明確」(Sufficient Clarity)之要求予以限制之。

　　綜上所述，州議會得依相當普遍之標準明確授予地方政府實施或執行州法律之權力，但卻無法以同樣明確之方式授予地方政府某些特定之權力。如嚴守授權理論，認為未經授權之權力，地方政府不得行使，其結果終將扼殺地方政府之發展，究非現代分權理論之目的。職是之故，在實務運作上已不得不肯認授權理論乃有某些例外之情形存在。所謂例

外之情形，例如州議會得授予地方組織附隨於有關市政事務或地方自治政府事務之事項、且屬適當的概括立法權。但在地方或市政事務之意涵尚無法確定時，則應仍以回歸授權理論之原則為妥。在地方組織得就州議會所制定之數種替代方案中自由選擇或否決其一而予以適用之場合，法院亦甚少以地方組織所擁有之立法權不適當為理由，否認州議會之概括授權。

然而，在州憲法設有明文規定，阻止州議會授予立法權於某些地方政府之情形，法院仍將尊重制憲者之本意，否認州議會之授權。甚至在州議會將州憲法所明定之授權立法權授予地方政府時，法院亦將以授權明顯違反憲法規定為理由，裁判州議會之授權無效。

美國之地方政府不僅數量繁多，而且類型複雜，究非單一之迪倫法則即可概觀其全貌，故不論有無授予自治權，地方政府之權力仍須透過法院之解釋始可獲得確定。是以，法院在解釋上之嚴謹或寬鬆，即直接影響到美國地方政府之運作與發展。在法院以較嚴謹之解釋試圖限縮地方政府之權力時，為避免扼殺地方政府之生機，州政府非不得透過修改州憲法之手段驅使法院就範，使其裁判朝向較為自由之解釋取向。畢竟，宣告地方政府無權力(Powerlessness)，　無異否定地方自治權之貢獻與價值，實不可不謹慎為之。

三、州政府對於市政組織之各種限制

從聯邦制之觀點，州政府對於市政組織享有絕對之權力(Plenary Power)，得創設、解散及重組市政組織，亦得除去市政組織之權力，更得直接指揮市政組織執行州政府之特定目標或政策。此一結論於市政府尋求聯邦憲法在制度上保障其地位，且無人民權利或其所有之財產涉入爭議時，益顯正確。但當州政府之行為涉及市民於聯邦或州憲法所保障

之權利時，上述結論則不予適用。甚至在市政府之行為確係基於聯邦憲法「最高條款」(Supremacy Clause)所授權時，市政府有時尚可有效對抗傳統上應具有優越地位的州政府之行為❿。

　　從州之觀點探討市政府與州政府之關係時，吾人可獲得下述結論，亦即當市政府以地方機關之地位行使州政府之權力，且該權力亦可由州政府自行行使時，除非市政府行使之權力已因自治法則而與州政府隔絕，否則州之權力應優位於市之權力。在此原則下，州政府得要求或禁止市政府為或不為某種行為。然而，州政府縱有不得干涉市政事項之情形，仍得依警察權(Police Power)之基礎適當行使州政府之權力，不受地方組織之地方事務應由地方政府自治原則之拘束。例如有關環境保護、海岸沿線區劃及防洪事項，州議會得指示地方政府採行符合州法律所定標準之市政法令即是。

（一）州憲法之規定概說

　　州與地方之關係，均得明定於州憲法之有關規定之中。美國各州憲法有關州政府與地方政府關係之規定，約可大分為以下三種類型，亦即第一是試圖禁止未經特許的財政支出之憲法規定，第二是確定某些行為應接受地方選民政治考驗之憲法規定，以及第三則是用以創設及保障地方自治政府之憲法規定等三種。

　　此外，為因應十九世紀末及二十世紀初在歷史上所發生多次濫用政府權力之事件，美國多數州均已針對上述三種類型之憲法規定進行修正，並制定若干增修條文(Amendments)。例如於州憲法中明文禁止州政府及市政府從事涉及貪瀆危機或嚴重投資風險之未經特許且不明智的財政支出，或是允許州議會得通過剝奪法案(Ripper Bills)排除地方選民依創制

---

❿　參見U.S. CONST. Art. VI, Sec. 2; 依據最高條款發展而成先占理論(Doctrine of Preemption)。

程序(Initiative)所授予地方政府之權力，以及適當運用固有權利理論解決地方自治政府使用及控制州政府土地時所引發之各種問題等均屬之。此類增修條文之修定，不論係起因於地方政府對於類如鐵路等事業進行投資而產生的不名譽結果，或係基於選民及特定利益團體的要求而作成之回應，或僅係政治心理上之具體實踐而已，均須輔以司法解釋之手段，方得有效因應現代社會永無止境之需要，以及帶動地方政府與州政府二者持續不斷之革新與進步。

（二）州憲法有關限制財政支出之規定

州憲法有關禁止未經特許的財政支出之規定，包括禁止州政府貸放信用予私人企業或地方組織；禁止州政府授權地方政府貸放信用予私人企業；課予地方政府借貸之上限；禁止州政府及其地方政府對於公務員或僱用人員支付過多之報酬，或在其任職期間提高報酬，或支付公共承攬人超過契約價格之報酬；以及禁止對於未認可或不法請求權之支付等。

州憲法關於地方政府之規定，莫不以限制其財政行為之規範最為普遍。在美國歷史初葉，此類憲法之規定並不多見，但在十九世紀之後半時期，地方政府與州政府相繼參與本州轄區內公益事業諸如運河及鐵路之融資行為，多因經濟上的持續停滯及政治上的貪瀆事件而草率收場，導致規範此類財政事務的憲法規定或增修條文陸續增修。關於此類憲法規定，乃分述如後。

1.禁止地方政府貸放信用予私人企業或個人之規定

州憲法中所設之財政限制，以禁止政府貸放信用予私人的規定最為常見。愛達荷州憲法第 8 條第 4 項即為此種規範之典例 ❶。該條項明定，「郡、市、鎮、鄉、教育委員會或學務區、或其他下級機關，不得以任何方式，直接或間接對於個人、團體或組織提供任何數額之借貸或信用，

---

❶　參見Idaho CONST. Art.8, Sec. 4。

亦不得以任何理由承擔本州或他州之個人、團體或組織任何之債務或契約責任」。但關於地方政府發行歲人公債(Revenue Bonds)以籌措歲人資金之行為，法院及嗣後之憲法增修條文均有作較為寬鬆之修正。例如愛達荷州最高法院曾表示，州憲法第 8 條第 4 項所作之限制，應及於市政府發行歲人公債以取得及建造出租予私人企業之設施。惟此一解釋隨即受到憲法增修條文之修正，該憲法第 8 條第 5 項進一步規定，政府得發行無追索責任之歲人公債(Nonrecourse Revenue Bonds)。此一憲法修正條款不僅為愛達荷州最高法院所肯認，同時更為其他各州之最高法院所接受，例如佛羅里達州(Florida)之最高法院即是 ❷。

2.限制地方政府借貸之規定

由於在十九世紀時，數額頗為龐大之地方政府公債無法如期清償，州憲法乃加以修正，明定地方債務之最高限額。基本上，此類憲法上之限制約可分為三種類型。第一種類型最為常見，即係以一單純之固定百分比作為地方政府得負擔負債總額之上限。依據此一類型之憲法規定，地方政府所得舉債之限度，係以發行公債的政府組織管轄區域內應受財產稅拘束之所有財產估算價值總和之一定百分比為基準。地方政府得在該一百分比之限制下進行借貸行為，超過該一百分比而為借貸，則係屬違背本州憲法之政府行為，除非該州憲法經聯邦最高法院宣告違背聯邦憲法之規定或精神，否則前述之政府行為應為無效。在美國各州之中，肯德基州(Kentucky)憲法第 158 條之內容堪為此類規定之典範 ❸。

第二種類型之限制亦頗為常見，即係以地方組織本年度之歲人總額為基準，該地方政府所得舉債的數額不得超過前項歲人之總額。例如猶

---

❷　參見Idaho CONST. Art. 8, Sec. 5; 並參照Village of Moyie Springs, Idaho v. Aurora Manufacturing Co., 82 Idaho 337 (Idaho 1960); State v. City of Riviera Beach, 397 So. 2d 685 (Fla 1981)。

❸　參見Kentucky CONST. Sec. 158。

它州(Utah)憲法第 14 條第 3 項規定,「非經公民複決,本年度之負債不得超過同年度之稅收」即是 ⓮。猶它州最高法院進一步解釋,所謂「稅收」(Taxes), 應與「歲入」(Revenue)同義 ⓯。

第三種常見之類型則係透過公民複決程序之強制實施,決定政府借貸的上限。此種類型之憲法限制明定,非經關係地區公民之同意,地方政府不得發行債券。 例如阿拉斯加州(Alaska)憲法第 9 條第 9 項規定,「除非因人民之利益而授權且經合格選民絕對多數決之認可, 州政府之任何下級政治組織不得締結債務」即是 ⓰。

此外,各州憲法尚有採行以上三種類型之混合類型者,例如亞利桑那州(Arizona)憲法第 9 條第 8 項即規定,「非經轄區內合格選民之認可,地方政府不得負擔超過應稅財產估算總額百分之六之債務」 ⓱。惟此種混合類型之憲法限制並不多見,仍以上述三種各別類型之規定方式為主。

3. 其他之限制規定

為滿足公眾期待政府能夠拿出鐵腕作風, 以有效制止貪瀆醜聞日益惡化之殷切需求,各州憲法多設有關於財政事務之反貪瀆條款(Anti-corruption Provisions)。 奧克拉荷馬州(Oklahoma)之憲法規定可為此類限制之典範 ⓲。該憲法第 10 條第 5 項規定,「徵稅之權力不得拋棄、取消或協議終止」。同條第 11 項規定,「以任何方式自公共資金中獲取利益之公職人員應予免職」。第 15 項亦規定,「州政府不得以贈與或其他方式捐助任何實業」。第 16 項並規定,「地方政府僅得為特定目的而為借貸」。以上所述, 均屬反貪瀆政策之配套設計,足見政府反制貪瀆之決心。

⓮　參見Utah CONST. Art. XIV, Sec. 3。

⓯　參照Muir v. Murray City, 186 p. 433 (Utah 1919)。

⓰　參見Alaska CONST. Art. IX, Sec. 9。

⓱　參見Arizona CONST. Art. IX, Sec. 8。

⓲　參見Oklahoma CONST. Art. X, Sec. 5, 11, 15 & 16。

　　類似之規定亦可見於其他各州。例如懷俄明州(Wyoming)憲法第 14
條第 1 項規定,「地方政府各級組織公職人員之薪資,應依所付勞務及所
負責任價值之固定且明確之比率給付之」, 以及肯德基州憲法第 161 條
規定,「地方公職人員之報酬在其任命或當選後不得調整」等,均屬反貪
瀆條款之具體規定,頗值吾人推崇❶。

(三) 州憲法有關接受地方選民政治考驗之規定

　　州憲法明定政府之某些職權應隨時或定期接受地方選民之政治考
驗,其目的乃在確保人民對於政府政治信賴之持續存在。此類職權包括
禁止州議會以地方單位之組織為目的而課徵稅賦,禁止州議會委任特別
委員會執行、監督或干預市政或設立組織之職掌,以及要求地方公職人
員應以選舉之方式產生,與要求郡席位、郡合併、市街鐵道聯營和其些
特定地方事務之改變應經地方選民之許可等。

　　茲應注意者,州議會任命特別委員會執行監督或干預地方事務之情
形在今日已不復多見,縱然有之,亦必以保障市政組織、實現特定目標
為目的。特別委員會在行使上述職權時,應顧及市政組織之自主性與市
民之利益,且不得損及各種設立組織之財產利益(proprietary)。惟其行使
之職權若涉及政府性事務或目的(Governmental Affairs or Purposes)時,則
不在此限。所謂政府性事務,係指該事務就一般而言,應屬政府之核心
職能,州政府之基礎權力;地方政府縱為一設立組織,亦應以政府機關
(Agency)之地位, 負起執行該項事務之責任。至於何種地方事務具有政
府性之特質,向來引起高度之爭辯,亟待司法解釋予以補充。例如水體
固屬地方設立組織之財產利益,但污水之排放則應被承認具有政府性之
特質即是。州政府面對此種困境時,應嚴守分際,以全民之意向為依歸。

---

❶　參見Wyoming CONST. Art. 14, Sec. 1; Kentucky CONST. Sec. 161。

（四）州憲法有關保障地方自治之規定

州憲法保障地方自治之規定可分為兩種類型，其一乃是試圖禁止制定一市一特別法之規定，其二則是委任或授予自治權之規定，茲分述之。

1.特別法(Special Laws)之禁止

禁止一市一特別法之規定具有多種形式。此類規定得要求州議會應制定具有一般性及統一適用性之法律，亦得直接禁止地方法或特別法之適用❷。該規定得要求在有一般法可資適用時，不得於任何情況下制定特別法，亦得以概括或明細之規定，列舉不得制定特別法之事項。但事務之種類或形態在各州則不可能完全一致，自不待言。

在憲法未作任何禁止之情形，州議會得制定具一般適用性之法律，但要求某些重點城市必須遵行，而允許其他城市得依地方上之選擇結果決定是否遵行。此外，除非分類本身即為憲法規定所禁止，否則州得制定一般法，統一適用於某一特定種類之地方組織。此類組織通常係以人口數作分類之標準，但有時亦得依地理區域、學校、醫院等設施之存在狀況，財政來源或其他類似標準予以分類。法院通常均尊重州議會所作之分類，但有時亦得以隱藏某項特別法為理由，不予認可上述之分類。惟事實上並沒有任何一個明確的法則可對於一般法與特別法作出一分為二之分類，法院必須就特定事實作個案之認定❷。

2.自治權之授予

自治權不僅創設行使地方自治之組織，同時更可有效限制州議會對於地方政府之權力。如前所述，地方政府自治權之地位除可直接由州憲法予以保障外，亦可自經由憲法授權之州法律予以取得。州憲法及相關

---

❷ 參閱鄒文海著，《各國政府及政治》，正中書局，民國八十二年五月初版，第四二四～四二六頁。

❷ 參閱D. J. McCarthy，同前❷，35–36。

法律得因此賦與地方組織對於地方事務之主導權及優先權,其亦得在地方公民所通過之市政憲章或州所制定之一般法的限制之下,概括認可州議會得對於地方政府擁有完整之授權能力。惟此類授權之範圍,解釋上應不得包括刑事上重罪(Felonies)之制定及民事上得予強制實施的法律關係之建立。但州議會授予地方政府之權責如係屬一業經認許之市政權力,則不在此限。對於地方組織而言,自治權之重要性不容忽視,其為地方政府權力之重要淵源,亦無庸置疑。美國聯邦最高法院更曾進一步表示,「憲法若無分配特定權力於地方政府組織,將使得該組織陷入議會獨斷專擅的情緒之下」❷。是以,為使地方政府免受州議會絕對之控制與拘束,市政憲章或自治條款之制定乃是一明確而有效之作法。

　　自治條款之制定,其目的乃在改變傳統上隨時要求司法機關予以介入審查之情況,地方政府可在自治條款所授予之權力範圍之內,適當行使權能,不受州政府之拘束。惟自治觀念之實現,尚須面臨許多難以解決之問題。州憲法中自治條款之授權規定太過概括及籠統,即是一最大而普遍之問題,司法解釋在此則又不得不扮演一最終裁決者之角色。而自治權之限制與先占(Preemption)等問題,乃是法院首須釐清之焦點。

　　一般而言,除非法令有特別限制,擁有自治權之地方政府推定其具有行使一切必要政府行為之權力。更進一步言,市政憲章乃與州憲法之性質類似,成為地方組織及其職權之組織法(Organic Law)。美國各州有關自治條款之憲法規定雖然相當歧異,但非不得就其授予自治權之方式加以分類,並作一較深入之研析,茲分述之。

　　⑴關於特定城市或郡之規定:某些州憲法乃針對特定之城市或郡,依其特別之需要明定相關之規定。例如馬里蘭州(Maryland)為因應巴爾的摩市(City of Baltimore)大都會區發展之需要,而於其憲法中明定有關該市之規定。其憲法第十一章第 1 條至第 9 條乃規定巴爾的摩市之組織

❷　參照City of Trenton v. New Jersey, 262 U.S. 182 (1923)。

及列舉市政府之各種限制；同法第 11 條之 B、第 11 條之 C、第 11 條之
D 及第 11 條之 G 則分別規定涉及該市之土地發展、公園、港口發展、
住宅區改善，以及商業融資貸款等事項❷。

　　與上述馬里蘭州之憲法規定類似者，尚有科羅拉多州(Colorado)憲法
第 20 條及佛羅里達州憲法第 8 條第 6 項，分別針對丹佛市(City of Den-
ver)及戴得郡(Dade County)大都會區發展需要所作之規定❷。雖然此類
規定均係針對特定地方政府之特殊需要而制定，對於解決各地區所面臨
之獨特問題應有正面之價值，惟其是否會與州憲法中較具概括性之規定
發生衝突，則不無疑義，法院在此即應適時介入，透過司法解釋予以救
濟，自不待言❷。

　　⑵關於分配自治權於所有城市或郡之規定：與上述規定迥異者，某
些州之憲法並未將市政憲章視為係授予地方政府自治權之前提要件。於
此情形，州憲法得自行授予地方政府行使地方自治之一切權力，或明文
推定地方政府擁有完整之自治權。例如俄亥俄州(Ohio)憲法第 18 條第 3
項規定，「市政組織應擁有行使地方自治政府一切權力之授權」。俄亥俄
州最高法院進一步肯認，憲法第 18 條第 3 項既已分配地方政府之一切
權力於市政組織，州議會乃喪失授權該類組織行使市政行為之能力。不
論市政組織是否已依該州憲法第 18 條第 7 項之規定行使選擇權採行規
範市政事務之市政憲章，自治權均歸屬於每一個市政組織所有❷。

　　此外，伊利諾州(Illinois)憲法第 7 條第 6 項明文規定「州政府已分配
自治組織之地位於伊利諾州一切設有民選行政首長之郡」。但同條項第

---

❷　參見Maryland CONST. Art. XI, Secs. 1–9, Arts. XI–B, XI–C, XI–D & XI–G。

❷　參見Colorado CONST. Art. XX; Florida CONST. Art. VIII, Sec. 6(f)。

❷　參照State ex rel. Dade County v. Dickinson, 230 So. 2d 130 (Fla 1969)。

❷　參見Ohio CONST. Art. XVIII, Sec. 3; 並參照Village of Perrysburg v. Ridg-
　　way, 108 Ohio St. 245 (1923)。

(b)款亦規定,「一合格之郡得依公民複決(Referendum)程序決定不成為一自治組織」,此乃基於住民自決之精神而設,茲應注意❷。

(3)要求市政憲章之憲法規定: 州憲法授予自治權時,多要求地方政府採行市政憲章制度。是以,市政憲章乃提供與州憲法類似之職能❷。科羅拉多州憲法堪為此類憲法規定之典範,該憲法授予郡及市政組織相同之自治權。首先就授予郡政府自治權而言,該憲法第 14 條第 16 項要求州議會應制定一般法律,明定選民得採行、修正及廢止郡自治憲章之程序。任何自治憲章之制定及現行自治憲章之修正與廢止,均須獲得關係郡登記合格選民全體絕對多數決之認可❷。

其次就授予任何市或鎮之自治權而言,科羅拉多州憲法第 20 條第 6 項授予任何超過二千人口數的市或鎮制定、修正、增訂或取代具有組織法性質之市鎮憲章之權力。同條項並規定,依據州憲法所定程序而採行之憲章,在其所轄區域內與任何州法律發生衝突時,該憲章應可取代與其衝突之州法律;依據自治權設置之市或鎮並得基於憲法,取得為管理及辦理地方和市政事務所必要、必需或適當之一切其他權力❸。

(4)自治條款中「地方事務」(Local Matters)之涵義: 依據自治條款,州政府不得干涉地方政府組織所管轄之地方事務❸。然而,為有效解決與此相關之爭議,法院首應釐清之問題乃是: 具有州利益或地方利益之事務應如何辨別。在試圖依二分法區分州事務及地方事務之差異時,亞利桑那州最高法院曾表示,「由於有晦暗地帶之存在,吾人勢難明辨法律究係作全面之考量,或僅係作地區或市政之考量❷」。

---

❷　參見Illinois, CONST. Art. VII, Secs. 6 & 6(b)。

❷　參照Hudson Motor Car Co. v. City of Detroit, 282 Mich. 69 (1937)。

❷　參見Colorado CONST. Art. XIV, Sec. 16。

❸　參見Colorado CONST. Art. XX, Sec. 6。

❸　參照City of Sapula v. Land, 101 OKL. 22 (1924)。

　　奧勒岡州(Oregon)最高法院之見解，似可為上述之晦暗地帶提供一可資適用之辨別法則。該法院認為，「辨別州與地方事務應以吾人關於地方及州政府運作方式及有關職能對於地方及全州之相對重要性之認知為基礎❸」。茲此，該最高法院乃得以進一步決定何種利益具有優勢性或最高性，而作成何種事務應屬地方事務，州政府不得干涉之裁判❸。

　　此外，某些州之最高法院尚有參考派出機關(Agent)及財產利益(Pro-prietary)理論，辨別州與地方事務之歸屬者。依此一辨別法則，地方政府如以州政府機關之地位行使行為時，該行為視為係以州整體利益作考量之事務；與之相對者，地方政府如以財產利益者之身分資格行使行為時，該行為即被視為係以地方個別利益作考量之事務❸。

　　法院不論係以何一標準辨別「地方事務」之內涵，均以具最高性之自治條款為依歸，故自治條款常被視為係法院處理地方法令與州法令間各種衝突之帝王條款(Imperio Home-rule Clause)，乃其來有自。法院在審查互相牴觸之地方法令與州法令時，必須先辨別關係法令下之市政行為係屬地區性事務或屬全州性事務。如前所述，此種將地區性事務及全州性事務一分為二之分類方法，常因市政行為之外延性而屢遭批評，例如某一地方組織制定轄區內專業特區劃定之法令，其影響將外延至其他地方組織，甚至擴及於全州即是。是以，法院終將妥慎考察自治條款中蘊涵的自治(Home-Rule)意義，裨以作成地方組織是否有完整之能力行使某一特定市政行為之決定。

　　此外，法院在判斷市政組織是否有能力行使市政立法權時，亦得以

---

❸　參照City of Tucson v. Arizona of Sigma Alpha Epsilon, 67 Ariz. 330 (1948)。

❸　參照State ex rel. Heining v. City of Milwaukie, 231 Or. 473 (1962)。

❸　參照City of Beaverton v. International Association of Fire-Fighters, Local 1660, 20 Or. App. 293 (1975)。

❸　參照Apodaca v. Wilson, 86 N.W. 516 (1974)。

無判例肯定此類地方政府行為，或以該項市政行為逾越地方政府權力之適當範圍為理由，否決地方組織得行使未涉及地方事務且未經正當授權之市政立法行為。法院縱使在承認某一市政行為應屬地方事務之場合，亦得因該市政行為之外在效果過於巨大，而以應移由較高層級政府處理為適當之理由，限制地方組織行使該項市政行為，例如市立機場及運動場之增建即屬此類事務。

　　法院並得適用先占理論(Doctrine of Preemption)解決州立法權和地方立法權與地方立法權間之衝突。法院不僅得以州立法已明示先占，或地方法令牴觸州法令為理由，宣示地方法令無效；亦得以屬於地方自治事務為理由，肯認地方立法權優位於州立法權，進而排除州法令之適用。法院在州政府未提出反對之主張前，得假定涉及內部地方事務之市政行為，諸如地方公職和土地使用、地方財貨及勞務取得等地方警察權之行使，應以歸屬於地方政府為適當。惟某些州之法院仍認為，州立法權雖不得先占地方政府所行使之自治政府權力，但非不得先占關於如地方警察、衛生及其他類似之法令，茲應注意。

　　州議會及州行政機關並非挑戰自治法則之唯一威脅，地方政府之立法權仍受公民複決權及創制權之拘束。公民得依複決程序監督及否定地方政府之立法權，亦得逕依創制程序補充立法之不足。市政憲章通常均保留予公民行使複決及創制之權利，甚至州憲法及有關州之法律亦同。例如馬里蘭州法院在釐清自治之形態時，即宣稱該州憲法規定之自治法則並未排除複決權之行使，因為經自治法則授權之組織，其依選舉產生之立法機關，應制定及通過徵詢過人民之法律。但經由選民行使之創制權，因越過經由選舉產生之立法組織，故確實對於依憲法取得自治權之地方組織造成威脅，自屬自然。

四、各級政府間權限爭議之解決

（一）權力優越性(Predominance)之分配

　　政府權力之分配，應依聯邦憲法及各州憲法之規定為之，但法院在此亦常扮演著極為重要之角色。對於某一特定事務而言，其管轄權究應屬於聯邦、州或地方政府不明確時，或可尋求聯邦或州之憲法得到佐證，但若進一步詢及某一特定層級之政府對於該項事務得否行使全部之權力時，則單靠憲法之規定恐無法善盡回答之能事，在此必須訴諸司法訴訟之途徑，請求法院以裁判作成明確之司法解釋。例如聯邦憲法第一條第八項第三款賦與國會規範州際商務(Commerce Among States)之權力 **❸**，但某一涉及州際商務之內州行為(Intrastate Activities)是否亦應屬於聯邦政府管轄，則不無疑義。美國聯邦最高法院乃作成裁決，明確表示聯邦國會僅得規範重大影響州際商務(Substantially Affecting Interstate Commerce)之內州行為即是 **❸**。

　　誠然，司法解釋確可積極界定各級政府間權力行使之範圍，並可有效杜絕權限劃分之爭議，但亦非不得因此而肯認對於同一事務有二個以上層級之政府俱有管轄權。如某一政府依憲法及司法裁判得對於某一特定事務行使權力，而另一政府得依相同之權源對於該項事務行使相同之

---

❸　參見U.S. CONST. Art. I, Sec. 8, Cl. 3: "The Congress shall have Power....To regulate Commerce with foreign Nations, and among the several States, and with the Indian Tribes"。

❸　參照Carter v. Carter Coal Co., 298 U.S. 238 (1936); Wickard v. Filburn, 317 U.S. 111 (1942);並參閱陸潤康著，《美國聯邦憲法論》，文笙書局，民國八十二年五月增訂再版，第二三六～二三七頁。

權力，在二政府所行使行為之手段及效果不一致時，法院將依權力分配
(Allocation of Power)與利益權衡(Balancing of Interests)之考量，決定優先
性之歸屬；甚至在二政府之行為並無不一致時，法院亦將以上述權力分
配與利益權衡之考量為基礎，裁判經其他政府認可得行使先占行為(Pre-empt Action)之政府取得行使該項權力之優先地位。

（二）聯邦政府權力優越之考量

　　聯邦憲法並未賦與地方政府憲法所保障之組織地位，亦未保證地方
政府與任何私法人一樣，擁有免受州政府干涉之權利。五十一個主權主
體在複雜之聯邦制度下並存，解釋上，五十個州政府經由全體人民，將
其主權個別但一致地賦與一個聯邦政府，使得聯邦政府擁有全國性之權
力，具有最高且最廣泛之能力。此一看法主導早期涉及聯邦權力爭議案
件之發展，認為僅有聯邦政府與州政府間之關係，始在聯邦憲法上設有
明文之保障。而歷年來聯邦政府與地方政府間，聯邦政府與州政府間，
以及州政府與地方政府間權力爭議之解決方式，更凸顯出地方政府在聯
邦憲法設計下之不尋常地位。例如聯邦政府在行使其國家主權者公用徵
收(Taking)領域內土地之權力時，非公正補償(Just Compensation)不得取
得州或地方政府之財產；但州在對於其地方政府行使主權者公用徵收土
地之權力時，卻不必遵循聯邦憲法上公正補償之要求即是。地方政府對
於州政府之行為，無法有效主張聯邦憲法上正當法律程序(Due Process of
Law)及平等保護(Equal Protection)等條款之保障。但為保障個人（包括私
法人）權利免受地方政府之侵害，地方政府之行為則應視同州政府之行
為，並逕依聯邦憲法及民權相關法令保障之，始屬允當。

　　由於各層級政府站在互補之角色，共同行使同一事務，而使得法院
在聯邦政府、州政府與地方政府之行為有並存之情形發生時，將依聯邦
憲法之最高條款(Supremacy Clause)，裁判聯邦國會或業經明確授權之聯

邦行政組織具有先占之地位，並分配優越權予聯邦政府。但國會之授權必須極為明顯，在缺乏國會對於州或地方政府作明示之授權，肯定州或地方政府應行先占時，法院將先行認定國會有占據該領域之本意，而將優越權分配予聯邦政府。甚至在國會實際上並無意占據該領域之情形，如州法律或地方與聯邦法律發生牴觸時，聯邦法律將仍保持其優先之地位，不容下級法令任意取代。

（三）州政府權力優越之考量

類似之先占標準亦適用於州政府與地方政府間權力優越性之爭議。只要不牴觸州法律，市政府依明示或蘊涵授權所制定之市政法令本屬有效，但不得侵犯州議會之立法權。當市政法令與州法令牴觸時，法院亦得認定市政法令僅具有補充及輔助州法令之效力；然而，在市政法令不得牴觸州法令之情形，法院將以先占理論認定州占據該一領域。但州政府應有完全之能力處理此一事務，如事務涉及地方自治事項，而州政府處理此一事務顯有不當時，則州政府之行為得被法院宣告為無效。

（四）地方政府權力優越之考量

因州內下級政治組織權力行使之衝突而引發之司法裁判，在意見上頗為分歧。該類衝突可經由州法令之規定，或經由政府間協調之機制予以解決。法院亦得以追求和諧為目的，解釋政府個別行為與市政法令之內涵。州法令授權某一地方政府行使某種行為，得被法院解釋為該法令有排除另一地方政府行使該種行為之本意。但近年來更有以合理權衡各個地方政府間利益衝突之方式作成司法裁判之趨勢，而上述之考量只是行使利益權衡之因素之一而已。

五、結　語

　　一般而言，研究地方政府相關法律，即係研究從屬於州政府以下各級地方政治實體之權力。是以，州政府及聯邦政府之角色亦屬本文研究之重點。當任何一層級之政府計劃從事某種行為時，基本問題乃是「此一計劃中之行為，是否為一適當之政府行為」，例如政府應否從事擁有及營運機場業務之問題即是。由於政府權力均受到人民所制定的憲法架構之限制，下一個問題則是「政府組織得否行使計劃中之行為」，例如政府得否從事擁有及營運機場業務之問題即是。當預期之行為人係一經政府授權之機關，則有關行為能力之問題將如下述：「某市是否確有權責擁有及營運機場？」雖然立法及司法部門均試圖回答上述問題，地方自主性仍係決定地方政府權力範圍之中心，地方立法機構在此乃扮演著極為重要之角色。司法部門在此通常將予以尊重，特別在有關行為適當性之問題上尤甚。當法院作成一有關適當性之裁判時，均已將行為是否有助於一公共目的，或保障公眾健康、安全、道德或公益等因素列入考量。例如裁判書略謂「支用購買及營運機場之資金將裨益大眾旅遊、保障空運安全、增進地方事業、創造就業機會、保護住居環境，故而有助於公共目的」者是。

　　法院對於有關地方政府行為能力之裁判，係為參酌地方政府權力來源之結果。地方政府之權源，得依憲法或法律之規定，但須受到司法解釋之拘束。如地方政府對於權力行使之範圍發生疑義，且憲法及相關法律均無明文授權或禁止時，法院將參酌地方政府之既得權力，依合理性標準審查系爭權力與既得權力之關係，並作成系爭權力是否已蘊涵於憲法或法律之中，而應否予以承認之裁判。例如裁判書表示「擁有及營運市立機場之權力，無法合理地由法律所授予規範交通及供應公園與休閒

設施之權力中獲得佐證」者是。法院對於系爭權力是否合理蘊涵於既得權力之問題作成決定時，亦已附帶解決行為是否適當之問題。

地方政府行使之權力如能提供一公共目的、合理蘊涵於既得權力、屬於地區性而非全州性之事務、屬於專屬性而非政府性之行為，或權力之行使均符合受託性而非指示性之方法時，法院通常會對於該種地方政府之行為予以認可。決定屬性之「標籤」一旦確定，後續之結果則將得以預期；若「標籤」不易確定，法院將適用判例、政治理論及具說服力之學說解決前述關於分類上之爭議。

近代權力分立理論(Doctrine of Separation of Powers)乃係立憲國家為保障人民基本自由權而蓬勃發展之政治原理❸，其著重以制衡(Check and Balancing)之手段，防止政府部門濫用權力，因恣意專擅而傷及無辜百姓。其不僅強調政府部門間應有橫向之制衡，同時更主張在縱向政府間亦須受到制衡原則之拘束。是以，在美國採行三權分立的政治制度之下，聯邦及州等二層級之主權政府均擁有行政、立法及司法等三大政府分支部門，除在各分支部門間應確立制衡關係外，聯邦、州及地方等三類典型層級之政府間亦應保持適當之制衡關係。地方分權理論在此乃得以獲致厚實穩健之基礎，地方自治更因此而成為美國各州憲法為落實分權思想所不得不採行之必要制度。

惟應予注意者，地方自治制度究非美國聯邦憲法或各州憲法所保障之憲政制度。依據美國聯邦憲法增修條文第十條之意旨，州及人民才是國家主權之最終擁有者，地方政府不論係居於法人組織或準法人組織之地位，均須在州及人民所授予之權力範圍內行使職權。法人與準法人地方組織之間，頂多在「是否應定期接受轄區選民政治考驗」之點有所差異而已，至於在「是否係為遂行主權者命令而設置」之點，上述二類地

---

❸ 參閱許志雄著，〈地方自治的觀念與理念〉，《地方自治之研究》，業強出版社，民國八十一年九月出版，第十頁。

方組織則並無不同。茲此，地方政府縱依自治權享有獨立之法人格，州
政府及人民非不得透過政治途徑，諸如修改憲法、法律或公民之創制與
複決等程序，限制地方政府組織行使各種權力之能力。此一地方自治制
度之特質，表現在州憲法限制地方政府有關財政支出能力方面之規定，
尤為明顯，值得借鏡。

美國國家環境政策制定執行與司法審查之研究

一、前　言

　　美國國家環境政策，乃揭櫫於由國會所制定，且堪稱為美國環境憲法之「國家環境政策法案」(National Environmental Protection Act)中。該法案可謂為全國環境法令之基本法，通行聯邦與各自治州，為國內各機構與人民之環境行為準則。除了綜合性之「國家環境政策法案」外，各類「公害防治法」與「天然資源保育法」之強化與相繼通過，使得美國環境法(Environment Law)乃燦然大備，所涵括之範圍相當廣泛，舉凡自然資源，生態環境之保育，以及對水、空氣、噪音、氣響、震動與廢棄物等污染皆有所規範，同時在「國家環境政策法案」中，更抽象地揭示全國性的環境理想與目標，以作為政府有關部門實行環境政策之依據。

美國聯邦環境保護署(U.S. Environmental Protection Agency, 簡稱EPA)雖係負責統籌執行各項公害防治法令之聯邦行政機關,但為落實各類環境政策之執行,若非透過司法審查以監督由其他聯邦行政機關所主導之各種涉及環境因素之行政行為,恐難見功效,甚至使得「國家環境政策法案」以及各項環境法令形同具文。因此「國家環境法案」本身明白課予所有行政機關提報「環境評估評估報告書」之義務,以及聯邦「行政程序法案」賦與司法部門對行政行為之形式與實質審查權,不僅使得各級行政機關於實行行政行為時不得不仔細考量環境因素與環境結果,同時更能有效地提昇環境品質,使得全國人民永享健康之環境。

在權力分立(Separation of Powers)之統合架構下,司法干涉之極限究竟如何並非全無疑義。尤其在涉及具高度科技性之環境行為,司法審查之介入是否將導致另一種獨裁政權之突起?同時在聯邦制如美國之國家,法官在審理環境案件或爭執時,所依據之法令則又為何? 如果某一特定地區之法令並非違憲,且能有效解決某一因地制宜性極為濃厚之環境紛爭,但該地區法令不幸地卻與聯邦之類似法令互相矛盾時,法官應如何面對? 此乃本文所試圖探究之問題。

二、國家環境政策法案(National Environmental Policy Act of 1969)

於一九六九年制定,並於翌年一月正式生效施行的美國「國家環境政策法案」(NEPA)素有「環境大憲章」(Environmental Magna Carta)之美譽,但卻屬環境立法中之原則性法案。該法以簡短且措辭籠統的文字,明定聯邦政府對環境政策之聲明,執行環境政策之方法,以及諮詢評估機構「環境品質委員會(Council on Environmental Quality)」之設置❶。

　　「國家環境政策法案」雖未創設任何人民在環境上之實體權利，但卻課予聯邦政府及其機關在環境上之程序義務與責任。縈其大者，即課予行政機關於進行環境決策之考量前，向總統、環境品質委員會、聯邦與州及地方政府，以及社會大眾提出「環境影響評估報告書」(Environmental Impact Statement，簡稱 EIS)之義務，如違反此項義務，一切的環境決策皆屬程序違法。於「國家環境政策法案」中有關提出「環境影響評估報告」義務之條文內雖未言明司法權之干涉，但基於權力分立(Separation of Powers)原則，強制政府機關依法定程序履行此項義務，法院將責無旁貸❷。

　　在對「環境影響評估報告書」作進一步探討之前，似有必要先對「國家環境政策法案」中相關條文簡要概述，俾便熟悉「環境影響評估報告書」之立法目的與運作背景。

　　「國家環境政策法案」第 101 條明白揭示聯邦政府之環境政策即在「以最具環境化地和諧作風，使用一切實用之方法，綜理聯邦計劃」❸。因為「國家環境政策法案」並未給予環境政策目標較高之優先權，因此在使用「一切實用之方法」時，亦須考量國家其他之政策目標是否因而受阻，但在美國領域內之一切法律和行政法令皆必須符合該法案所揭櫫之國家環境政策❹。

　　此一簡短且籠統之環境政策宣言，其目的乃在授予行政機關執行環

---

❶　參照42 USCA §4321, et seq. (1987); 參閱湯德宗著，《美國環境法論集》，民國七十九年版，第二十一頁。

❷　參照Calvert Cliffs' Coordinating Committee, Inc. v. United States Atomic Energy Com'n, 449 F.2d 1109 (D.C. Gr. 1971)。

❸　To use all practicable means to administer federal programs in the most environmentally sound fashion.

❹　參見NEPA of 1969, §101, Pub. L. 91–190, Title I, §101, Jan. 1, 1970, 83 Stat. 852, 42 USCA § 4331(b) (1987)。

境政策之權源。在此法案通過之前，一些行政機關未被充分授權，導致其對某些環境事件缺乏適當之管轄權限。經過「國家環境政策法案」之明白授權，不僅授予行政機關對環境事件，例如由核能發電廠所引發的熱力污染(thermal Pollution)之管轄權，同時更促使行政機關嚴格考量其行政行為所致生之環境結果，這也正是課予行政機關提報「環境影響評估報告書」義務之基礎。

在該法案第102條第3項中明白強制行政機關應考量其行為所致生之環境結果。第(a)和(b)款要求行政機關在決定行政行為前，必須確實將環境因素加以考量。第(e)款明示行政機關應在議案中考慮代替性資源之使用。第(f)款更明白課予行政機關正視全球性與長期性之環境問題。這些條文可謂為「環境影響評估報告書」之補充規定。尤其在行政行為並未課有提出「環境影響評估報告書」義務之場合，本條項之規定更可作為司法介入(Judicial Intervention)之法律基礎。

本條項第(c)款明確規定所有行政機關在為重大決定時，必須考量環境因素，並製作環境影響評估報告書(EIS)。其內容大要如下：「國會在一切儘可能之範圍下授權與指示所有之聯邦政府機關必須於每一立法草案與深遠影響人類環境品質的其他聯邦重大行為草案之建議與報告中，由負責之官員製作一對該提案行為之詳細環境影響評估報告書。」除此之外，該報告書並應包括：⑴提案行為一旦實施，任何不可避免之負面環境效果；⑵提案行為之代替性選擇；⑶人類環境的地區性短程利用與長期生產力之維護與提昇二者間之關係；以及⑷提案行為一旦實施，任何將被殃及之不可復原與挽回之資源。

事實上，環境影響評估報告書無異是一篇對政府行為結果之解說與辯明，攸關政府行政作為之公信力至鉅，因此為求慎重，本款又規定製作環境影響評估報告書之機關，亦應與具有競合管轄權的其他政府機關會商，並廣徵學者專家之意見，俾使此一報告書能夠全方位地為各層面

所接受與審閱。

　　在探究上述之立法目的與運作背景後，吾人可進一步研析「環境影響評估報告書」本身之規定與要求。「國家環境政策法案」提出兩項先決問題。第一，是否政府機關需要在某一行政行為開始之前，提報本法案所要求之「環境影響評估報告書」？如果答案是肯定的，則第二個問題乃是該「環境影響評估報告書」提出的時間，內容與範圍則又如何。

　　簡要言之，該法案規定如果某一行政行為係屬聯邦政府之行為，且該行為被認為重要，並將對環境產生深遠影響，則聯邦官員必須提報該聯邦行為之「環境影響評估報告書」。

　　至於何種行政行為可被認為具有「聯邦性」(Federal)？概括而言，如果某些聯邦機關對提案之行為擁有管理控制的權能，則該行政行為即屬聯邦政府之行為，簡稱聯邦行為。因此，若建立一座新的核子反應爐需要聯邦政府之營建執照，則此核子反應爐之建造即屬聯邦行為。除了核發執照外，聯邦政府尚可以限制基金之設置，或直接涉入計劃之執行等方式，表現聯邦政府管理控制之權能。一旦聯邦之管理控制以某種方式加諸於某項提案行為之中，該行為即被歸類為「聯邦行為」。

　　其次，何種聯邦行為可被認為「重大」(Major)？基本而言，任何涉及金錢、或其他形式之資源實質運用計劃皆可被認定為「重大」。此一概括性之劃分仍屬模糊，因此「國家環境政策法案」授予行政機關充分之自由裁量權限。認定哪些聯邦行為係屬「重大」而需提報「環境影響評估報告書」，各機關在不牴觸環境品質委員會(CEQ)執行規則的前提下，可自行裁量並訂定細則，將那些既不個別地，亦不累積地對人類環境產生深遠影響的聯邦行為種類排除於該法案之適用範圍以外❺。

　　最後，也是最具爭論性的標準——深遠之環境影響(Significant Environmental Impact)引出兩項問題。第一，環境影響應考量哪些事務？第二，

❺　參閱湯德宗著，《美國環境法論集》，民國七十九年版，第二十四頁。

被考量之影響可在何時被視為深遠？國會將應經考量之事務擴展到美國人民之一切安全、健康、生產，以及美學與文化地宜人環境，而非僅止於對未開發地域，河流，海岸等自然環境造成影響之事項❻。在「國家環境政策法案」第 101 條中，國會明示以下之需求：(1)應保存歷史性與文化性之國家重要遺產；(2)應提昇再生資源之品質；以及(3)獲致人口與資源使用間之平衡。由上述條文之內容，可知「國家環境政策法案」所欲達成之環境目標，並非僅侷限於對非分割性自然地域之保護而已。此一立法部門之意欲，亦已被若干司法部門之判例所肯定❼。因此，除了聯邦政府涉及對外政策之行政行為外，幾乎所有之聯邦行為皆會對生活之品質產生效果而可得成為被「環境影響報告書」考量之事務❽。

但第二項問題——是否深遠(Significant)——限縮了可被考量事務之範圍。法院對此一標準之確定提供較少之助益，僅提出較為簡略的參考依據，例如由現行土地使用之改變程度與影響之絕對量，或是由對環境之深遠貶損與具爭議性之負面環境影響等事項，來考量某一聯邦行為之影響是否「深遠」。一直到卡特總統以第一一九九一號令授權環境品質委員會制定具有拘束力之「環境影響評估報告執行規則」，並於一九七九年七月三十日正式生效，各機關對決定「深遠」之問題時，才有了一致之方向。基於權力分立原則，法院也給予此一執行規則相當之尊重(Substantial Deference)❾。在此一執行規則中，行政機關應考量公眾健康之影響，地域性之單一性特質，該聯邦行為在先前所肇致之效果，以及該聯

---

❻　參見NEPA, §101。

❼　參照Hanly v. Mitchell, 460 F.2d 640 (2d Cir. 1972), Cert. denied, 409 U.S. 990 (1972)。

❽　參照Metropoliton Edison Co. v. People Against Nuclear Energy, 460 U.S. 766 (1983)。

❾　參照Andrus v. Sierra Club, 442 U.S. 347 (1979)。

邦行為是否具有高度爭議性等事項。

　　儘管執行規則所訂定之標準可因環境影響不具深遠性而減免聯邦官員製作「環境影響評估報告書」之義務，聯邦官員還是樂於決定製作上述之報告，尤其在該聯邦行為具有訴訟可能性之場合，因為法院可能有權對聯邦官員，以其獨斷或反覆無常(arbitrary or capricious)為由，對其不製作報告書之決定加以審查。

　　在決定製作「環境影響評估報告書」之後，聯邦官員必須再進一步確定該報告書提出之範圍、時間與內容(scope, timing, and content)。前已述及，環境品質委員會所訂頒之「環境影響評估報告書」執行規則提供了極為詳盡之程序要求俾便聯邦官員遵循。首先，聯邦官員必須先製作「環境影響評估書」(Environmental Assessment)，以簡要之分析決定是否有必要製作「環境影響評估報告書」。如果某聯邦官員決定不製作本報告書，該官員必須在「環境影響評估書」中，檢附對環境「無深遠影響」之調查結果(a finding of no significant impact)。但如果該官員決定製作「環境影響評估報告書」，則第一步工作就是確定該報告書之範圍，包括爭取其他行政機關與社會大眾對本報告書製作的積極參與，決定「環境影響評估報告書」所應涉及之環境限制，以及選擇在報告書中所應論及之爭論焦點。第二步工作則是決定提出「環境影響評估報告書」之時間。

　　美國聯邦最高法院在其判決中曾表示對範圍與時間問題之意見❿。基本上，最高法院祇是對某一聯邦計劃在提出時，是否僅屬建議或報告(Recommendation or Report)，或可認為已達到提案(Proposal)之階段作一機械性的審試。「環境影響評估報告書」必須與提案同時提報國會，而該報告書之範圍亦取決於上述提案本身之範圍。但提案之建議與提案之報告在提出時，是否亦須附隨「環境影響評估報告書」，則不無疑義。為了

---

❿　參照Aberdeen & Rockfish Railroad Co. v. Students Challenging Regulatory Agency Procedures, 422 U.S. 289 (1975)。

限縮提報「環境影響評估報告書」之義務，大法官包威爾氏(Justice Powell)
乃從文義解釋之角度，認為國會在通過「國家環境政策法案」時，只對
提出聯邦行為提案之報告(report on a proposal for federal action)，課予附
隨「環境影響評估報告書」，之義務，而並未包括提出聯邦行為提案之建
議(recommendation on a proposal for federal action)。最高法院對此一問題
則未再作進一步表示。

儘管如此，基於權力分立與尊重理論，行政部門對範圍與時間之釐
清，應受司法部門之尊重。在現行之環境品質委員會執行規則中，環品
會為了解決此一紛爭，已對「提案」(Proposal)作一明確之定義。簡而言
之，如一受國家環境政策法案拘束之行政機關具有某一特定目標，且正
著手準備在一或多種代替方法中作成實現該目標之決定，而其效果可被
實質地評估時，「提案」即已在此一行政行為之發展階段形成 ❶。由上述
之定義，可知環品會之執行規則實際上已採取了較為擴張之行政解釋，
而將大部分之聯邦行為一網打盡。

「環境影響評估報告書」範圍之確定，實際上已同時決定了在該報
告書中所應述及之事務。接下來之問題則是所應討論之內容則又如何，
以及哪些代替性選擇與環境影響必須被論及。

聯邦最高法院提供了頗受採納之標準。其所闡示之合理法則(Rule of
Reason)可用以決定何種事務應在「環境影響評估報告書」中被討論。簡
單的說，「環境影響評估報告書」必須討論在聯邦政府管轄權範圍內所及
之一切合理的代替性選擇，以及各種環境影響 ❷。基於上述論點，任何

---

❶ " Proposal " exists at that stage in the development of an action when an agency
subject to the Act has a goal and is actively preparing to make a decision on one
or more alternative means of accomplishing that goal and the effects can be
meaningfully evaluated.

❷ 參照NRDC v. Morton, 458 F.2d 827 (D.C. Cir. 1972); Vermont Yankee Nucle-

環境影響以及合理的代替性選擇皆屬「環境影響評估報告書」之內容。在合理法則之規範下，所有合理的代替性選擇(Reasonable Alternatives)必須在報告書中討論。依照法院判決之解釋，愈不可能被實行之代替性選擇，愈不需要在報告書中作詳細的討論。而依照環品會執行規則之規定，報告書中必須被討論的，是決定不為任何行政行為之選擇(the alternative of doing nothing)。執行規則亦要求聯邦官員必須明白解釋其為何不選擇「不作為」(No Action)途徑之理由。至於代替性選擇之環境影響是否亦屬報告書之內容？為解決此一疑義，法院又再次適用合理法則，將以憑空推測而得之影響(Speculative Impacts)，排除於報告書之外❸。

三、國家環境政策與司法審查

大部分之環境訴訟多涉及人民與政府機關之衝突，私人間的環境訴訟反而較少遇見，此種現象也正反映了環境決策大多涉及公眾權益之本質。基本上，環境訴訟約可概分為兩種類型：一是主張對環境法令之執行，二是主張對非環境法令之不執行。前者可能涉及某一行政機關不當執行環境法令，而後者則可能涉及某一行政機關因執行非環境法令而不當地威脅周遭之環境。此兩種類型之訴訟通常皆會論及政府對於人民訴訟之程序約制(Procedural Restrictions on Suits)。而第二種類型之訴訟則可能涉及以實質限制(Substantial Limitations)約束對環境具有威脅性之政府行為。訴權之程序約制可依「行政程序法案」(The Administrative Procedure Act，簡稱 APA)❹之規定獲得解決，而實質限制則需旁徵前所述及之「國

---

ar Power Corp. v. NRDC, 435 U.S. 519 (1978)。

❸　參照Carolina Environmental Study Group v. United States, 510 F. 2d 796 (D.C. Cir. 1975)。

❹　參照5 U.S.C.A. §500 et seq. (1987)。

家環境政策法案」(NEPA)以茲確定。

　　除了以政治程序類如各種利益團體利用適當之手段促使法案通過、廢止或修訂以監督行政行為外，在三權分立之體制下，司法權之行使乃是另一針對行政行為所為之最有效且直接之監督途徑，而各級法院當然應負起所謂之司法監督之職責。環境政策既然係由各級行政機關負責執行，行政機關為執行環境政策所為之行政行為，當然必須受到法院之審查。

　　但基於尊重理論(Doctrine of Deference)，法院並非漫無限制地審查一切之行政行為。當論及對環境決策(Environmental Decisionmaking)之司法監督時，法院必須自動考察下列三項議題：第一，法院應於何時受理對行政行為之異議案件？第二，如果法院決定受理該案件，則法院應適用何種標準以審查行政機關之行為？第三，如果法院認為人民之異議為有理由，則應附加於行政機關損害賠償責任之種類與範圍又是如何？前二項議題可從「行政程序法案」(APA)及其相關規定獲得啟發，而最後一項議題則須眽諸事實與社會發展之背景，以決定應參酌普通法(common law)，抑是制定法(statutory law)來界定損害賠償責任之範圍。

　　針對行政行為提起行政訴訟，原告必須向法院證明兩項前提要件，第一是原告之適格(Standing)，第二是法院之審查能力(Reviewability)。前者即是原告得以控訴行政行為之地位和資格，至於後者則是法院已被授權且具有審查原告所提爭點之能力。若原告怠於有效證明上述兩項先決要件，法院將謹守分際，駁回原告之控訴。

　　異於私人間之爭訟，最高法院在行政訴訟中，對原告之適格發展出較為寬鬆之考察標準。依據憲法之規定，不論是私人間之爭訟，或是行政訴訟，法院祇能審理具體之案件或爭執(Cases or Controversies)❶❺，且該紛爭必須實質地涉及對立當事人之法定權利與義務，同時此一紛爭可

───────────

❶❺　參見U.S. Constitution, Art. III, Sec. 2.

以具決定性之司法判決予以救濟。因此，若當事人僅要求法院製作諮詢性意見(Advisory Opinions)，而非對某具體且實質之紛爭作成實體判決，則法院亦須駁回該項聲請。

在傳統之私人間訴訟，法院除了僅得審理具體且實質之案件或爭執外，原告必須證明其在憲法上所保障之權利已受到被告實際之侵害或威脅。任何遙遠或不確定之侵害或威脅皆不得令原告適格 ⓰。但在行政訴訟中，原告除因實際受到違法行政行為之侵害或威脅而取得訴訟上之合法地位與資格外，任何可能之原告，只要該原告可主張其身分，以及因其身分所衍生之合法權益，與在訴訟中所主張之違法行政行為二者間具有牽連性(nexus)，法院亦將肯定此種可能之原告適格(Possible Standing)類型 ⓱。具體言之，法院認為只要行政訴訟之原告能夠證明其因違法行政行為而受到事實上之傷害(Injury in Fact)，且其所主張之利益，可得論據在憲法、法律或命令所欲保護之涵蓋區域內(arguably within the zone of interests to be protected or regulated by the statute or constitutional guarantee in question)，則該原告取得訴訟程序中之合法地位與資格，法院不得再以原告不適格為理由駁回其行政訴訟 ⓲。

在環境案件中，法院除要求原告提出其已遭受損害之證明外，亦要求原告提出行政機關之違法環境行為與所受損害二者間具有因果關連(Chain of Causation)之證明。原告毋需釋明任何健康之傷害或是經濟之損失，只要其能證明司法救濟可顯而易見地(Substantial Likelihood)具有減低環境侵害之效果，縱然僅屬美感上之傷害，法院亦樂於受理此種行政訴訟案件而肯定原告之適格地位。至於對因果關連之要求，法院為求擴

⓰　參照 Warth v. Seldin, 422 U.S. 490 (1975)。

⓱　參照 Flast v. Cohen, 392 U.S. 83 (1968)。

⓲　參照 Association of Data Processing Service Organizations v. Camp, 397 U.S. 150 (1970)。

大審理環境案件，故對非常細微之因果關連亦一併予以肯定，致使行政機關甚少成功地促使法院以原告不適格為理由，駁回人民所提起之環境案件。

原告適格縱然成立，法院並非必然受理環境案件之實體爭議。前已述及，法院仍須審究該案件是否得以司法判決獲得平反。雖然在實務上，法院皆肯定對環境案件之司法審查權，但「行政程序法案」仍以立法限制法院對行政行為之介入。

在該法第 701 條中規定，任何行政行為皆應受制於司法審查，除了⑴某一成文法令明白揭示司法審查之限制或⑵行政機關對其行政行為在法律上有充分之裁量權。前一項除外條款可由立法部門所明示之意欲而得以確定，至於後者則須由職能上之差異，認定法院之審查是否將有窒礙難行或有害於環境紛爭之情事。例如在某些涉及高度科技性之環境案件，法院縱使邀請專家學者到法庭解釋，亦無法使對高度科技毫無所知之法官獲得充分之自由心證，此時法院將以科技之不確定性(Scientific Uncertainty)為由，尊重行政機關之專案素養(expertise)，並對行政機關在合法範圍內所為之行政行為予以肯定，或駁回原告之行政訴訟。

但行政機關所為之行為是否在合法之範圍內，法院則具有實質之審查權。在行政程序法第 706 條中，國會賦予法院可得審查行政行為之範圍包括獨斷，反覆無常，濫用裁量權或其他不遵循法律之行為、認定或結論(arbitrary, capricious, an abuse of discretion, or otherwise not in accordance with law)。同時，國會在制定行政程序法時，亦明白揭示法院對行政行為具有審查能力之推定(Presumption of Reviewability)，因此，行政機關可得擺脫司法監督之範圍實際上已顯得非常狹窄。依照最高法院之判決，法院將放任行政裁量之情況，僅限於法院實已無任何法律可資遵循時 ⓳。 具體言之， 行政機關必須提出明白且具說服力之證據(clear and

---

⓳ 參照Citizens to Perserve Overton Park, Inc. v. Volpe, 401 U.S. 402 (1971)。

convincing evidence)，　證明某一法律已授予該行政機關充分而廣泛之權能以反駁法院具有審查能力之推定，且法院無法依事實合理地確信該機關所為之行為已超越其被授權之合法範圍。在此情形下，法院才會宣稱其對某一行政行為不具審查能力。

事實上，法院無法在為程序審查時即確定實體上之爭議，因為宣示某一行政行為係屬行政機關可得合法裁量之範圍，無異宣示了系爭行政行為之合法地位，如此不經實體判決而驟然駁回原告之行政訴訟，在對人民實體訴權之保障，難謂無欠缺。因此，法院可能會對涉及對外關係或軍事決定之行政行為宣示其無審查能力，但對於一般行政訴訟，尤其是典型之環境案件，法院甚少將審查能力之有無視為係一項重要且需考察之爭點。祇要法院發現確有法律可資適用，不論該法係屬普通法或制定法，法院終將依據該法審查系爭之行政行為。

一旦法院決定受理環境案件，其對各種不同爭點之審查標準(Stand-ard of Review)亦須確定。在一般之行政訴訟案件中，人民所提起之爭點大致可分為三大類型：第一是純粹法律之問題(Pure Questions of Law)，第二是涉及行政行為之事實問題(Questions of Facts)，第三則是涉及行政程序之爭議。法院會依爭點種類之不同而決定其調查之深淺與審查之範圍。

在純屬法律性爭議之場合，法院將責無旁貸地主張其對法律解釋之專業素養，並可逕而否決行政機關對法律所為之行政解釋，蓋行政機關針對法律所為之任何解釋，對法院而言，究無實質之拘束力。法院通常以文義，或是探究立法者之真意，有時甚至更以考察立法之目的或推敲當前之公共政策等手段來完成對法律之有權解釋。在權力分立之基礎下，行政機關應受該解釋之拘束。唯有在遇到法律文字涉及高度科技性層面，非尊重行政機關之觀點不能竟其功時，或是基於訴訟經濟之考量，非尊重行政機關之看法不能阻止曠日廢時之訴訟時，法院始得考慮接受行政

機關所為之行政解釋。在此場合,法院通常會推定行政解釋非屬不合理(Unreasonable)。

至於在論及事實或程序上之爭點時,法院將因行政行為所由發生的程序形態之不同而異其審查標準。在行政程序法中,國會將行政行為概分為三種重要類型:第一是裁決行為(Adjudications),此程序類似司法審判程序;第二是行政法令之制定行為(Rulemaking),與立法機關制定法律之性質類似;第三則是裁決與制定行政法令以外之一切行政行為,而後二者又可統稱為非裁決行為(Non-adjudications)。

在審理有關事實問題之爭點時,法院將審查標準依行為類型屬裁決性或非裁決性而予以區分。對於裁決性之行政行為,法院採用證據法中較為嚴格之「實質證據標準」(Substantial Evidence Test)以審理違法行政行為之事實基礎,亦即除非行政機關無法在過去之有效紀錄中提出支持其行為係屬合法之實質證據,法院必須維持該行政機關之裁決行為。故法院通常會預先推定裁決行為合法(Presumption of Legality),然後再由人民負擔反駁推定之舉證責任。

至於對非裁決行為事實基礎之審理,法院則採納「獨斷與反覆無常標準」(Arbitrary and Capricious Test)。以過去之有效紀錄作基礎,法院將審查某行政機關在為某項決定時,是否已全然考量一切相關之因素,以及該行政機關是否作成一個明顯錯誤之決定。在環境案件中,某些法院甚至將「實質證據標準」與「獨斷與反覆無常標準」併用,而發展出一套更為嚴謹之審查標準,亦即所謂之「從嚴檢驗」取向(Hard-look Approach)。由於此一標準之採行,行政機關似乎將無可避免地必須面臨法院對其在事實認定上之從嚴審查。

人民也可能因行政機關在為行政行為時,違反法定之程序要件而向法院提起訴訟。例如在為裁決行為時,行政機關可能怠於舉行聽證會而逕自下達最終決定,或在制定行政法令時,行政機關未能預留三十天以

上之期間，給予社會大眾或具利害關係之當事人提出評論的機會等。對於此種行政行為之程序違反事項，法院亦表現出樂於受理之意願。

但除了憲法、法律，或有關行政法令所訂頒之程序要件外，法院不應再對行政機關附加其他程序義務。甚至由普通法衍生而來之程序要求，法院亦不應予以考慮，法院僅得就成文之規定審查行政機關之程序義務是否實現❷。基於對行政部門之尊重，除非在極端迫切的情況下，法院判決肯定，行政機關本身應有資格決定適當之程序要件。

一旦法院決定行政機關所為之行政行為違法，原告當事人即可獲得某種形式之救濟。依照法源依據之不同，在環境案件中勝訴之原告可依法律獲致金錢上之賠償(Monetary Damages)，或依衡平法則對行政行為課予禁止命令(Injunction)。法院將因案件性質與範圍之差異，而本於衡平裁量(Equitable Discretion)決定是否僅給予原告金錢之救濟，或僅下達禁止命令，或是二者兼具。

聯邦最高法院曾表示，就環境案件之本質觀，環境傷害皆屬永久性與長期性，通常已無法挽回或彌補，甚少可僅以金錢賠償而獲致適當之救濟。正因為環境案件具有此一特質，下達禁止命令反而成為使環境免於受害之最直接且有效的手段❷。

從以上之論點，吾人或可歸納以下結論。第一，在純屬程序違法之情形，法院對救濟形式之選擇，將受制於衡平裁量原則，法院會在金錢賠償與禁止命令間決定一套最公平之救濟方針。第二，對於因違反環境法令而導致重大環境傷害之案件，法院會立即下達禁止命令，而僅對金錢救濟作些微之考慮，甚至完全予以忽視。第三，若涉及因違反程序要

---

❷　參照 Vermont Yankee Nuclear Power Corp. v. NRDC, Inc., 435 U.S. 519 (1978)。

❷　參照 Amoco Production Co. v. Village of Gambell, Alaska, 107 S. Ct. 1396 (1987)。

件而肇致環境損害之案件，法院通常將僅考慮以禁止命令作為此類侵害
之救濟手段。

最後，環境訴訟往往涉及為數頗多之利害關係人，且環境案件常持
續數年而未決，因此費用支出與律師公費亦較一般訴訟案件龐大。雖然
依聯邦法令已見設置公益基金以輔導人民或團體進行環境訴訟，但如何
獲得此類基金之補助則又是另一問題。尤其在承認公民訴訟(Citizen Suit-
s)之英美法體制下，任何一位公民都有權能督促政府守法盡職。人民雖非
利害關係人，但亦可以在野檢察長(Private Attorney General)之身分，向聯
邦法院控訴行政機關之違法情事。此種鼓勵公民「管閒事」之制度，若
無完善之公益基金作為後盾，相信終必無法發揮實質效能。因此，對環
境訴訟所需費用，特別是律師公費之補助，無可避免地亦已成為環境救
濟之另一重要課題。

四、聯邦環境法令與各州環境法令之適用

美國係屬聯邦制國家,將全國劃分為五十個自治州與一華盛頓特區。
依據美國憲法之規定，各州除了不能獨立擁有軍隊與掌理外交事務外，
得享受充分之自治主權，對於涉及州內(Intrastate)之事務，聯邦政府不宜
過分干涉。聯邦政府只有對影響州際商務(Affect Interstate Commerce)，
歲入與經費支出，與外國締約，以及規範國有土地等事務，享有憲法所
明示之完全權限(Plenary Authority)。

環境問題往往涉及二州以上，且環境污染源與環境污染受害地亦常
分屬兩個以上不同之州域，尤其是涉及國有土地之環境爭議，聯邦政府
將無可避免地獲得對於此類事件之專屬管轄權。聯邦政府可依據憲法商
務條款(Commerce Clause)之授權，規範任何對環境有深遠影響之私人活
動；亦可依據財產條款(Property Clause)，執行保護公共財產之權能；更

可依據締約條款(Treaty Clause)，在涉及國際環境之事務上與外國締約；以及依支出條款(Spending Clause)，支用得促進公共利益之環境經費。聯邦政府經由國會制定環境法令，而交由行政部門切實執行，最後再由聯邦司法部門對環境之政策與環境政策之執行詳加監督，此種立法、行政、司法三權制衡(Checks and Balancing)之架構，充分保障了人民在環境上之權利。

眾所周知，法院乃職掌法律命令之解釋與適用，且其結論對各行政機關具有拘束力。於聯邦法院審理環境案件時，究應採聯邦法令，抑採各州之法令，則非無疑義。尤其在涉及二州地域以上之聯邦行政行為，且各州對於系爭部分又皆擁有與聯邦類似之環境法令時，不論該州法令是否與聯邦法令一致或衝突，聯邦法院勢必儘先決定何種法令應優先適用，此即所謂的聯邦先占(federal preemption)之問題。

依憑美國聯邦憲法最高條款(Supremacy Clause)之規定，聯邦憲法，法律以及條約應係國內最高之法律，各州之法官必須受其拘束，各州之法律亦不得與其違悖。縱然如此，聯邦與自治州法令衝突之發生仍無可避免，聯邦最高法院乃為此發展出一系列之審查原則，用以決定聯邦先占之問題。一旦聯邦法院決定聯邦法令在某一規定事項擁有先占地位，則與其競合之自治州法令將失其效力，法院僅依聯邦法令審理系爭案件。

首先，法院將審查聯邦法令本身之架構，以其擴展性與周延度，認定國會是否已預留空間，期待各自治州將該空間加以填補。其次，法院亦對聯邦法令所規定之領域加以考察，以該領域涉及具優勢性之聯邦利益而排除自治州法令之實行。第三，對聯邦法令之設計詳加考察，以引證國會意圖在某一特定區域，停止或排除各州或某州法令之適用。最後，法院亦會直接考察各州之法令是否在實際上已違背某一有效之聯邦法令。甚至在國會並未完全排除州法令適用之情況，法院也可能會因州法令與聯邦法令衝突而排除州法令衝突部分之適用。此類衝突可能涉及兩

種法令並存之無可期待性，或是州法令之適用，將嚴重阻礙國會所有目標之圓滿實現等，而後者更是法院宣稱州法令無效之最佳利器。

以上所論之審查原則似嫌籠統，對具體個案仍缺乏實質助益，因此法院通常僅將考察焦點集中在對法令之解釋(Statutory Construction)上，以確定國會在通過某一法令時，是否容許該聯邦法令效力所及之各州附加某特定形式之法令。要確定國會是否有此意圖，法院必須就聯邦法令之文字，立法之歷史，過程與目的作一非常嚴謹之考察。因此，審慎分析立法資料以及嚴密評估各州法令中具有實行聯邦法令實效之部分，才是解決先占問題最便利的策略。

在環境案件中，聯邦最高法院即曾以自治州法令將阻礙國會目標之圓滿實現為由，而否定自治州有關核子廢料處理規定之適用❷。但在太平洋瓦斯與電力公司案件中，最高法院卻肯定了加州法令之合法地位❸。在該案件中，加州法令明示在聯邦政府認可處理固體廢料之永久性方法以前，該州禁止州內任何核能電廠之運作。最高法院大法官懷特氏(Justice White)認為此一法令並未阻礙國會目標之圓滿實現，因為國會雖意圖提昇對核能之利用，但並未打算將不計任何代價以達成此一目標。況且加州此舉乃為因應聯邦政府未能即時制定處理固體廢料之永久性方法所作之權宜性措施，此一舉措實際上反而間接地實現了國會無法自行實現，但卻授予各州依其環境情況而代為實現之核爐安全目標。

在另一環境案件，法院又再次肯定了自治州有關核能工業之法令❹。該法令課予核能工廠之僱用人較聯邦法令所規定為高的管理放射性材料

❷ 參照Northern States Power Co. v. Minnesota, 447 F.2d 1143 (8th Cir. 1971), affirmed, 405 U.S. 1035 (1972)。

❸ 參照Pacific Gas & Electric Co. v. State Energy Resources Conservation & Development Commission, 461 U.S. 190 (1983)。

❹ 參照Silkwood v. Kerr-McGee Corp., 464 U.S. 238 (1984)。

之行為標準。因核能安全之因地制宜性甚高，聯邦法院近年來常以實現國會真意為據，欣然肯定自治州核能法令之合法地位，此種現象顯與二十餘年前之最高法院見解大相逕庭。

五、結　語

綜上所述，由於聯邦行政程序法之授權，以及各級法院之檢證，聯邦行政行為實受司法審查之極大約束，　尤其是在環境權(environmental right)呼聲震天價響之今日，法院對縱屬輕微傷害之環境案件亦表現出極為高度之熱忱。因為環境事件之長期性與永久性特質，使得環境傷害雖未顯見於今日，但終將成為後代子孫之遺憾。身為保障人民憲法上權利之守護者，法院對於環境行為之監督當責無旁貸。

謹以聯邦上訴法院法官史凱利瑞特(Justice Skelly Wright)之一段話，作為本文之結論：「『國家環境政策法案』實已建立了一項嚴謹之遵循標準(Strict Standard of Compliance)。『國家環境政策法案』規定了一種需要特別細心但又屬不要式的決策制定過程，同時亦創設了可被司法強制的義務。如果行政機關雖在程序上達成決定，但並未個別地考量與平衡環境因素，雖然該決定係基於全盤且善意，法院仍有將該決定撤銷之職責。」

美國聯邦競選法有關憲法爭點之研究

一、前 言

近半世紀以來，政治活動成本之激增，以及金錢在選舉過程中每每扮演著舉足輕重之角色，已使得美國聯邦與各州政府，尤其是立法部門，極盡全力地藉由各種管道以期有效控制涉及金錢之政治活動。甚至在西元一九七二年水門案件爆發後，各級立法部門更對此事表現了高度之關切，故而制定了許多在美國史上前所未見之政治選舉活動法令，期待以周延之立法，嚴格控制金錢在政治活動中之流向，進而確保所有選舉制度之健全與完整。自一九七二年之後，美國聯邦與大部分之州政府皆或多或少地以強化既存之法律，或是以制定嶄新的政治獻金法為手段，試圖有效達成上述目標，共襄盛舉。

政府規範政治活動，在美國歷史上並不是一項創舉。早在一個世紀以前，政府介入權與人民福祉孰重之考量，即深切左右了政府嚴格規範政治活動之意願，使得政府不得不制定多種不同類型之立法，以迂迴且緩和之手段，規範選舉過程中之貪瀆行為(Corrupt Practices) ❶。在一九五〇年代以後，聯邦與各州政府相繼建立了更嚴格與更周延之制度，控制所有之政治活動，並在一九六六年之前，通過立法規範政治活動之經費，以及要求對經費運用之申報。

但是，對選舉活動之嚴厲約制，勢必嚴重威脅選民之參政權與其他憲法所保障之權利，因此，大量考驗此項立法妥當性與合憲性之訴訟，已無可避免地由各地選民向聯邦與州法院提出。多數選民均直接訴求法院宣告此種過於嚴苛之法律違憲並失其效力。然而，各地法院之判決均飄忽不定，始終無法明確獲致肯定之結論。一九七六年巴克雷案之判決，終止了此一晦暗期，美國聯邦最高法院明白宣示一九七一年由國會制定之聯邦競選法案(Federal Election Campaign Act of 1971)違憲(unconstitutional) ❷。此一劃時代之判決，對日後之政治選舉活動造成了深遠之影響，同時更直接觸動了近二十餘年來聯邦與各州政府對政治獻金法令之一連串改革浪潮。

---

❶ 參閱 S. Minault, Corrupt Practices Legislation In 48 States (1942) (Council of State Governments Pamphlet)。

❷ 參照Buckley v. Valeo, 424 U.S. 1 (1976)。在巴克雷案中，原告係由許多頗負盛名之政治人物、公民與團體所組成，以政府為被告，聲請法院以一確認判決，宣告聯邦競選法及其修正條款違憲。

二、聯邦競選法案(Federal Election Campaign Act of 1971)簡介

(一) 聯邦競選法之沿革

經過了十年以上之辯論，美國國會終於在一九七一年通過聯邦競選法案(The Federal Election Campaign Act of 1971，以下簡稱 FECA)。此一階段雖然代表著一世紀以來重大選舉活動改革方案之實現，但由於一九七二年水門案件之爆發，而使得該項法案立刻受到各方之批評與攻擊，修正該法案之聲浪又再次興起。

在聯邦競選法通過之前,選舉獻金不啻是一種私人市場操作之延長。政黨與候選人選舉活動所需之資金，多是來自私人自發性的捐獻。而捐獻者亦是基於自身政治利益與財富之考慮而作成此一付出，因此，個人經濟地位之不平等亦在政治市場中表現出來。簡言之，個人捐獻與否以及數額之多寡，並非取決於對政見之擁護與對政黨之認同，而是由市場經濟中之供需平衡理論所決定。如此，富者以其雄厚之資力贊助有希望之候選人與政黨，並在政治上獲得較大的回饋；而貧者則永遠無法以政治捐獻之方式獲得任何政治活動之利益。再加上美國政壇一向以分贓之作風分配政治資源與力量，更使得中產階級失去積極參與政治活動之熱忱。職是之故，聯邦競選法乃眾望所歸，應運而生，其立法宗旨就是在掃除上述缺陷，而使得選舉捐獻過程走向較公平與公益之方向❸。

聯邦競選法案(FECA)之內容，可概括分成三大類型。第一類條文明

---

❸　參閱Generally A. Heard, *The Cost of Democracy* (1960); D. Adamany & G. Agree, *Political Money* 28–42 (1975); L. Berg, H. Hahn & J. Schmidhauser, *Corruption in the American Political System* 88–108 (1976)。

文排除附加於個人向政治選舉活動提供捐獻之任何限制❹。第二類條文明文規定本法案僅對運用於大眾傳播媒介之政治費用附加若干限制❺。第三類條文則建立了一個周詳之申報與公開制度。在此制度下，每一個政治選舉後援會必須在三月，六月與九月，以及在選舉投票日之前的十五天與十天，向主管選務機關申報受領政治捐獻之收據與支出費用之清單❻。

與聯邦競選法相應而生，且亦於一九七二年生效之國家歲人法案(The Revenue Act of 1971)❼為配合聯邦競選法之施行，乃對各種層級之政治捐獻，提供了若干減免額(Tax Credits)或扣除額(Tax Deductions)，同時更為納稅義務人提供代扣金額(Tax Checkoff)，將私人之政治捐獻，於個人或團體填具之報稅單中自動扣除，再將此項捐獻彙整，用以補貼總統候選人之普選經費。

雖然國會在該法案中限制選舉獻金之來源與數額，限縮選舉經費之用途，同時更提供關於總統選舉之選擇性大眾集資制度，但該法案很快即被證實未盡理想。因為該法案疏於提供適用於國會選舉之選擇性大眾集資制度，而使得國會選舉活動仍必須仰賴私人集資方式，但對於基金之籌募與運用，卻又受制於聯邦競選法案。其次，該法案所創立之申報制度太過於繁瑣。該法案要求每一個政治後援會都必須申報獻金領據與支用清單。但每一位候選人皆有一個政治後援會，如果切實執行該法案之填報要求，選務主管機關勢將被數丈高的申報資料所淹沒。更有甚者，該法案雖明定繁雜的填報程序，但卻未設置申報是否屬實之查證機關。是以，申報制度形同具文，對於政治經費之受領與運用仍無法作有效之

---

❹　參見FECA §204, repealing 18 U.S.C. 609 (1970)。

❺　參見47 U.S.C. 315 (Supp. II, 1972)。

❻　參見2 U.S.C. 434, 435 (Supp. II, 1972)。

❼　參見Public Law 92–178 (1972)。

控制與監督❽。

　　同時，該法案明文規定，運用在大眾傳播媒體之選舉經費要有特別限制。此一條文，立即引發了憲法上事前禁止原則(Prior Restraint Doctrine)之爭論。憲法意旨略謂，除非涉及國家或公眾之優勢性利益(Compelling Interest)，否則不得以事前禁止之手段，阻止人民享受憲法增修條文第一條所賦與人民之基本權利。事前禁止涉及政府對言論自由的預先干涉。而政府為此類干涉之企圖，在傳統上一向為憲法所防堵❾。實際上，在一九七三年的 ACLU 案中，國會於兩年前審議通過之聯邦競選法案被聯邦最高法院宣告違憲並失其效力，導致一九七二年之各項選舉活動無法有效約束，更促使一九七四年國會修法程序之早日開展❿。

（二）聯邦競選法一九七四年修正案

　　一九七二年中尼克森總統競選連任所爆發之水門案醜聞，以及許多民主黨候選人與其選舉後援會之不當選務活動，再加上全國上下之共同聲援，促使一九七一年所通過之聯邦競選法面臨修法之壓力，終於在各方矚目下，於一九七四年完成修法之工作，並於同年四月公布施行，正式命名為聯邦競選法一九七四年修正案(Federal Elections Campaign Act Amendments of 1974，簡稱 FECAA)⓫。FECAA 對於選舉機構與制度作了大幅之改變，同時該修正案更增補了 FECA 所最欠缺的條文，也就是對於政治獻金之嚴密管控，以及違反有關政治獻金規定之強制處分。以

---

❽　參閱 Committee On House Administration, Federal Election Campaign Act Amendments of 1974, H. R. Rep. No. 1239, 93rd Cong. Sess. 2 (1974)。

❾　參照 New York Times Co. v. United States, 403 U.S. 713 (1971)。

❿　參照 ACLU v. Jennings, 366 F. Supp. 1041 (D.D.C. 1973), vacated as moot sub nom; Staats v. ACLU, 95 S. Ct. 2646 (1975)。

⓫　參見 Pub. L. 93–443, 88 Stat. 1263 (1974)。

下謹就 FECAA 之內容，舉其大者，試介紹如後。

1. 聯邦選舉審議委員會(Federal Elections Commission)

FECAA 明文設立聯邦選舉審議委員會(FEC)，專責督導與監督全國性選務活動。該委員會係由八名審議委員所組成，其中二名不具投票權，專司行政上之審查與執行。在六名具有投票權之審議委員中，兩名委員係由總統指派，而另外四名委員則由國會遴派，同時，此六名審議委員均必須經由參、眾議院議員行使同意權後方可正式任命。上述二位不具投票權之審議委員，則通常係來自參議院之事務官與眾議院之秘書。

聯邦選舉審議委員會採合議制，並且被賦與民事執行之權能。該委員會除掌理法規命令之制定與行政政策之釐定外，同時更負有監督與確保候選人及其政治後援會遵從聯邦競選法之責任。

2. 政治獻金與選舉經費之限制(Limitations)

一九七四年聯邦競選法修正案明定多項對於政治獻金之限制，其中包括：

(1)對於個人之捐獻：每一位捐獻者僅得在每一次的初選(Primary Election)，複決預選(Runoff Election)，或普選(General Election)中，以不超過一仟美元之捐贈額為限，向某一位候選人提供政治捐獻；雖然捐贈者可能會在不同的選舉階段向候選人提供超過一仟元之捐贈，但每年之捐贈總額不得超過二萬五仟美元。

(2)對於政治後援會(Political Committee)之捐獻：向一般候選人之捐獻，捐贈者可在每一次的選舉中，提供每一位候選人五仟美元以內之捐獻，但每年並無總額之限制；向總統、副總統候選人及其家庭成員之捐獻，則每次競選以不得超過五萬美元為其限額。

(3)對於代表某一位候選人之個別捐獻：FECAA明文規定，將以一仟美元為其限額。

(4)FECAA明文禁止之捐獻：超過一佰美元之現金捐獻(Cash Contri

bution)，以及任何來自國外之捐獻。

　　一九七四年聯邦競選法修正案亦對於選舉活動之經費，設立一系列嚴格之限制。一位總統候選人不得在總統初選程序中支付或被支應一仟萬美元以上之活動經費；在總統普選過程中，則限制為二佰萬美元。另外，該修正案更以二佰萬美元，作為召開黨內提名大會(Nominating Convention)所需費用之上限。眾議院與參議院議員候選人在初選與普選程序中，也受到與總統選舉候選人類似之限制。值得注意的是，與聯邦政府選舉活動有密切關係之全國性政黨團體亦受聯邦競選法一九七四年修正案之限制。在該修正案中明文規定，全國性政黨不得為眾議院議員候選人支用一萬美元以上之選舉經費；不得為參議院議員候選人支用二萬美元以上，或是每一位合法選民二分美元以內之選舉經費；以及不得為總統候選人支用每一位選民二分美元以上之選舉經費。是以，就總統選舉而言，若全國有五萬公民具有合法選民之資格，依照一九七四年聯邦競選法修正案之規定，每一個全國性政黨可為其所推舉出之總統候選人支用達一仟美元之選舉經費。

　　此等限制似嫌太過嚴苛，執行起來不免遭遇窒礙難行之窘態，因此，該修正案亦列舉若干例外事項，明文排除上述限制之適用。這些例外包括某些自發性勞務與籌募選舉經費之成本。依據該修正案之規定，每一位候選人可於法案所規定之經費限制外，附加該經費限制之百分之二十，充作籌募選舉資金之成本。本於上述之規定，一位總統候選人可於總統初選程序中支用一佰二十萬美元之選舉經費，而於總統普選程序中，該候選人則可以二佰四十萬美元作為其選舉經費之上限。

3.**經費公開之要求**(Disclosure Requirements)

　　一九七四年聯邦競選法修正案建立了若干公開與填報程序。首先，每一位候選人必須指派一個中央委員會負責收集與填報聯邦競選法一九七四年修正案所需要之資料。其次，申報資料必須在每年各季結束前的

十天內向聯邦選舉審議委員會申報；在選舉階段則規定每一中央委員會應在選舉日前十天內與選舉日後三十天內向上述之審議委員會申報所需資料。第三，任何超過一佰美元且對選舉結果具有影響，但不屬於任何向候選人或其政治後援會捐贈款項之個人支出，以及任何組織所為對於選舉結果具有影響之金錢支出與選舉活動，該個人與組織皆必須自行向聯邦選舉審議委員會申報經費支用之情形與參與選舉活動之行為內容。

4.國家融資(Public Financing)

一九七四年聯邦競選法修正案將國家融資之範圍擴大到總統選舉活動。國家提供融資之項目，不僅包括總統普選之競選經費，同時更涵蓋提名前，全國提名大會以及黨內初選所需競選經費之融資。在爭取總統提名之競選程序，一位合格之總統候選人可獲得若干額度之融資，但該融資數額與該候選人私自募得之資金總額，二者合計不得超過本法案所明文規定之上限；在普選程序中，一位合格之候選人將可獲得聯邦政府二仟萬美元（因物價波動而調整）之國庫補助金；而一個合格之政黨則可獲得二佰萬美元之補助，用以召開該政黨之提名大會。該修正案明示，若國家融資基金不足以滿足對於上述三階段競選經費之要求時，則國家融資基金之分配，將以普選，提名大會，以及初選之順位為之。是以，國家融資乃以普選經費為首要之補助對象，而將初選經費責成總統候選人自行募集。

5.一九七四年聯邦競選法修正案之執行(Enforcement)

本修正案明文規定將以多種途徑處理違反條文內容之案件。首先，聯邦選舉審議委員會對於因選務經費之糾紛所提起之民事案件享有最初級之管轄權 ⑫。其次，本修正案亦對違反捐獻限制之個人或公司團體課予刑事上之制裁 ⑬。最後，候選人若違反填報選舉資料之規定，該候選

---

⑫　參見2 U.S.C.A. 437 g(a)(7) (Feb. 1975 Pamph.)。

⑬　參見18 U.S.C.A. 608(i), 610 (Feb. 1975 Pamph.)。

人將被禁止參與下一任期政府公職人員之競選❹。

（三）聯邦競選法一九七六年修正案

在一九七六年巴克雷案期間，美國聯邦最高法院再次審查一九七一年聯邦競選法案(FECA)，以及一九七四年聯邦競選法修正案(FECAA)。該院最後決定除了保留法案中有關政治捐獻之限制以及對於總統候選人之國家融資制度外，其他諸如經費之限制等，則以判決宣告該部分失其效力。此一舉措導致聯邦競選法再次面臨修正，以及促使國會建立了一套公共、私人融資二者對等並存的政治資金制度。

本於聯邦最高法院對於巴克雷案之判決意旨，一九七六年五月通過之聯邦競選法修正案不僅改造了選務主管機構——聯邦選舉審議委員會本身，同時更授予參、眾議院得否決由聯邦選舉審議委員會所提任何行政法令之權限。另外，一九七六年之修正案亦限制個人對於政治活動後援會與全國性政黨之捐獻金額。依據該修正案之規定，一位捐贈者僅得於每年對於政治活動後援會為五仟美元以內之捐獻，而對於全國性政黨聯誼會則每年以不超過二萬美元之捐贈為其上限。其亦同時限制會員制組織、公司、與工會政治活動後援會之急速擴張，以及限定所有政治活動後援會之籌資能力。一個公司的政治活動後援會僅可向其股東、掌管行政管理部門之公司成員以及其家屬籌募政治捐獻；一個工會之政治活動後援會僅得向該工會之成員及成員之家屬尋求捐獻。但該修正案又例外地允許一年兩次的對外集資行為。依據條文之規定，上述之政治活動後援會得以郵寄之方式，向公司所有之職員，或向工會成員以外之個人尋求資助，但每年以二次為限。一九七六年之修正案並要求候選人與其政治後援會保留任何五十美元以上之捐獻紀錄。更有甚者，該修正案再次強化法案中懲處條款之內容，以及給予聯邦選舉審議委員會更大的權

❹　參見2 U.S.C.A. 456(a) (Feb. 1975 Pamph.)。

能以執行本法案。

此一新建之制度運作地相當令人滿意。一九七六年的總統選舉恰好給予新頒修正案初試啼聲之機會,選舉過程明顯地比過去更公正、公平與公開。主要的總統候選人除了可從國家補貼制度獲得大部分之選舉資金外,同時每位候選人更可享受相當平等的融資來源❶。依據一九七六年之修正案,主要政黨之總統候選人不得由任何私人捐獻獲得公共資金,同時選舉經費之支出亦不得大於受分配之金額。在一九七六年之總統選舉中,百分之九十五的公共資金皆被用於普選程序,是以,兩位總統候選人吉米卡特與亨利福特不僅獲得完全相等的融資來源,同時更享用幾乎完全相等之選舉經費分配金。政治捐獻之限制,不僅適用於所有聯邦選舉活動之候選人,同時更可藉此類限制之體現,有效降低大型私人捐贈者在國會選舉中之不當影響。

(四) 聯邦競選法一九七九年修正案

聯邦競選法及其修正案之缺陷與問題,在一九七六年與一九七八年間的數次選舉中日益明顯,故有亟需再作另一次修正之必要。就在未經熱烈討論,且未有反對意見的情況下,國會於一九七九年完成聯邦競選法之第三次修正,進而通過一九七九年聯邦競選法修正案。該修正案放鬆了先前修正案之嚴格規範,也減輕了政治參與者在法律上之沉重負擔。基本上,該修正案不僅簡化了保留紀錄與公開申報之制度,同時更強化了全國性與地區性政治團體在競選活動中之角色與地位。當然,此一修正案亦再次精簡在執行聯邦競選法及其修正案時有關程序上之事項與要求。

一九七〇年代可謂為政治資金改革運動的黃金十年。在這十年中,聯邦競選法案(FECA of 1971)迭經三次修正,因一九七九年第三次修正

❶ 參閱H. Alexander, *Financing the 1979 Election* 171–172 (1979)。

案之通過，而使得美國擁有一套頗為周詳且完備的選舉活動規範系統：聯邦選舉活動完全受制於對收入與支出皆必須公開的嚴格法則；富有的捐資者已大大地減少；以及總統候選人亦可極便利地獲得公共基金等，在在顯示了全國朝野追求更公平與公益選舉之決心。許多聯邦選務活動觀察家皆一致同意，一九七○年代的政治選舉融資改革已根本地改變了美國百年來之政治選舉生態，而對日後的美國政壇發生重大且深遠之影響。

　　不僅如此，為了回應聯邦政府匡正選風之熱忱，各地之州政府均起而效尤，相繼制定政治資金法，其名稱、寬嚴或許稍有不同，但所建立之體制則大同小異，因限於篇幅，在此不予贅敘❶。

三、聯邦競選法之實踐與所涉及之憲法爭點

　　前已述及，一九七六年一月三十日，聯邦最高法院於巴克雷案之判決中將部分聯邦競選法一九七四年修正案之條文內容宣告違憲並失其效力。此一決定對於聯邦與州政府加強控制選舉融資活動之趨勢造成莫大之衝擊。基於此一現象，嚴密考察政府規範政治選舉過程之任何干涉行為，以保障人民為憲法所保障參與政治活動之自由與權利，即成為刻不容緩且極富歷史意義之要務。在權力分立(Separation of Powers)理論廣受尊重之現代民主國家，考察政府行政與立法部門所為行為是否合憲之職責，往往落在公正超然之司法部門。一旦司法部門審查之結果，認為行政部門所為之行政行為，或立法部門所為之立法內容違背憲法之條文、

---

❶　例如美國堪薩斯州(Kansas)即於一九七四年，仿效一九七一年聯邦競選法案(FECA of 1971)，並追隨一系列全國性政治資金改革運動，而制定通過堪薩斯州競選融資法案(The Kansas Campaign Finance Act of 1974, K.S.A. 25–4101 et seq. (Supp. 1974), as amended, Kan. Sess. Laws Ch. 209 (1975)。

意旨或精神，則除非法院判決別有指示，否則該行政行為或立法內容應立即失其效力，此時行政部門僅得收回成命，立法部門僅得重行立法，別無他途。基於上述思維架構，二十餘年來聯邦競選法在實踐上所面臨有關憲法問題之爭議以及解決之道，頗值吾人借鏡。

（一） 立法部門之立法權(The Power to Legislate)

整部美國憲法並未直接授予立法部門規範政治活動之權能，尤其在權利法案(Bill of Rights)通過後，美國憲法增修條文第一條更再次強調國會不得制定任何法律抑制言論、新聞、集會與請求政府救濟之自由權利❼。但是憲法第一條第四項卻明文授予國會規範聯邦選舉之權能❽。

憲法第一條第四項明定：「舉行參議員與眾議員選舉之時間、地點與方法必須由各州之立法部門規範之；但除了關於參議員選舉之地點外，國會保有隨時以法律制定或改變上述規範之權限。」此一條文乃是國會有權規範選舉活動之最重要憲法基礎，同時更是聯邦競選法及選舉融資相關法規之有力法源依據。

既然國會被憲法授予規範聯邦選舉之權能已有明文可稽，同時此一論點亦早為各級法院所採納❾，接下來的問題則是憲法所授予國會規範聯邦選舉的權限，其範圍究竟有多大？ 相反地，各州所可擁有規範聯邦選舉之權限又是多少？ 以及聯邦與各州所制定有關選舉融資之法令是否已逾越憲法所預期之範圍？ 此乃國會與州議會得否有權以立法手段規範

---

❼ 參見美國憲法增修條文第一條，其全文意旨略謂：" Congress shall make no Law... abridging the freedom of Speech, ...Press, ...to Assemble, and to Petition...."U.S. CONST. Amend. I。

❽ 參見U.S. CONT. Art. 1, Sec. 4。

❾ 參照Smiley v. Holm, 285 U.S. 355 (1932); Newberry v. United States, 256 U.S. 232 (1921); United States v. Classic, 313 U.S. 299 (1941)。

聯邦選舉，以及其規範是否合憲之問題。

　　如基於憲法第一條第四項之規定，控制選舉融資亦屬憲法所授予國會或州議會得以立法手段規範之事項，則該條項所稱「舉行選舉之時間、地點與方法」(times, places, and manner of holding elections)一詞，則必須採取較擴張之方式引伸解釋之❷⓪。

　　首先，所謂舉行選舉之「方法」應該包括對於候選人提供選舉融資之行為。此一解釋乃意謂著由候選人本身或他人以候選人之名義，或以影響任何個人之提名或選舉為目的，所為籌募政治資金或支用經費的行為，亦屬政治選舉之一部分。其次，所謂「選舉」則必須涵蓋從一位候選人決定尋求公職時起，到選民實際投下選票時為止所有之政治過程。但此一擴張解釋將導致國會與州議會實質上擁有規範所有政治活動之權能。至於政治活動所發生之時期與選舉日當天之間隔究竟多長，則在所不問。前已述及，憲法僅明文授予國會與州議會規範選舉之權限，但對於規範政治活動之部分則付諸闕如。上述解釋，是否有違憲法意旨，則不無疑義。但現代選舉之形態究與立憲時不同，社會、人文與政治背景亦與二百年前差異甚大，若僅墨守限縮性的憲法解釋，而忽視現代選舉之需求，恐怕只是一種不合時宜之作法罷了。最後，所謂「舉行選舉之時間、地點與方法」亦必須適用於任何與選舉有關聯之政治過程，而非僅侷限在州議會決定與提供投票時間、投票場所及其機械性模式之功能而已。

　　美國憲法增修條文第十條明文規定：「本憲法所未授予聯邦或未禁止各州行使之權限，皆保留於各州或人民❷①。」故通常而言，除非憲法特別

---

[20]　參照Jn Ex Parte Yarbrough, 110 U.S. 651 (1884) 與 Burroughs & Cannon v. United States, 290 U.S. 534 (1934)。在此二案件中，聯邦最高法院顯示出授予聯邦與州政府廣大權限以規範選舉活動之強烈意願。

[21]　參見U.S. CONT. Amend. X。

授予聯邦政府或明文排除州政府行使某項權限，否則州政府擁有較聯邦政府為大之權能規範一般性事務，尤其在屬於人民共同利益之事務方面，司法部門往往給予州議會較大之立法規範權。有關政治與選舉程序之法令應當屬於州政府警察權(State Police Power)行使之範圍，而州政府對於涉及本州之事務，亦享有廣泛之監督權，除非聯邦政府認為其監督權之行使逾越範圍，否則甚少干涉。至於聯邦法院究以何種標準審查州政府監督權之行使？簡要言之，約有兩點：一為合理性(Reasonableness)，二為合憲性(Constitutionality)。聯邦法院將以上述二標準審查州政府監督權之行使是否逾越分際❷。

實際上，國會並無擁有與州政府相同之警察權(Police Power)，但憲法第一條第八項除授予國會十七種類之明示權限外，並在該條項第十八款明文授予國會得以任何「必要且適當」(necessary and proper)之方法完成憲法所授予之一切權限。基於此一「必要且適當」之附隨權力(incidental power)理論，使得國會權限得以擴張，並藉由必要且適當手段之實現，而致國會監督之觸角延伸至全國各地。最後，此一專屬國會之權限，將與州政府之警察權並無二致❷。

(二) 言論自由(Freedom of Speech)

美國憲法增修條文第一條宣示國會不得制定法律抑制言論自由。此一條款必須透過與憲法增修條文第十四條之結合，方可適用於全國各州❷。前已述及，有關選舉融資之法律大多對於選民之捐獻，或對於以

---

❷　參照City of Witchita v. White, 205 Kan 408, 469 P. 2d 287 (1970); Tri State Hotel Co. v. Londerholm, 195 Kan 748, 408 P. 2d 864 (1965); Young v. Harder, 361 F. Supp. 64 (D. Kan. 1973)。

❷　參照McCulloch v. Marylond, 17 U.S. (14 Wheat.) 316 (1819)。

❷　參見U.S. CONST. Amend. XIV。

影響選舉為目的，由候選人或他人以候選人名義所為之經費支出設有限制。此種限制是否可依憲法增修條文第一條規範之，則端視政治捐獻與經費支出是否皆屬言論自由所得保障之範圍而定。假設政治捐獻與經費支出確屬憲法增修條文第一條所指稱之言論(Speech)，接下來的問題則是國會所制定之選舉融資法規是否抑制了言論自由。

　　主張聯邦競選法並未涉及憲法爭論之人士認為，選民的政治捐獻與候選人之經費支出皆屬行為(Conduct)，而非言論(Speech)，而憲法增修條文第一條並未明文禁止國會以法律規範人民之行為。縱使在政治活動中言論不免會與行為合而為一，但對人民言論自由之阻礙頂多只是一時性或偶發性之現象，究非該法最主要的目的。本法最終目標乃是帶領全國之政治選舉走向更公正、公平、公益之方向，此一優勢性國家利益(Compelling State Interest)將勝過對言論自由之偶發性限制，應被考慮儘先實現❷❺。

　　但如何構成言論，其與行為究有何種差異，在現今仍未被完整地界定。從歷年來對口語性表達與非口語性行動(Verbal and Nonverbal Action)之分析，吾人可歸納出一約略標準，用以決定在表達性行為中之言論利益(the speech interest of expressive conduct)。首先，某一行動如欲以憲法中言論自由理論加以保障，該行動必須言論多於行為。換句話說，該行動必須以傳達某種意念為目的，而非僅是單純之行為而已❷❻。言論之成分愈多，則受憲法言論自由保障之可能性愈大。例如報紙之評論與電報之傳送，即屬於言論保障之對象。但如遊行與示威，如果僅論言論自由而未旁徵集會自由理論,恐將遺漏遊行示威群眾行為部分之憲法保障❷❼。

---

❷❺　參照United States v. O'Brien, 391 U.S. 367 (1968)。

❷❻　參照Tinker v. Des Moines School Dist., 393 U.S. 503 (1969); Stromberg v. California, 283 U.S. 359 (1931)。

❷❼　參照Cox v. Louisiana, 379 U.S. 559 (1965)。

其次，被認定為言論之行為，必須在實際上具有可傳訊性(Communicativeness)❷。質言之，憲法增修條文第一條即針對政治言論之表達提供最廣泛之保護，以確保各種理念之自由交換，進而促進人民渴求的政治與社會之改變❷。而理念之交換，則端賴言論之可傳訊能力。第三，該行為必須能適切地表達意念❸。以口語表達意念構成言論固無問題，但如何才能適切地以行動表達意念，而使該行動構成言論，則滋生疑義。聯邦最高法院建立所謂「象徵性言論」(Symbolic Speech)理論，認為任何一個表明某種意念之行動皆屬象徵性言論，而應受憲法增修條文第一條之保障。

縱然上述三項標準略具規模，但選民之政治獻金與候選人之經費支出是否構成言論，而成為憲法增修條文第一條所保障之對象，則仍有爭論。憲法增修條文第一條並非僅對意念之闡明提供保障，同時保障談論政府事務，包括談論候選人及其資格之自由，甚至後者更是制定憲法增修條文第一條之主要目的❸。國家應保障討論公共性爭議之自由，同時應使此等自由更強固，更擴大，以及免受禁制。而憲法增修條文第一條正明白反映了國家之上述任務❸。公民具有全知的選擇能力，乃是民主國家實現主權在民之基礎，尤其是選民對於公職候選人之認同，將會無可避免地左右國家未來之走向。是以，公職候選人在競選活動中之行為，既然足以方便選民認識、了解該候選人，進而認同其政治理念，該行為乃無疑地應該受到憲法之妥善保障❸。

---

❷　參照United States v. O'Brien, 391 U.S. 367 (1968); Cameron v. Johnson, 390 U.S. 611 (1968)。

❷　參照Roth v. United States, 354 U.S. 476 (1957)。

❸　參照Cohen v. California, 403 U.S. 15 (1971)。

❸　參照U.S.C.A. Const. Amend. 1; 參照Winter v. New York, 333 U.S. 507 (1948); Mills v. Alabama, 384 U.S. 214 (1966)。

❸　參照New York Times Co. v. Sullivan, 376 U.S. 254 (1964)。

選民之政治捐獻與候選人之經費支出縱然並未明顯構成憲法增修條文第一條所直接保障之「言論」，但不論該類行為是否構成言論，聯邦競選法所明定對於選舉資金之限制足以抑制政治自由。限制某一個人或團體在選舉過程中可得支用之政治傳播經費必將導致言論品質、數量以及探究深度之降低，甚至造成聽眾之銳減，最後不僅抑制了候選人與選民之政治自由，同時更壓制了候選人與選民在未來的政治活動中表達意念之機會，進而剝奪了他們在憲法上被賦與之言論自由。在某一經費限度內被賦與無限之自由，正如同在一筒汽油的範圍內享受無止盡之奔馳一樣地無奈。在聯邦競選法中對於經費支出之限制，無異代表了某種對於政治言論在數量上與不同意見上之約束，故經費支出之限制違背憲法增修條文第一條言論自由之意旨應無疑義❸。

縱然限制經費支出只不過是為達成公正、公益與公開選舉之偶發性現象，但此一舉究非最不激烈之手段(the least drastic means)，上述之良善目的並無法使聯邦競選法對經費支出的限制成為正當。但對於選民的政治捐獻之部分，聯邦最高法院則表達了相反之立場。前已述及，制定聯邦競選法之目的，乃在避免因貧富差距而影響公民參與政治活動或均分政治利益之機會。故對政治獻金之數額加以限制，乃在實現國家之優勢性利益(compelling state interest)， 且此種措施乃屬一種最不激烈之手段，縱然有違選民在憲法增修條文第一條內所擁有之權利，但此一權利與國家之優勢性利益——達成一項公正、公益與公開之政治選舉——相比，則顯得略遜一籌，而有暫予保留之必要❸。

事實上，聯邦最高法院在歷年之判決中，已將憲法增修條文第一條

---

❸　參照Monitor Patriot Co. v. Roy, 401 U.S. 265 (1971)。

❸　參照Buckley Valeo, 424 U.S. 17 (1976); Colorado Republican Federal Campaign Committee v. Federal Election Commission, 518 U.S. 604 (1996)。

❸　Id.

言論自由權擴張至人民有散播言論之權利，人民有接收言論之權利，人民有閱讀言論之權利，以及人民有詢問與思考之自由(the right to distribute, the right to receive, the right to read, and freedom of inquiry, freedom of thought)，是以，選舉融資之限制必對選民獲得政治資訊的權利造成約束。同時，若無充足之政治資金，候選人有效參與競選活動之能力必將降低，最後該候選人與其支持者終將無法圓滿地表達他們之政治理念。此一結果，究非任何一個民主國家所預期，因此，如何在人民憲法保障與國家公共利益間選取一平衡點，既強調人權保障，又確保公共利益，乃是今後尚待繼續關切之課題。

(三) 結社自由(Freedom of Association)

雖然憲法增修條文第一條並未明文揭示人民有自由結社之權利，但人民得因表意或政治活動而聚集之權利則已被聯邦最高法院承認亦屬憲法增修條文第一條所保障之範圍**❸❻**。然而結社自由之領域卻始終未能界定，聯邦最高法院亦無興趣在此一方面作出最肯定之結論。

在歷次之判決中，聯邦最高法院認為透過結社，才能有效提昇對公眾與個人觀點之辯護，尤其是對於爭論性議題更應以結社之手段謀取認同。在後續的判決中，聯邦最高法院再次重申美國憲法增修條文第一條及第十四條保障人民與他人結社之自由，使人們得以共同拓展其政治信仰與理念。而此一自由更蘊涵人民得以自己之選擇決定與某一政黨結合之權利**❸❼**。但此一自由權利並非漫無限制，與前所述之言論自由相同，

---

❸❻ 參照U.S.C.A. Const. Amend. 1: " First Amendment protects political association as well as political expression " ; Louisiana ex rel. Gremillion v. NAACP, 366 U.S. 293 (1961); NAACP v. Alabama ex rel. Patterson, 357 U.S. 449 (1958)。

❸❼ 參照Kusper v. Pontikes, 414 U.S. 51 (1973); Cousins v. Wigoda, 419 U.S. 477

結社自由亦應受制於某些優勢性的國家利益。但是否存在優勢性國家利益，舉證責任乃落在以法令限制人民上述權利之政府身上。除非政府提示充分證據，證明優勢性國家利益之存在，以及其優先於結社自由權之特質，否則該項限制性法令終將為聯邦最高法院宣告違憲而致失其效力。

　　選舉融資法令每以下列途徑影響人民之結社權。第一，透過對於個人捐獻之限制將約束人民集結資源發展組織之機會，同時亦將影響人民選擇如何參與政治團體之自由。第二，透過對於候選人及其選舉後援會經費支出之限制將約束政治理念表達之質量，亦將導致政府對個人與團體隱私權之侵犯❸❽。這些侵害必須與選舉融資法令所主張之國家利益作一衡量(balancing test)，在兩權相害取其輕之原則下，於保護個人法益與鞏固國家利益兩者之間，選擇一最有利於二者之途徑，或是在兩權之間，決定何者應優先考慮，或是何者可暫予保留。

　　贊成選舉融資法規應被優先考慮之人士，認為藉由此種法令之實踐，至少可以(1)使選舉過程益趨公平；(2)避免選舉結果受到不正之影響；以及(3)使公眾能普遍獲得選情，同時，更可防止在選舉過程中發生貪瀆舞弊之情事。簡言之，選舉融資法令將可確保聯邦選舉過程免受金錢之不正影響。此種國家利益乃勝過個人利益而應被優先考慮。

　　持反對意見者則認為，限制選舉融資與使選舉過程免受金錢影響之間並牽連(Nexus)。縱有牽連，使選舉活動免受金錢影響亦非優勢性之國家利益(Compelling State Interest)，且尚可以其他對個人結社權侵害較少之代替途徑(less Restrictive Alternative)實現上述之國家利益。換句話說，國家對限制個人結社權之法令，必須受到法院之嚴格檢驗(Strict Scrutiny)，不得貿然施行❸❾。

　　(1975);Burdick v. Takushi, 504 U.S. 428 (1992)。

❸❽　　參照Tally v. California, 362 U.S. 60 (1960)。

❸❾　　參照NAACP v. Alabama, 357 U.S. 449 (1958)。

在巴克雷案中，聯邦最高法院再次將個人捐獻與候選人經費支出之限制分開審查，而認為後者對結社自由之侵害甚於前者。最高法院認為，個人捐獻如同參與某一政黨，代表著捐獻者對某一候選人之認同。同時，個人捐獻亦可使得多數具有共同想法之人聚集在一起，為發展共同之政治目標而奮鬥。雖然限制政治捐獻將會阻礙人們與某一候選人或其後援會結合之機會，但還是留給人們參與某一政治性組織與資助某一候選人之自由，同時聯邦競選法亦非不允許人們得彙集分散地政治捐獻，以有效資助某一政黨、候選人或後援會。反過來說，聯邦競選法對候選人經費支出之限制則無異阻礙了大部分團體得以有效傳揚其心聲之機會。此種限制，足以違背憲法增修條文第一條保障結社自由之本旨，因此應毫無保留地宣告該限制違憲❹。

（四）隱私權(Right to Privacy)

隱私權應予保障之觀念肇始於大約一個世紀以前，強調任何人均有不受干擾之概括權利(general right of the individual to be let alone)❹。聯諸美國憲法並無隱私權應予保障之明文，事實上隱私權概念乃源自英美法系之侵權行為法(Torts in Common Law)，其意為「個人有決定其想法，感覺，以及情緒如何表達於他人之自由」。揭露他人隱私者縱無惡意，或揭露之事係屬真實，均不得作為免責之抗辯。但隱私權之保護仍有其限度，例如不禁止屬於公眾或一般利益事項之公開；或僅係他人口頭揭露，因未足引致實際損害而不予救濟；以及經當事人同意揭露，隱私權即歸於消滅等是❹。但侵權行為法中對隱私權之保護，究非如言論自由係由

---

❹　參照Buckley v. Valeo, 424 U.S. 1 (1976)。

❹　參閱周悅儀著，〈美國隱私權法制之研究〉，法務部法律事務司八十二年度研究發展報告，第五頁。

❹　參閱周悅儀著，前揭書；並參閱Warren & Brandeis,"The Right to Privacy,"

憲法所保障來得周全，因此將隱私權提昇至憲法保障位階遂成為支持隱私權者大力鼓吹之焦點，經過半世紀以上之努力，隱私權才漸漸為聯邦最高法院所承認，並納入憲法基本權利(Fundamental Rights)的保障之中。聯邦最高法院在歷次的判決中，基於憲法增修條文第九條所謂「憲法列舉某些權利並非否認或貶損其他未列舉權利」之意涵，擴張解釋權利法案(Bill of Rights)之內容，並依各隱私權形態與性質之不同，靈活運用美國憲法增修條文第一條、第三條、第四條及第五條之內容，以補充成文法對隱私權漏失之缺憾。最後，再結合美國憲法增修條文第十四條文之規定，而將此一新的基本權利適用到全國各州及領地❸。

　　概括言之，於政治活動中廣受保障的隱私權包括個人之政治信仰與投票之意向，此二者應不受政府之糾問。聯邦最高法院亦不止一次地肯定結社自由(Freedom of Association)與個人結社隱私(privacy in one's associations)之間存在著相互依存的關係❹。有關選舉融資的法令大多以兩大模式規範選舉活動。第一乃是以某些申報之格式監督選舉活動中之金融交易；第二則是將候選人之財務資訊提供給選民參考。大部分之此類型法令更要求候選人及其後援會公開捐助者之姓名、住址，以及捐助金額❺。雖然上述二種模式皆蘊涵大眾知的權利(Right to Know)之滿足，但選民對於候選人財務知的權利，還是有必要與個人在政治信仰與結社自由上之隱私權作一衡量，而不可遽然偏袒一方❻。

　　由強制性之公開要求所引發之另一嚴重衝突則是由於政府權力之強

---

　　4 Harvard L. Rev. 193 (1890)。

❸　　參照Roe v. Wade, 410 U.S. 113 (1973)。

❹　　參閱Nutting, "Freedom of Silence: Constitution Protection Against Governmental Intrusion in Political Affairs," 47 Mich. L. Rev. 181 (1948)。

❺　　參照NAACP v. Alabama, 357 U.S. 449, 462 (1958)。

❻　　參照United States v. Harriss, 347 U.S. 612 (1954)。

制介人，恐將侵犯公民之個人信仰。此種具侵犯性之公權力將可被聯邦最高法院宣告為違憲**❹**。政府若怠於舉證此種公權力的侵入係為了某種優勢性國家利益之實現，以及此種公權力介入的方式乃係達成上述優勢性國家利益所可使用之最緩和途徑，強制性的公開規定將失其效力，不得再作為規範國家選舉活動之手段**❽**。

為了避免此一法令因違憲而無效，國家利益必須遠超過個人利益，同時因執行此一法令而加諸於人民身上之負擔亦必須最小。其次，個人權利不得因此而受到絕對地壓制，也不可使個人忍受不當之恐懼或驚擾。最後，財務或個人資料公開的要求必須與優勢性國家利益有直接關聯，換句話說，政府不得信口開河，憑空想像，必須依有力事實、數據，以佐證暫時侵犯個人隱私權之必要性與合理性**❾**。

（五） 事前禁止(Prior Restraint)

基本而言，主張為違法行為，或猥褻、誹謗，以及其他類似形態之言論皆不受憲法之保障，甚至還有遭受法律制裁之危險。然而縱使上述言論應被禁止，政府仍不得在言論公表前預先控制，否則政府之行為因違反憲法事前禁止原則而無效。憲法增修條文第一條所關切的，乃是在公表後應得憲法保障之言論，是以，所謂「事前禁止」，係指政府在司法部門並未決定某一言論應不受保護之前，對該言論所為之禁止。法院在審查政府對於言論之事前禁止案件時，均將例外地對該禁止行為預作一無效之推定(Presumption of Invalidity)。為禁止行為之政府必須提出相當強而有力之證據，方可推翻前述之推定而令該禁止行為在司法審查程序中倖存。但如某些言論一旦公表，即對社會公益造成嚴重損害，且無法

---

❹　參照U.S.C.A. Const. Amend. 1。

❽　參照Shelton v. Tucker, 364 U.S. 479 (1960)。

❾　參照Greer v. Spock, 424 U.S. 828 (1976)。

以任何民事及刑事制裁提供救濟時，法院則不得不排除前述無效推定之適用，而逕行宣告政府事前禁止之行為係屬有效❺。

　　選舉融資法令對於個人捐獻與候選人經費支出之限制，是否構成事前禁止而為憲法所不許，則不無疑義。在此仍須就個人捐獻與經費支出兩項限制分別討論。就個人捐獻而言，限制個人或團體捐助候選人或其後援會政治獻金之數額，僅對捐贈者自由結社之能力造成最低的限制，個人結社之自由仍可謂相當充分，故縱有涉及政府事前禁止之情事，亦不足以引發法院對此種政府行為實施實體審查之意願❺。但就候選人經費支出之限制而言，其結果則應有所不同。前已述及，聯邦競選法中對經費支出加以限制，無異造成政治言論在質量與多樣化方面的阻撓。此種實質甚於僅止於理論層面上之事前禁止，將隨著法院宣告聯邦競選法中有關候選人或其後援會經費支出限制係屬違憲而無效。

（六）執行(Enforcement)

　　前已述及，聯邦競選法一九七四年修正案明文設立聯邦選舉審議委員會(FEC)，專責督導與監督全國性選務活動。八位審議委員皆分別由總統，參、眾議院議長遴派，並經參議院同意後任命。聯邦競選法除賦與此一中央選務主管機關民事執行之權能外，更令其掌理有關選務政策之釐定與行政法令之制定，並有確保候選人及其後援會遵從聯邦競選法一切規定之職責。但國會設立聯邦選舉審議委員會之舉措，引發了憲法權力分立理論(Doctrine of Separation of Powers)之爭議。

　　憲法雖無意極端擴張權力分立理論，而將行政、立法、司法三種政府之基本權能完全分隔，但絕不容許將應屬於立法之權能授予行政，或將應屬於行政之權能授予立法或下級行政機關。聯邦競選法中最嚴重的

---

❺　　參照United States v. Thirty-Seven Photographs, 402 U.S. 363 (1971)。

❺　　參照U.S.C.A. Amend. 1。

問題即是賦與聯邦選舉審議委員會各種民事執行之權能❷。此外，國會尚授予聯邦選舉審議委員會有關違反選舉融資法令之刑事追訴權。此二舉措，嚴重違反憲法權力分立理論之精神，法院站在憲法保衛者之立場，不得不嚴加審查國會為此決議之動機與目的，除非有任何優勢性國家利益驅使國會為此決議，否則國會授予聯邦選舉委員會民事執行與刑事追訴權之行為應歸於無效。

縱然不論國會之授權是否違背權力分立之精神，參、眾議院議長各指派二委員組成聯邦選舉審議委員會仍違反憲法第二條第二項「任命條款」(Appointments Clause)之意旨❸。「任命條款」略謂，所謂聯邦官員(Officer of the United States)，係指遵照憲法規定之方式任命，並依美國法律得行使重大職權之受任人。凡非依憲法明定方式所任命之聯邦公職人員皆從屬於聯邦官員而行使較低位階之職能。聯邦選舉審議委員會委員非依憲法明定之方式任命，故不屬憲法上之「聯邦官員」當無疑義。接下來的問題則是應由誰任命此種非憲法上之聯邦下級公職人員。

憲法第二條第二項「任命條款」明定，國會有權賦與總統、法院或各部會首長任命下級官員之權能。但「任命條款」中並無類似參、眾兩院議長亦得自為任命下級官員之明文，且參、眾兩院議長亦非各部會首長，其任命聯邦選舉審議委員會委員之權限應屬違背「任命條款」而為憲法權力分立之精神所不採。

論者有謂憲法既賦與國會審查參、眾議員當選資格之權限，國會自應有權任命官員處理此項業務❹。憲法第一條第五項表示：「各個議院須判斷其成員之選舉、結果與資格……。」(Each House Shall be the judge of

---

❷　參閱Hearings on S. 23, S. 343, S. 372, S.1094, S. 1355, and S.J. Res. 110, 93d Cong., 1st Sess. at 348–354。

❸　參見U.S. CONST., Art. 2, Sec. 2, Cl.2。

❹　參見U.S. CONST. Art. 1, Secs. 4 & 5。

the Elections, Returns and Qualifications of its own Members.)此段文字是否可直接證明國會有任命官員主管選務之權？還是應該採取較限縮解釋之立場，認為憲法既無明文，即證明憲法起草者並無意賦與國會任命官員主管選務之權限？答案應屬後者，參、眾兩院擁有審查選舉過程，結果與當選人資格之權力，並不代表二國會亦有任命官員主管上述業務之權能。國會應本於規範國會議員選舉之權能，以法律規範當選人資格，而非本於憲法第一條第五項之意旨，成為其成員選舉、結果與資格之判斷者(Judge)。

除此之外，聯邦競選法所創設之聯邦選舉審議委員會本身亦成為爭議之焦點。憲法中「必要且適當」條款並未容許國會逾越「任命條款」之規定而創設聯邦選舉審議委員會。既然該委員會委員之任命方式並未遵照憲法，八位審議委員不論有無投票權皆非憲法所指之「聯邦官員」。是以，聯邦選舉審議委員會成員所得負擔之責任，僅限於輔助國會可得自由行使之職權，或是依據公法不得由下級行政官署所得負擔之事項**⑤**。

依照聯邦競選法之規定，聯邦選舉審議委員會應該負擔為請求公眾權利而在聯邦法院進行訴訟之責任。此種責任本應由聯邦官員履行，遽然轉予聯邦選舉審議委員會，顯然違背了憲法第二條第二項之「任命條款」。同時，依據「任命條款」，有關行政職能諸如法令之制定，諮詢意見之發布，以及總統和其他公職人員選舉基金合法性之決定等，皆非聯邦選舉委員會所得行使之範圍。聯邦選舉委員會更無權因怠於申報所需資料而對候選人為暫時取消候選資格之處分。總之，上述職權皆應由國會本於憲法自為行使，或委由憲法上的「聯邦官員」辦理。在法律並無特別授權之情況下，聯邦選舉審議委員會成員僅得以下級公職人員之地位，輔助國會完成規範聯邦選務活動之憲法任務。

聯邦競選法在其實踐過程中所涉及之其他憲法爭議，諸如自證己罪

---

⑤　參照U.S.C.A. Const. Art. 2, Sec. 2, Cl. 2。

(Self-incrimination)，政治歧視(Political discrimination)，以及正當法律程序(Due Process of Law)等，由於所涉層面太過廣泛，且該類議題尚非本文探討之重點，故在此暫且省略，容待專文研究。

四、九〇年代選舉融資法制之改革趨勢——代結語

　　基於國會醜聞之不斷發生，以及反對在任者續求連任之情結，國會始終在尋求一套複雜之選舉融資法修正案，企圖藉以匡正選風，淨化選舉，公開選舉過程，以及減低大型金牛在選舉過程中之影響力，但結果往往適得其反，在任者獲得連任之比例顯著提高，其競選連任之成功仍然拜金錢利益之賜❺❻。數據顯示，在一九七四到一九九〇年間連任成功之比例，參議員從百分之八十五提高到百分之九十七，而眾議員則從百分之八十提高到百分之九十六，在一九八八年，眾議員連任成功比例更高達百分之九十八。國會力求選舉更公平，反而助長了在任者之聲勢，以及阻礙了挑戰者之契機。事實上，一九九〇年間一股真正可使選舉制度更具競爭性之改革浪潮在參、眾兩院為多位民主黨籍議員所鼓吹，並經國會表決通過，但在咨請白宮簽署時，卻被美國前總統布希予以否決(Veto)。此一修正案雖告難產，但該修正案內之改革意見，仍值得吾人深思借鏡。

　　一九九〇年參、眾兩院所提出之選舉融資制度改革方案，在候選人及其後援會有關選舉經費支出限制部分，大體上創設了一個所謂之「自發性制度」。此制度係以獎勵取代懲罰，使候選人不必被強迫而能自動自

---

❺❻　參閱N. J. Ornstein, T. E. Mann, M. J. Malbin, " Vital Statistics on Congress ," 1991–1992, Washington, D.C., American Enterprise Institute, 58–59 (1992).

發地遵從選舉融資法令，進而避免陽奉陰違，貪瀆舞弊等不當選風之發
生。該方案明確宣示，如果候選人願意遵從政府所訂之活動經費支出限
制，該候選人即可獲得許多形式之政府補貼，包括折價券，現金給付，
以及郵資與購買私營電視電臺廣告之折扣等，但如果候選人拒絕遵從活
動經費支出限制，所有之政府補貼立刻停止，甚至可能使得競選對手因
此而獲得一筆額外之利益❺❼。

　　一九九〇年之選舉融資改革方案仍維持大部分之現存體制，包括個
人或團體政治獻金捐贈之限額，以及申報與公開有關選務資料之要求等。
但值得注意的是，本改革方案將聯邦選舉融資法令之觸角，除選舉活動
本身外，更擴及於政治團體，非政黨性組織，以及其他與政治過程結合
之公私團體。此一體制乃代表著水門時代理論(Watergate-era Theory)之強
化，該理論認為政治活動應有法令制約，且儘可能地由政府提供資金。

　　於一九九二年五月九日，布希總統否決了此項改革議案。在總統的
否決意見書中，布希強調其心目中理想之選舉融資制度應該能降低特殊
利益對政治活動的影響，能維護個人或政黨團體對政治活動的影響，以
及能減少在位者尋求連任之不公平利益。布希認為新的改革方案無法達
成上述之任何一項目標。同時，他亦認為在議案中所設計之自發性經費
支出限制仍將造成對政治言論之限制，有違憲法增修條文第一條言論自
由之保障。國會在九〇年代對於選舉融資制度之改革浪潮雖因布希總統
否決上述改革議案而暫告落幕，但在改革方案中有關選舉融資法令之顯
著增多，對於有意在選舉過程中攫取不當利益之候選人而言，至少是一
項警訊，其傳達了全國上下追求更公平、公益、公開選舉之意願與決心。

　　如前所述，一九七一年聯邦競選法案歷經數次修正，以及以巴克雷
案為主導之一系列聯邦最高法院判決，使得美國在政治捐獻，選舉經費，

---

❺❼　參閱Senate Bill No. 3, House Resolution No. 3750, Sess. of 1990。

以及選務資料的申報，公開等有關規範聯邦選舉活動方面之制度傲視群倫，堪稱世界各國之先驅，值得吾人借鏡。

美國憲法增修條文第一條關於自由實體性保障之研究

一、前　言

　　美國憲法關於人民基本權利之保障，係採取列舉與概括二形態並行之立法例。除於憲法增修條文有關條文中明列人民之各種基本權利外❶，為避免因立法者之疏漏與偏頗，造成日後對於新興權利之保障不夠周延，特別於憲法增修條文第九條概括規定：「憲法明示特定權利，不得解釋為否定或貶抑人民所擁有之其他權利❷。」美國憲法所明示列舉，或蘊涵於

---

❶　例如美國憲法增修條文第一條自由條款，賦與人民若干實體性基本權利者即是，該條款亦為本文研究之重心。參見U.S. CONST. Amend. I: "Congress shall make no law respecting an establishment of religion, or prohibiting the free exercise thereof; or abridging the freedom of speech, or of the press, or the right of the people peaceably to assemble, and to petition the Government for a redress of grievances."

憲法之中，應受憲法保障之各種基本自由及權利，一般稱之為公民自由權(Civil Liberties)，但亦有稱之為公民權利(Civil Rights)者❸。惟儘管如此，學者對於自由權(Liberties)及權利(Rights)，常有混合使用之現象，作成上述區分，似無太大之實益❹。至於憲法增修條文第一條所使用之「自由」(Freedom)，因與「權利」(Rights)並列，故亦包攝於上述自由權意涵之內，屬於憲法明示保障之人民基本權利事項。

由於美國政治傳統一向反對政府享有無限之統治權力，故始終將權利法案(Bill of Rights)視為是一項預防無限政府浮現之有效利器，尤其是憲法增修條文第一條所賦與人民之言論自由、新聞自由與集會之權利，更是人民得以持續公開辯論大小爭議，避免選舉過程淪為空洞儀式之根本要素。此外，同條款所賦與人民之宗教活動自由與政教分離規定，亦意謂著美國已對西方政治傳統所面對有關維繫政府與教會、人民與上帝及其政府間適當關係之根本爭議，提供一美式解決途徑。上揭宗教條款，亦因此而成為保障宗教信仰與維繫多種宗教文化和平共處之重心。

聯邦最高法院於審理涉及憲法增修條文第一條有關人民自由(Freedoms)之案件時，不免陷入政府權力與人民自由孰重之兩難局面。國會及總統行使立法及行政行為，如遇有權力歸屬不明須藉聯邦最高法院透過憲法解釋予以釐清之情形，法院尚可依尊重及制約等憲政理論假設有爭議之立法或行政行為合憲。惟法院審理涉及言論、新聞或宗教之案件時，因與人民基本權利之保障息息相關，且強調政府權力有限之政治傳統亦

❷ 參照U.S. CONST. Amend. IX: "The Enumeration in the Constitution of certain Rights shall not be construed to deny or disparage others retained by the People."

❸ 例如對於人民表意自由及免於恣意逮捕和追訴之自由，一般稱之為公民自由權；而對於包括人民選舉權及免於不當歧視在內之公民權，則稱之為公民權利即是。

❹ 參閱Wilson, *American Government*, Brief Ed., 49(1987)。

不容忽視，故前述有關立法及行政行為推定合憲之假設，在此即無適用之餘地。最高法院強調，法院縱使肯認各州政府為維持州內安寧秩序，應享有憲法增修條文第十條保留給州之警察權(Police Power)。惟警察權雖涵屬於剩餘權(Residue Powers)之內，具有無限寬廣之性質，但州政府行使警察權，仍不得否定民主憲政所特別保障之各種「自由」。

為解決上述人民自由與政府權力孰重之困境，最高法院大法官依其對於正確社會政策所抱持之看法，以及為獲取自由與秩序間之平衡，司法機關所應扮演角色之認知，陸續作成若干審理標準以茲檢驗。例如於一九二五年以前，最高法院使用「明白及現在之危險」(Clear and Present Danger)及「不正傾向」(Bad Tendency)等二項標準審理憲法增修條文第一條有關「自由」之案件。前者乃為優先保障言論自由所設，而後者則對於立法行為較屬有利。以上二項標準，均係為因應涉及第一次世界大戰期間美國所制定有關國家安全法律之案件而建立。晚近，最高法院進一步提出「過度廣泛」(Overbreadth)、「寒蟬效應」(Chilling Effect)及「模糊」(Vagueness)等標準，審查侵害言論之法律或政府行為。某一法律可能因其同時限制憲法保障之行為，致其規定過度廣泛而無效；亦可能因其阻止人民從事憲法保障之行為，致產生寒蟬效應而無效；並可能因其未適當言明法律所禁止之行為，致其規定因模糊而無效。

二、表意自由(Freedom of Express)

美國憲法增修條文第一條規定:「國會不得制定法律……抑制言論或新聞自由，以及抑制人民和平集會及請求政府救濟之權利❺。」此乃美國憲法保障人民表意自由之主要內涵。在各種與表意自由有關之自由權利之中，又以對於言論自由(Freedom of Speech)之保障最為重要。本規定在

---

❺　參見U.S. CONST. Amend. I。

各州認可並簽署憲法增修條文第十四條之內容後，對於各州亦應予以適用❻。

　　如前所述，表意自由係以言論自由之保障為其核心，故關於憲法保障人民表意自由之研究，亦應以言論自由之保障為首要議題。其他涵屬於表意自由意涵內之自由及權利，例如新聞自由、和平集會權利與結社自由，甚或宗教信仰自由等等，則均係以言論自由之保障為基礎所衍生而成的表意自由之特殊形態。是以，對於此類自由權利之保障，仍應以憲法在言論自由上所建立之原理原則為出發點，與對於言論自由之保障並無不同。

　　過去二個世紀以來，美國聯邦最高法院一點一滴地逐漸拓展表意自由之領域。於一七九八年時，對於總統或國會發表不實之攻訐及中傷性文字(false scandalous, and malicious writing)，法院將認為係屬非法之行為。惟時至今日，任何人對於可受公評之政治人物發表批判性言論，在法律上均可受到相當程度之保障。於一九一八年時，發表或出版任何不忠、不敬或下流之文字(disloyal, profane or scurrilous language)以助長敵國，法院亦認為係非法之舉動。然而時至今日，恣意謾罵美國或無端頌揚敵國均不致成為遭受法律追訴之理由。甚至於本世紀之五〇年代，地方政府仍定期檢查(Censor)電影，並禁止(Ban)出版任何帶有「四字言」(Four-letter Words)或直接探討「性」話題之書籍❼。但是在今日，城市裡已明顯充斥眾多「成人的」（亦即色情的 Pornography）書店或電影院。聯邦最高法院更進一步認為，裸舞(Nude Dancing)是一種值得保護之「言論」(Speech)形式❽。

---

❻　　參照Gitlow v. New York, 268 U.S. 652 (1925)。

❼　　例如在一九五七年，紐約州禁演一部以現代人之眼光來看，似屬相當含蓄之電影「查泰萊夫人的情人」(Lady Chatterley's Lover)，只因為該部電影之主題有鼓勵觀眾通姦(adultery)之可能。

　　許多由法院所發展，用以拓展表意自由之原則均陸續被肯認。美國聯邦最高法院強調，美國憲法上所稱表意自由之意涵，除包含憲法所列示，諸如言論自由、新聞自由及和平集會權利等各種自由權利外，尚應包括人民堅守信念之自由(Freedom to Hold Beliefs) ❾、 不說話之自由(Freedom not to Speak)、 個人心靈活動之自由(Individual Freedom of Mind) ❿、 結社與不結社之自由(Freedom to Associate and not to Associate) ⓫、傳訊與取得資訊之自由(Freedom to Communicate and to Receive Information)、募集基金之權利(Right of Solicitation of Funds) ⓬，以及為遂行自由權利所必要，而實施之其他附隨行為(Necessary Incidental Conduct or Action of Freedom) ⓭等意涵在內。

　　政府在限制人民言論、新聞或結社之自由時，必須證明該項限制確有其正當性之存在。聯邦最高法院針對政府限制人民表意自由之行為行使司法審查時，通常將考量以下要素以決定其正當性：⑴政府所限制之人民自由權利，在民主社會中之重要性是否確屬重大；⑵政府課予人民限制之本質及範圍；⑶限制人民自由權利如有益於國家之某種利益，該一利益之形態及影響；以及⑷政府限制人民自由權利，是否確屬一可獲致前項利益，且經審慎籌劃之手段。關於以上考量要素之實證運用，例如法律及行政法令必須嚴守中立，不得僅因言論之內容，而課予人民任何負擔。法院對於該類政府行為，均推定其為違憲(Presumptively Uncon-

---

❽　參照Schad v. Borough of Mt. Ephraim, 452 U.S. 61 (1981)。

❾　參照Dawson v. Delaware, 503 U.S. 159 (1992)。

❿　參照Wooley v. Maynard, 430 U.S. 705 (1977)。

⓫　參照NAACP v. Alabama, 357 U.S. 449 (1958); Abood v. Detroit Board of Education, 431 U.S. 209 (1977)。

⓬　參照Lamont v. Postmaster General, 381 U.S. 301 (1965); Village of Schaumburg v. Citizens for a Better Environment, 444 U.S. 620 (1980)。

⓭　參照Wisconsin v. Mitchell, 508 U.S. 47 (1993)。

stitutional)；除非政府能證明該行為係有益於一具優勢地位之國家利益所必要，且該行為確係為獲致上述利益所嚴格規劃之手段，否則法院將認定政府基於言論內容，限制人民言論自由之行為為無效❶。

茲將適用於各種表意自由之有關原則內容，舉其重要者，分述如後。

1. 優先(Preferred Position)原則

關於表意自由之權利，縱不具絕對性，但相對於憲法上之其他權利，例如財產權(Property Right)而言，則具有一較高或較優先之地位❶。

2. 禁止事前限制(No Prior Restraint)原則

除極少數之例外，法院不允許政府在人民表意前，即預先限制或檢查任何言論或文字。但法院並不禁止對於誹謗(libel)或猥褻(obscenity)等情事施予事後之制裁❶。

3. 迫切危險(Imminent Danger)原則

人民得發表煽動性之言論，或挑撥他人行使危險之行為。但如此類言論具有實際引發非法行為之「迫切危險」存在時，則不得受到憲法表意自由之保障❶。

4. 中立性(Neutrality)原則

政府對於人民應保持中立之立場。人民如應先行獲得政府核准(License)，始可進行遊行(Parade)活動時，則前開遊行申請之核准標準，必須具中立性，政府不得獨厚某些特定之團體❶。

5. 明確性(Clarity)原則

---

❶ 參照Simon & Schuster, Inc. v. Members of the New York State Crime Victims Board, 112 S.Ct. 501 (1991); Turner Broadcasting System v. FCC, 114 S.Ct. (1994)。

❶ 參照United States v. Carolene Products, 304 U.S. 144 (1938)。

❶ 參照Near v. Minnesota, 283 U.S. 697 (1931)。

❶ 參照Brandenburg v. Ohio, 395 U.S. 765 (1978)。

❶ 參照Kunz v. New York, 340 U.S. 290 (1951)。

　　法律如禁止某種例如猥褻等表意自由之形態，則該項法律必須對於
猥褻定有明確之定義 **⓳**。由於過度廣泛(Overbroad)或模糊(Vague)之法
令，極易產生抑制人民行使憲法增修條文第一條所保障之有關自由權利
之寒蟬效應(Chilling Effect)，致使社會大眾之表意自由受到法院以外其
他行政機關之限制，故聯邦最高法院乃表示，在言論自由方面，人民得
以法律或命令之外觀(on their face)過度廣泛或模糊為理由，聲請法院宣
告該法令無效 **⓴**。

6. 最少限制手段(Least Restrictive Means)原則

　　如有為保護他人權利，而有限制言論或出版自由之必要時，則該項
限制必須適用達到上述目的所需，對於人民限制最少之手段。例如，為
確保公平審判而限制對於某一審判之報導，即必須使用最少限制手段，
政府可允許媒體向其他城鎮進行報導，但毋庸對新聞界頒布「禁報令」
(Gag Order) **㉑**。

　　惟美國憲法增修條文第一條之表意自由並非屬絕對之權利，部分口
頭的或視覺上的表意活動亦有不受上述憲法原則保障之餘地，故應屬相
對之權利。當表意活動之內容，成為不受社會歡迎之負擔，且該項內容
對於社會所造成之負面影響，已超過自由言論之價值時，政府非不得對
於該一表達意念之活動課以制裁 **㉒**。

（一）言論自由(Freedom of Speech)

　　依據美國憲法增修條文第一條之規定，人民有自由表達其思想
(Thoughts)及觀感(Views)，不受政府限制之權利，此即言論自由之意涵。

⓳　參照Hynes v. Mayor and Council of Oradell, 425 U.S. 610 (1976)。

⓴　參照Broadrick v. Oklahoma, 413 U.S. 601 (1973)。

㉑　參照Nebraska Press Association v. Stuart, 427 U.S. 539 (1976)。

㉒　參照Haig v. Agee, 453 U.S. 280 (1981)。

言論自由為表意自由之核心，任何其他形態之表意自由均須以言論自由之存在為前提，否則表意自由即如同失根之劍蘭，縱有華麗炫目之外觀，但體質仍屬脆弱，甚且不堪微風吹拂，即不支倒地。

　　言論既屬人類內在思想及觀感之表達，其多樣化及複雜性自無可避免。為便於依事務之本質，對於相同事務作相同之處理，不同事務作不同之處理，美國聯邦最高法院乃透過歷年來之判決，將各種言論予以類型化，並依各種言論對於民主社會之價值程度，提供若干相對應之保障機制。對於大多數之言論，法院均樂意承認其富有社會價值，值得憲法詳予保障。但對於部分言論，或因其欠缺足資保護之價值，或因其對於社會大眾造成重大危害，或因其嚴重侵害他人正當權益，法院則採取較為保留之態度，除釐定各種限制措施外，對於情節重大者，並課予法律上之制裁。茲將法院對於人民言論自由保障與限制之實證情形，依其對於各種爭議性言論所作之分類，列述於後。

1. 誹謗(Defamation)言論

　　憲法雖禁止對於個人或新聞媒體發表之言論進行事前限制，但政府如僅就公表後之言論作出事後之追懲，要求表意人自負言責，則非憲法所不許。一般而言，不論係書面誹謗(Libel)或口頭誹謗(Slander)之言論，均不屬美國憲法增修條文第一條言論自由所保障之言論。表意人如以文字或出版等方法，發表詆毀他人人格之言論，致他人受損害，表意人仍應受法律有關民事及刑事上之制裁，其不得以人民說、寫之自由係受憲法保障為理由，在訴訟上主張免責[23]。

　　然而，上述限制言論自由之原則，僅在表意人對於一般人進行誹謗言論時，始有適用之餘地。聯邦最高法院在 New York Times v. Sullivan 一案中表示[24]，憲法應在公共事務公開辯論之需要，與保障個人名譽免

---

[23]　參照Beauharnais v. Illinois, 343 U.S. 250 (1952)。

[24]　參照New York Times v. Sullivan, 376 U.S. 254 (1964)。

受不實言論侵害之需要二者間取得平衡。為保障表意自由，人民得在無真正惡意(Actual Malice)之前提下，有公表關於公職人員(Public Officials)、公眾人物(Public Figures)或名人(Celebrities)誹謗性言論之權利。由於上述人物之身分地位與一般人殊異，且均自甘曝露於誹謗言論之高危險群之下，故其成為眾矢之的與不實或誹謗性言論之箭靶，自是一自然且得以預期之結果。由於民主亟須對於公共爭點進行堅實而廣泛之辯論，故對於公職人員所為之口頭誹謗，只要該誹謗言論係出自辯論之場合，其社會之非難性不僅甚為輕微，且亦可為社會提供某些有益之職能。

聯邦最高法院提出蘇利文法則(Sullivan Rule)，並進一步說明，憲法言論自由之保障，應能保證人民不致因對公職人員之公職行為進行批評，而受到民事法律之追究與制裁。法院如允許該公職人員民事侵權行為損害賠償之請求，將導致公眾所關切之事務，發生自行檢查(Self-censorship)之效果，人民或因訴訟費用不貲無力負擔，或因恐懼被法院判定成立一「誠實作成但屬錯誤陳述」之誹謗罪名，將不敢再對公職行為表達善意之批評。此外，為維護名譽，公職人員亦得利用其在職務上之便利及機會，透過媒體，公開反駁或澄清對其不利之不實陳述，故與一般人不同，毋須透過法律予以救濟。

最高法院解釋，僅有在表意人顯然罔顧(Reckless Disregard)其正確性或明知其為不實，亦即表意人之言論係出於真正惡意時，該項對於公職人員之誹謗言論，始有受法律追究制裁之必要。至於表意人是否確有真正惡意，則屬審判中陪審團認定事實之職權。原告對於陳述之不實(Falsity)與被告真正惡意之存在，應負舉證之責任。而被告不論係個人或係新聞媒體，其所陳述之誹謗性言論縱在外觀上有明顯不實之情事，甚至確有引致原告情緒困擾之故意，被告之言論仍應受到法律適當之保障。因此，對於原告所作陳述不實之指證，被告仍無負舉反證證明其陳述為真實(TruthFulness)之義務，是應注意❷。此外，有關個人或新聞媒體對於

公眾人物或名人進行誹謗言論之案件，美國聯邦最高法院採取與對於公
職人員進行誹謗言論案件相同之看法，亦適用上述之蘇利文法則，在此
不再贅述❷。

2. 煽動不法行為(Advocacy of Unlawful Action)言論

　　對於政府或公職人員進行謾罵、辱罵或表示輕蔑之言論，縱使該言
論不敬愛國家、不尊重國家、向國家挑戰，或對於社區顯然具有攻擊性，
該類意見之表達仍須受到憲法言論自由之保障。惟如表意之目的，係在
唆使他人實施不法之行為，或從事違反公共安全之活動，則該類言論即
屬煽動不法行為之言論，自應受到有關刑事法律之約束❷。

　　茲以煽動人民武裝暴動顛覆政府之言論為例，說明聯邦最高法院處
理煽動不法行為言論之態度。聯邦最高法院在本世紀，即針對有關武裝
顛覆政府之言論應否受到刑事法律制裁之問題，提出多種不同之看法。
大體而言，該院之意見，可分為三個階段。第一個階段，亦即於一九三
〇年代以前，最高法院認為，不論最終是否引發實際行動，煽動武裝顛
覆政府之書面或口頭之言論均應受到法律之制裁。國會有權制定法律防
患此一言論之後果於未然，縱使所煽動之行為尚未達到立即發生之程度，
該一言論仍須受罰，　故對於煽動不法行為之言論係採取較為嚴厲之態
度❷。

　　第二個階段，亦即於一九七〇年代以前，最高法院仍賡續該院前一
階段之態度，亦認為限制以武裝顛覆政府的言論之有關法律並不違憲。

❷　參照Philadelphia Newspapers v. Hepps, 475 U.S. 767 (1986)。

❷　參照Curtis Publishing Co. v. Butts, 388 U.S. 130 (1967); Gertz v. Robert
Welch, Inc., 418 U.S. 323 (1974); Time, Inc. v. Firestone, 424 U.S. 448 (1976);
Masson v. New Yorker Magazine, Inc., 501 U.S. 496 (1991)。

❷　參照Watts v. United States, 394 U.S. 705 (1969); Street v. New York, 394 U.S.
576 (1969)。

❷　參照Gitlow v. New York, 268 U.S. 652 (1925)。

其並透過憲法解釋之技巧，對於政府依法律針對此一言論所實施之制裁行為，提供若干較為明確之檢驗標準。該院所肯認之檢驗標準有二，亦即(1)政府制裁此種言論，必須基於某一重大之利益，而利益是否重大，則應由法院，而非由國會或陪審團決定；(2)煽動係以達成武裝顛覆政府之行為為目的，故呼籲或鼓勵他人付諸實際行動之言論始須受到法律之制裁。政府如對為有關武裝顛覆政府之抽象理論提出辯解之言論課以制裁，則將違反憲法增修條文第一條保障人民言論自由之本旨。此外，所煽動行為付諸實施之立即性(Imminence)，亦非法院檢驗政府的限制是否合憲之獨立考量要素，仍須綜合全盤情況，包括所煽動行為之惡意程度，而為整體之判斷❷。

第三個階段，亦即於一九七〇年代以後，最高法院則認為，唯有在煽動使用武力或違反法律之言論直接唆使或引發立即之不法行為，或有唆使或引發不法行為之虞時，政府始有適用法律予以制裁之必要。此一看法，致使發生不法行為之立即性與表意人之惡意(Evil Intent)，成為法院審查政府限制行為是否合憲之二項獨立考量因素❸。

3.猥褻(Obscenity)言論

猥褻言論欠缺社會重要性，故應不受憲法增修條文第一條言論自由之保障，自無疑義。聯邦最高法院認為，猥褻言論並不具有可取之社會價值，其內容究非人民意念發表之主要部分。其存在之主要目的，係在迎合人民在性慾上，而非政治上或文學上之利益，其所展現之價值遠低於道德所提供之社會利益。甚至，就其定義觀察，猥褻言論並不具社會流通性，故實無任何社會價值可言，各州為保護其公民之道德與福祉，自得透過立法予以嚴格之規範❹。

---

❷　參照Dennis v. United States, 341 U.S. 494 (1951); Yates v. United States, 354 U.S. 298 (1957)。

❸　參照Brandenburg v. Ohio, 395 U.S. 444 (1969)。

　　惟最高法院作成此一結論，對於與性有關之出版品、電影或錄影帶
予以限制時，勢必引發有關「猥褻」定義之問題。在一九五七年至一九
六八年之十餘年間，法院曾作成有關猥褻案件之判決達十三件之多，其
中關於猥褻之定義即計有五十五種不同之見解❸。若干前最高法院大法
官如布萊克氏(Justice Hugo Black)即認為，憲法增修條文第一條應保障坊
間所有之出版品，即便該出版品係屬徹頭徹尾之猥褻出版品。其他前最
高法院大法官則主張，猥褻出版品並不值得保護，法院應盡力為「猥褻」
二字作成明確之定義。此外，亦有部分前最高法院大法官抱持與前最高
法院大法官史都華氏(Potter Stewart)相同之看法，　除反對核心色情品
(Hard-core Pornography)外，並承認其所能提供之最好定義，僅是「當我
看到它時，我就會知道」(I know it when I see it)，如此而已❸。

　　聯邦最高法院如何界定「猥褻」二字雖無法一一予以回顧，但大法
官似乎均已經非常清楚地表明，就定義而言，單純之裸露與性本身並非
當然為猥褻。對於任何在政治上、文學上或藝術上具有爭議之價值者，
政府均應提供憲法增補條款第一條言論自由之保障。法院僅得認可政府
對於類如散布(Distribution)核心色情品等有關行為之限制與處罰。

　　關於猥褻之意涵，聯邦最高法院於一九七三年在 Miller v. California
一案中略謂，「稱猥褻作品者，係指就整體而言，一般人依當時社區標準
(Contemporary Community Standards)判斷，認為可滿足性慾，或係以一顯
有攻擊性之方式，描述州法律所明確定義之有關性行為；且依合理人標

---

❸　參照Chaplinsky v. New Hampshire, 315 U.S. 568 (1942); Roth v. United States,
　　354 U.S. 476 (1957)。

❸　參閱Henry J. Abraham, *Freedom and the Court: Civil Rights and Civil Liber-
　　ties in the United States*, 3rd Ed., 214-215, fn.178, Oxford University Press,
　　New York (1977)。

❸　參照Jacobellis v. Ohio, 378 U.S. 184, 197 (1964)。

準(Reasonable Person Standard)判斷，欠缺重要之文學、藝術、政治或科學價值之作品而言」❸。由於猥褻作品欠缺重要之文學、藝術、政治或科學上之價值，法院應於審判前推定，該類作品對於社會確有危害。表意人為求免責，自須負擔較高之舉證責任，以提出有力反證推翻前項危害社會之推定❸。至於涉及幼童之有關色情畫作，最高法院強調，縱使該類畫作尚不符前述猥褻之定義，只要該畫作確係描繪幼童之性行為或淫蕩展現幼童之性器官，該畫作即不受憲法言論自由之保障，政府自應嚴格限制該類作品之散布與傳播❸。惟對於人民私下擁有、閱讀或收藏猥褻作品之單純行為，由於憲法增修條文第一條亦保障人民得自由選擇書籍閱讀及自由選擇影片觀賞之權利，故該行為仍應受憲法增修條文第一條之保障，政府自不得任意予以干涉❸。

4. 挑釁文字(Fighting Words)

所謂挑釁文字，係指以言語侮辱他人，致生他人傷害，或有立即引發違反和平行為之虞之言論而言。此外，表意人縱未使用挑釁文字，但其言語將激使一般人產生報復情緒，致形成敵對之聽眾(hostile audience)，進而實施違反和平或秩序之暴力行為，並造成秩序失控之立即危險，該類言語亦視同挑釁文字❸。前聯邦最高法院大法官默菲氏(Justice

---

❸　To be obscene, the work, taken as a whole, must be judged by "the average person applying contemporary community standards" to appeal to the "prurient interest" or to depict "in a patently offensive way, sexual conduct specifically defined by applicable state law" and to lack "serious literary, artistic, political, or scientific value." 參照Miller v. California, 413 U.S. 15 (1973)。

❸　參照Paris Adult Theatre I v. Slaton, 413 U.S. 49 (1973)。

❸　參照Ferber v. New York, 458 U.S. 747 (1982)。

❸　參照Stanley v. Georgia, 394 U.S. 557 (1969)。

❸　參照Chaplinsky v. New Hampshire, 315 U.S. 568 (1942); Feiner v. New York, 340 U.S. 315 (1951)。

Murphy)進一步表示,任何人不得自由使用文字唆使(Incite)他人實施不法行為,或直接且立即挑撥(Provoke)他人從事非法活動(Violent Behavior)。由於挑釁文字究非人民意見表達不可或缺之內容,且以挑釁文字作為接近真實途徑之社會價值甚為輕微,遠低於維護社會秩序與道德之公共利益,故具有挑釁文字之言論不受憲法增修條文第一條言論自由之保障。

惟近年來,法院似已逐漸限縮對於鼓勵他人為違法行為者之制裁。最高法院表示,只要其言論中所涉及之教唆性文字,並未對於行為人發生立即且直接之作用,且無任何人實際上或顯有可能將上述文字視為一直接之人身侵犯,則該類言語即屬不具腐蝕性(Erotic)之言論,毋庸接受最嚴格法律之制裁。州政府為維護公安,縱得行使其警察權,但演講者如有蓄意激發特定團體敵對反應之情事,州政府尚不得藉警察權之行使而予以禁止。更有甚者,由於個人感受之差異,某些文字對一部分聽者而言可能認為具有挑撥性,但對於另一部分聽者而言則恰似歌劇中悠揚之辭藻。是以,憲法既容許人民在此得自由決定所面對事務之品味與特質,政府官員自不得再為人民建立辨明挑釁文字之原則❸。惟應注意者,表意人如於挑撥他人打架之場合,當面侮辱該他人,則該一言論既已對於他人人身造成侵犯,即已不屬法律所容許之言論,自須接受有關法律之制裁,要無疑義。

聯邦最高法院強調,禁止為挑釁文字之法律應嚴格界定,並應限制其適用範圍❹。唯有在挑釁文字確實激烈,且屬當面或個別之事件,法院方得允許政府針對該類文字,對於言論表達人課予法律上之制裁。於

---

❸　參照Cohen v. California, 403 U.S. 15 (1971)。於該一案件中,法院廢棄加州州政府對於其被告有關「擾亂公安」(Disturbing the Peace)罪之制裁。該名被告為反對徵兵,於示威時穿著印有"F- - - the draft"之文字。

❹　參照Chaplinsky v. New Hampshire, 315 U.S. 568 (1942); Gooding v. Wilson, 405 U.S. 518 (1972); Rosenfeld v. New Jersey, 408 U.S. 901 (1972)。

一九七七年，美國納粹黨人申請遊行，試圖越過伊利諾州(Illinois)境內擁有大量猶太裔人口之斯蔻凱(Skokie)社區。最高法院認為，儘管反閃族之口號確有其危害性，且其使用之文字確具挑撥性，惟只要該口號並未針對特定個人而發，且未造成該特定個人人身之實質上侵犯，則納粹黨人仍應享有憲法所保障言論與和平集會與遊行之權利 **❹**。

5.象徵性言論(Symbolic Speech)

　　所謂象徵性言論，係指用以傳達某項特定訊息之各類行為，因其係以身體之動靜表達內心之意念，故亦受憲法言論自由之保障。惟以不法之行為(Illegal Actions)傳達某一社會上或政治上之訊息，該項包含言論之不法行為在法律上應受如何之規範，則不無疑義。聯邦最高法院大法官對於此一問題雖曾表達諸多不同之看法，但於審理類似案件時則多遵循以下之取向：(1)為主張憲法保障之言論自由，行為人必須有傳達某一特定訊息之故意，且該項訊息應有合理之可能為某一聽者所理解；(2)藉行為表現之象徵性言論，應與遊行中表達之言論相同，受到合理時間、地點及方式等規定之限制；(3)如象徵性言論所依附之行為可受法律之規範，則該項言論自得受到法律之禁止或規範；(4)關於象徵性言論之規範須嚴謹明確，且須為達成某一重大之政府利益而訂定；以及(5)前揭利益不得與抑制自由言論有關。

　　茲此，包含言論之不法行為，究非法律所容許，行為人自不得主張免責。例如，為抗議美國之外交政策，而焚燒徵兵卡(Draft Card)，則焚燒徵兵卡本身即係一非法行為，不得因意圖傳達行為人之政治信念，而任令行為人逍遙法外。最高法院認為，如對於所有象徵性言論，均賦與真正之言論或文字相同之憲法保障，則無異承認任何包括謀殺(Murder)、縱火(Arson)、暴動(Rioting)等在內之行為，只要該行為被解釋為旨在傳

---

❹　參照Village of Skokie v. National Socialist Party, 434 U.S. 1327 (1977); 366 N. E. 2d 347 (1977); 373 N.E. 2d 26 (1978)。

遞某種訊息，則行為人即可享受憲法之保障，免受法律之制裁❷。

聯邦最高法院表示，在行為與象徵性言論之間，甚難區劃出一條鮮明之界線。在美國愛荷華州迪莫茵市(Des Moines, Iowa)，一群學生配戴反對越戰之黑色臂章上課，學校下令禁止。聯邦最高法院認為，臂章是一種得受憲法保障之言論類型，故學生以配戴臂章之行動，沉默表達對於某項爭議之意見，除非該意見違反學校學生應予遵守之適當紀律，否則該行為非屬不法，仍應受憲法增修條文第一條言論自由之保障❸。茲此，最高法院乃撤銷學校對於學生所為禁止配戴臂章之處分。依據上揭原則，學校得對聚集於學校發表含有性暗示言論的學生課予停課處分，亦得自行決定學生於課堂或集會時所發表言論之適當性，學校校長並得檢查學生所編辦之校園報紙❹。

此外，對於禁止當眾焚燒美國國旗之刑事制裁，聯邦最高法院亦宣告其為違憲。該院表示，焚燒國旗乃係在表達人民之某些意念，且不屬真正或立即違反和平之行為。國旗雖係愛國主義之象徵，國家歷史之榮譽，並代表千千萬萬美國人之服務、奉獻與勇敢。惟行為人所據以表達的意念之特質，如事實上並未明顯傷害政府維護私屬國旗物質完整性之利益，政府自不得僅因社會認為該一行為具攻擊性，或不為社會一般人士所接受，或因行為人不尊重國旗係為代表國家之象徵，而限制人民在憲法所保障之表意自由❺。

然而，對於禁止表演全裸舞蹈(Totally Nude Dancing)之法律，聯邦最

---

❷ 參照United States v. O'Brien, 391 U.S. 367 (1968)。

❸ 參照Tinker v. Des Moines School District, 393 U.S. 503 (1969)。

❹ 參照Bethel School District v. Fraser, 478 U.S. 675 (1986); Hazelwood School District v. Kublmeier, 484 U.S. 260 (1988)。

❺ 參照United States v. Eichman, 496 U.S. 310 (1990); Texas v. Johnson, 491 U.S. 397 (1989); Spence v. Washington, 418 U.S. 405 (1974)。

高法院則抱持較為保守之態度，認為該一法律並不違背憲法對於人民言論自由之保障。該院表示，裸舞為娛樂之一種，屬於憲法表意自由範圍內最外圍層次之表意行為，故仍有受憲法保障之餘地。但由於政府在保護社會秩序及道德之需求上，擁有一重大之國家利益(Substantial State Interest)，且公開表演裸舞本身縱不具腐蝕性，亦屬一應予避免之邪惡，故法律禁止全裸舞蹈，不涉及政府對於人民表意自由之抑制❹。

6.商業言論(Commercial Speech)

　　所謂商業言論，乃係指以擬議商業交易為主要目的之言論，例如商業廣告即是❹。商業言論雖亦有受憲法言論自由保障之餘地，但較其他形態之言論而言，其因涉及社會公益及市場公平交易之層面較為廣泛，故應受法律較嚴格之規範，自不待言❹。

　　於一九八〇年，美國前聯邦最高法院大法官包威爾氏(Justice Powell)在 Central Hudson Gas & Electric Corp. v. Public Service Commission of New York 一案中即表示，商業言論應否受憲法增修條文第一條言論自由之保障，須就以下四點審慎考量之：⑴唯有涉及合法活動且無誤導意圖之商業言論，始受憲法言論自由之保障；⑵政府主張應予維護之政府利益是否重大；⑶規範商業言論之規定得否直接提昇前揭政府利益；以及⑷前開規定是否為達成前揭政府利益之必要手段。換言之，一項涉及合法活動之商業言論如係一真實陳述，且無誤導閱聽者之故意，只要該項商業言論確能提供某種資訊性之功能，該言論即應受憲法言論自由之保障。政府如欲限制上述言論，必須證明⑴該限制有助於一重大之國家利

---

❹　參照Barnes v. Glen Theatre, Inc., 501 U.S. 560 (1991)。

❹　參照Bolger v. Youngs Drug Products Crop., 463 U.S. 60 (1983)。

❹　參照Bigelow v. Virginia, 421 U.S. 809 (1975); Virginia State Board of Pharmacy v. Virginia Consumer Council, 425 U.S. 748 (1976); Bates v. State Bar of Arizona, 433 U.S. 350 (1977)。

益；(2)該限制得直接提昇該一國家利益；以及(3)該限制得為上述國家利益提供必要之助益❹。

（二）結社自由(Freedom of Association)

美國憲法增修條文第一條規定，國會不得制定法律限制和平集會之權利(Right to Peaceably Assemble)，此為憲法保障人民結社自由之主要依據。人民得依憲法結社自由之保障，自由決定是否參與代表各種不同想法、觀感或立場之集會或團體，並藉由參與集會或團體之行為，具體表達其思想與看法，與藉由言論方式，表達個人內心思維之形態實無二致。是以，憲法有關言論自由保障之原理原則，在保障人民結社自由方面亦有適用之餘地。惟集會結社自由究係言論自由之特殊形態，為求憲法保障之周全，法院尚須更進一步就有關結社自由之特殊需要，發展某些特別之法則。

美國聯邦最高法院表示，結社自由包括二種截然劃分之形態。第一種形態係基於人類某種親密關係之存在，而成立之私人結合(Personal affiliation)，例如婚姻或家屬關係等即是。由於此種結合關係具有成員數量有限、高度選擇性，以及隔絕於他人之特質，對於國家或公眾利益不致產生重大且直接之影響，故應受憲法最完整之保障，視為人民基本自由權利之主要內容。第二種形態乃係以從事諸如言論及宗教等憲法增修條文第一條所保障之活動為目的，所成立之結合團體。對於此種結合團體之保障，則應視該團體所涉及自由權利之類別而定，於必要時，並得依憲法增修條文第五條及第十四條正當法律程序條款所揭櫫之程序正義予以保障。至於大型經營事業，雖亦屬結合團體之意義，但如其營運行為未涉及憲法增修條文第一條所關切之事項，則不受結社自由之保障❺。

---

❹　參照Central Hudson Gas & Electric Corp. v. Public Service Commission, 447 U.S. 557 (1980); City of Dallas v. Stanglin, 409 U.S. 19 (1989)。

是故，憲法對於結社自由予以保障，實係因其為完整保障人民之言論自由所致。

　　組織或團體如主張或從事憲法所不予保護之言論或行為，自須受到法律上必要之限制，其負責人或成員如參與上述活動，亦須受到法律上相當程度之制裁。惟為避免限制組織團體成員行使主張或行為之法律過於廣泛，產生抑制人民言論自由之副作用，對於單純參加某些具爭議性之組織團體，但未涉及行使主張或行為之成員，政府應不予處罰。為維護國家及社會整體之公益，政府惟有在⑴組織團體本身涉及憲法不予保護之主張或行為，以及⑵該成員明知(Knowledge)其組織團體涉及上述不法主張或行為，並對完成該項不法目的具有特定故意(Specific Intent)等二項條件均存在之情形下，始得以法律制裁該一僅單純參加組織團體，並未實際參與活動之成員❺。

　　此外，結社自由亦包括人民免於政府強制其公開組織團體或成員之自由。茲此，政府不得要求人民公開其組織團體之成員，亦不得要求組織團體公開其成員之姓名。最高法院強調，公開人民為某一特定組織團體之成員，或貢獻於某一特定組織團體，將使得該一人民不敢再繼續作其組織團體之成員，亦不敢再貢獻於其組織團體。政府要求人民團體公開其成員名單之命令，不僅將因人民與政府間敵對狀態之形成，而對於該一組織之繼續存在造成威脅，且將對人民於憲法所保障之自由權產生寒蟬效應，進而發生政府限制人民結社自由之實質結果❺。

　　由於茲事體大，法院對於政府之上述強制行為進行審查時，係採取嚴密檢驗標準(Closely Scrutiny Standard)，除非該項政府行為得對於重大

---

❺　參照Roberts v. United States Jaycees, 468 U.S. 609 (1984)。

❺　參照Scales v. United States, 367 U.S. 203 (1961); Elfbrandt v. Russell, 384 U.S. 11 (1966)。

❺　參照NAACP v. Alabama, 357 U.S. 449 (1957)。

之國家利益提供直接之助益，且此一優勢利益(Compelling Interest)超越人民為行使憲法增修條文第一條之結社自由而得主張之匿名或隱私之權益，否則政府強制公開組織團體或成員之規定，明顯違反憲法對於人民表意自由之保障❸。國會及議會行使調查權，強制人民公開其政治信念及所屬之組織團體，亦應受到上述檢驗標準之拘束，除非政府有取得該項資訊之有效且合法之公共利益之存在，且該一優勢利益超越人民在其組織團體內所得享有之個人隱私權之利益，否則不得為之❹。

（三）新聞自由(Freedom of Press)

所謂新聞自由，係指人民有公表及傳播其思想與看法，不受政府限制之權利。此一權利，尚包括公表不受事前限制之自由。美國前聯邦最高法院大法官法蘭克福特(Justice Frankfurter)曾謂，「新聞自由為民主社會運作所不可或缺之要素」。新聞媒體無論係透過報紙、雜誌、電臺、電影或電視傳播資訊，均能為社會提供最重要之公共利益。藉由新聞自由，社會乃得而整合不同來源之聲音，進而避免發生權威機關粹選言論之情事。新聞自由與言論自由之內涵雖有差異，但與結社自由相同，均係以言論自由之保障為基礎所發展而成，屬於言論自由之另一特殊形態。

美國憲法增修條文第一條明列新聞自由，為人民基本權利之一，其目的乃在建立國家之第四機構(The Fourth Institution)，政府之第四權(The Fourth Estate)，使其得在政府體制之外，運用全民力量及龐大民間資源，有效行使監督與制衡政府之機制。此外，政府亦得視新聞事業機構為一中立之意見市場(Neutral Marketplace of Ideas)，為國家之公益事業(Public Utility)，故得驅使其公表政府對於某些爭點之政策與看法，亦得於同時

---

❸　參照Buckley v. Valeo, 424 U.S. 1 (1976)。

❹　參照 Gibson v. Florida Legislative Investigation Committee, 372 U.S. 539 (1963)。

允許其公表反對之意見❺。是以，新聞自由與其他具有個人屬性之基本
自由權利究有不同❻。由於其著重於賦與新聞事業機構較一般民眾特殊
且更大之制度上特權(Institutional Privilege)，使其得從容取得包括政府在
內所持有之各方面資訊，並藉新聞事業整體之力量，將所得資訊公正而
迅速地公表及傳播於大眾，以獲致滿足人民知的權利之最終目的。因之，
個別之新聞從業人員，即非憲法新聞自由保障之主體。專業媒體之記者
及播報員，僅可獲得與其他人民相同程度的言論自由之保障，不得以自
己之名義，另行主張憲法關於新聞自由之制度性保障，故與一般民眾並
無不同。

　　美國前聯邦最高法院大法官赫姆斯氏(Justice Holmes)於 Patterson v.
Colorado 一案中曾表示❼，「增定美國憲法增修條文第一條自由條款之主
要目的，乃在防止政府事前禁止人民公表意見」。時至今日，政府事前檢
查之機制，仍被視為係一項箝制新聞自由最嚴厲之手段，法院審查此類
限制，似乎均採取不予許可之態度。茲此，聯邦最高法院乃於一九三一
年在 Near v. Minnesota 一案中否決州政府得關閉任何涉及惡意、醜聞及
誹謗(malicious, scandalous and defamatory)等報紙、雜誌或期刊之權力❽。
該院認為，此種關閉新聞媒體之權力，係檢查制度之核心，應受法院嚴
格標準之審查。最高法院並於 New York Times Co. v. United States 一案

---

❺　以上為美國聯邦最高法院大法官史都華氏(Steward)之意見。參閱Lockhart,
　　Kamisar, and Choper, *Constitutional Law—Cases, Comments, Questions*, 6th
　　Ed., 1007-1008, West Publishing Co. (1985 w/ 1989 Supp.)。

❻　美國前聯邦最高法院首席大法官柏格氏(Burger)則採不同之看法，認為制憲
　　者並無賦與新聞事業特別保障之原意，故新聞自由與言論自由之保障實無
　　區別。參照First National Bank of Boston v. Bellotti, 435 U.S. 765 (1978) (Burg-
　　er, C. J. concurring)。

❼　參照Patterson v. Colorado, 205 U.S. 454 (1907)。

❽　參照Near v. Minnesota, 283 U.S. 697 (1931)。

中表示，在欠缺法律明確授權之情況下，政府對於限制是否具有正當性之疑義，應負必要之舉證責任❺。新聞媒體也許有傲慢、獨裁、濫權或情緒化之情事，亦可能會有尖銳、窺探及將採集情報列為第一優先之特質，但至少僅就事前禁止公表之行為而論，決定何內容應予公表，以及應於何時及如何公表之人，應是其編纂人，而非承審本案之法官❻。

　　然而，新聞自由並未給予記者得於大陪審團善意(Good Faith)之調查程序中，拒絕回答與案件有關且屬重要問題之特權。政府得要求記者公開資訊之來源及其所持有之其他資訊。但新聞媒體所承擔之政府壓力，如非為執行法律，而係以中斷記者與新聞來源之關係為目的，則因其欠缺正當性而非法律之所容許❻。此外，憲法增修條文第一條亦未保證公眾或新聞媒體得享有接近受刑人、監獄或受政府保管之其他資訊之權利。是故，監獄禁止媒體訪問受刑人之規定，並不違反憲法對於新聞自由之保障❻。依據上述原則，憲法增修條文第一條縱保障人民與新聞媒體有出席旁聽民刑事訴訟審判程序之權利，但如無保護被告公平審判(Fair Trial)之合理替代機制足資適用時，法院非不得在權衡二利益之後，認為保護被告公平審判之利益大於開放媒體參與審判之利益，而以裁定禁止新聞媒體之採訪❻。

　　政府惟有藉由一項得以促成某種最高順位之國家利益，且經嚴密設計之制裁手段，始得限制新聞媒體公表其合法取得，涉及重大公共事務的真實資訊之行為❻。但新聞媒體不得依憲法增修條文第一條之規定，

---

❺　參照New York Times Co. v. United States, 403 U.S. 713 (1971)。

❻　參照Nebraska Press Association v. Stuart, 427 U.S. 539 (1976)。

❻　參照Branzburg v. Hayes, 408 U.S. 665 (1972)。

❻　參照Houchins v. KQED, 438 U.S. 1 (1978); Pell v. Procunier, 417 U.S. 817 (1974)。

❻　參照Gannett Co. v. DePasquale, 443 U.S. 368 (1979); Richmond Newspapers, Inc. v. Virginia, 448 U.S. 555 (1980)。

未經表演者之同意，即擅自公表或播放表演者全部或一部之表演內容，亦不得違反為取得資訊，而自行約束之保密承諾❻。

　　茲應注意者，由於公共頻道之數量有限，廣播及電視媒體乃享有一般民眾或媒體所無法擁有之特權，故應對於社會大眾負起特殊之責任，就公共利益事務給予聽眾及觀眾適當之時段及提供適當範圍之節目。新聞自由所保障之最高權利，不是在傳播者得依其喜好傳播，而是在聽眾及觀眾得獲得受到公眾關切的資訊之權利❻。

　　綜上所述，憲法對於人民之表意自由，雖已提供若干法律上之保障基礎，但仍須公眾輿論之合理支持。由於人民得在公共場所(Public Place)表達不同觀點且受他人尊重，乃係一自由社會所不可或缺之民主基石。是以，保障表意自由應是一項全民均須參與之社會運動，人民不僅應在抽象層次上對於各種言論予以支持，同時亦應將其支持，表現於日常生活所面對之具體事件之中。否則，表意自由必然脆弱，終底不堪一擊。

　　由是，無論在公有土地或在私有財產之上，政府及所有權人均應為便利人民意念之表達而提供發表言論之適當論壇(Proper Forum)。聯邦最高法院強調，除於集會時所發表之言論應予保障外，人民於公共場所所為之靜坐(Silent and Reproachful Presence)、睡覺(Sleeping)、示威(Picketing)等活動，均屬象徵性言論，故亦涵屬於憲法增修條文第一條表意自由之保障範圍以內❻。只要人民表達意念之方式與目的，與得以預期之財

---

❻　參照Smith v. Daily Mail Publishing Co., 443 U.S. 97 (1979); Cox Broadcasting Co. v. Cohn, 420 U.S. 469 (1975); Florida Star v. B.J.F., 491 U.S. 524 (1989)。

❻　參照Zacchini v. Scripps-Howard Broadcasting Co., 433 U.S. 562 (1977) ; Cohen v. Cowles Media Co., 501 U.S. 663 (1991)。

❻　參照Red Lion Broadcasting Co. v. FCC, 395 U.S. 367 (1969)。

❻　參照Thornbill v. Alabama, 310 U.S. 88 (1940); Brown v. Louisiana, 383 U.S. 131 (1966); Clark v. Community for Creative Non-violence, 468 U.S. 288 (1984)。

產使用方法並無違背，政府乃不得允許所有權人依侵權行為法有關侵入(Trespass)之規定，排除社會大眾於其不動產或其建築物之上，行使憲法增修條文第一條保證人民得以享有之各種表意自由❻。

惟應注意者，人民於住宅區內進行示威遊行活動雖非法律所不許，但應權衡維持社區秩序之公共利益，故為維護住宅區之安寧與和平，市政當局得訂定非以區別待遇為實施基礎之法令，規範人民於區內街道、人行道或特定住宅前行使示威遊行權利之時間、地點與方式❻。

三、信教自由(Freedom of Religion)

美國憲法增修條文第一條規定：「國會不得制定關於揭設宗教或禁止宗教活動自由之法律❼。」此即所謂揭設宗教條款(Establishment Clause)和宗教活動自由條款(Free Exercise Clause)，均屬美國憲法保障信教自由之具體意涵。由於此項自由乃根源於人民內在真誠思維之信仰活動，故學理上亦稱其為「良心自由」(Freedom of Conscience)。本規定在各州認可並簽署憲法增修條文第十四條之內容後，對於各州亦應予以適用❼。此外，美國憲法第六條第三項後段並規定：「不得以宗教標準決定關於美國任何官員或公職之法定資格❼。」

---

❻　參照Marsh v. Alabama, 326 U.S. 501 (1946); Amalgamated Food Employees v. Logan Valley Plaza, 391 U.S. 308 (1968); Prune Yard Shopping Center v. Robins, 447 U.S. 74 (1980)。

❻　參照Frisby v. Schultz, 487 U.S. 474 (1988)。

❼　參照U.S. CONST. Amend. I。

❼　參照Everson v. Board of Education, 330 U.S. 1 (1947); Cantwell v. Connecticut, 310 U.S. 296 (1940)。

❼　參見U.S. CONST. Art. VI, Sec. 3: " ...But no religious Test shall ever be required as a Qualification to any Office or public Trust under the United States. "

關於美國憲法增修條文第一條信教自由之保障，向來即屬一爭執不休之議題，該條文之意涵不僅頗為模糊，其保障之範圍亦可謂十分之不明確。吾人可分別自上述宗教活動自由與挹設宗教等二條款著手，探討並檢視信教自由保障之全貌及其實證情形。

（一）宗教活動自由條款

美國憲法增修條文第一條宗教活動自由條款，明定國家法律或其他政府行為，不得專以對於宗教進行不利處遇，或對於特定宗教予以妨礙或實施區別待遇為目的。是以，國會不得制定諸如禁止天主教徒(Catholics)獻祭彌撒禮儀(mass)之法律。由於憲法增修條文第一條係經由各州對於憲法增修條文第十四條正當法律程序條款之認可，而適用於各州，故各州政府亦應與國會一致，不得通過關於禁止自由信仰之法律。茲此，州法律禁止神職人員從事公職，聯邦最高法院乃以其違反憲法宗教活動自由條款為理由，宣告該項州法律為無效❼❸。

宗教活動自由條款之意涵雖仍嫌籠統，但尚較挹設宗教條款之意涵明確。一般而言，聯邦最高法院處理關於宗教事件所抱持之態度，與處理關於言論自由之事件類似，唯有在行為人之行為，對於他人造成嚴重之傷害時，法院始有介入干涉之餘地。更有甚者，某些法律之實施，如將導致教會承受特定之負擔，或將課予某些教會較其他教會為重之負擔時，則該項法律縱在其外觀上，未有適用於教會之明顯目的，亦得遭聯邦最高法院以違背憲法宗教活動自由條款為理由，宣告其為違憲。例如政府不得要求耶和華見證人教會(Jehovah's Witness)之成員，在以挨家挨戶販售宗教畫冊之方式進行勸募時，支付販售執照稅者即是❼❹。

聯邦最高法院表示，除非政府提出證據，證明某項法律或政府行為，

---

❼❸　參照McDaniel v. Paty, 435 U.S. 618 (1978)。

❼❹　參照Murdock v. Pennsylvania, 319 U.S. 105 (1943)。

確係經審慎籌劃，且係一達成某種優勢性國家利益所必要之手段，否則該項法律或政府行為，將無法順利通過其違憲性審查之檢驗。由於聯邦最高法院一向係採取嚴格檢驗標準審理此類案件，故被法院宣告為合憲之法律或其他政府行為，可謂微乎其微❼。

宗教活動之自由，應未包攝排除適用一切有效法律之權利，縱使在某項法律確有牴觸特定宗教信仰之情形，亦應作相同之解釋。例如一夫一妻之婚姻制度應予維護，縱使摩門教徒(Mormons)認為一夫多妻制(Polygamy)乃是其宗教義理所要求之規範❼；又如基於宗教理由，人民得反對接種疫苗或進行輸血，但如政府通過一項疫苗強制注射之法律，或為一病童之健康，頒布一紙強制輸血之命令，則法院處理此類案件時，將不會因宗教自由而阻止上述法律及命令之執行❼。更進一步言，聯邦最高法院甚至允許地方主管機關得以未經政府承認為理由，關閉由基本教義派之宗教團體所興辦之學校❼。

此外，宗教信仰(Religious Belief)與公共政策(Public Policy)間之衝突似乎亦屬無可避免。例如關於徵兵之議題，宗教團體往往聲稱本於宗教理念，戰爭是屬不道德之行為。從而，有關徵兵之法律在免除良心上之反戰人士履行服兵役之義務，聯邦最高法院亦認為，此種兵役豁免制度之實施，並未當然違背憲法。甚且，聯邦最高法院更進一步表示，人民縱使不相信造物者，或不屬於任何宗教傳統，只要其良知，被深藏於內心之道德、倫理、或宗教信仰所激發，且如其允許自己成為戰爭工具，將令其無法獲得永久之安寧及平和,則該人民亦得主張免除兵役義務❼。

---

❼　參照Church of the Lukumi Babalu Aye, Inc. v. City of Hialeah, 508 U.S. 520 (1993)。

❼　參照Reynolds v. United States, 98 U.S. 145 (1878)。

❼　參照Jacobson v. Massachusetts, 197 U.S. 11 (1905)。

❼　參照Faith Baptist Church v. Douglas, 454 U.S. 803 (1981)。

惟此一免除兵役之理由，是否亦適用於人民因政治偏好而規避徵兵，或為逃避服役而創設宗教之情形，則不無疑義。

　　為解決上述困境，法院乃不斷嘗試對於應受憲法保障之宗教信仰作成某些較為明確之定義，以使之與不值得承受憲法制度性保障之信念或宗教行為(Religious Action or Conduct)有所區別。聯邦最高法院曾指出，所謂應受憲法保障之宗教信仰，「其在信仰者生活中所占據之地位，必須與正統宗教信仰所得占據於其信仰者生活中之地位相當。此一信仰雖得源自於信仰者之內在思維，但其必須不僅止於一種純粹之政治上或哲學上之觀點而已❽」。信仰者所信仰之內容縱屬荒誕不經，只要該信仰者之信仰確屬真誠(Good faith)，法院仍應予以尊重❽。同時，法院亦不得調查信仰者所堅持之信仰是否真實❽。換言之，關於某一特定宗教信仰應否受到憲法保障之問題，法院僅得自其信仰者之信仰是否真實切入調查，不得藉由經驗法則及證據法則，推斷宗教信仰內容本身之真實性。惟聯邦最高法院強調，唯有堅持宗教信仰之自由，始可受到憲法宗教活動自由條款之絕對保障；基於宗教信仰所衍生而成，進而形之於外在之宗教行為，則僅得享有關於本條款之相對保障❽。

　　聯邦最高法院在審查因世俗之目的而制定，將課予人民基於宗教信仰所致生的行為之負擔，或要求人民行使基於宗教信仰所應禁止之行為之有關法令時，將以下列三種因素為基礎，進行各項利益之衡量，並以

---

❼⁹　　參照Welsh v. United States, 398 U.S. 333 (1970)。

❽⁰　　參照United States v. Seeger, 380 U.S. 163 (1965). "Religious belief: The belief must occupy a place in the believer's life parallel to that occupied by orthodox religious beliefs. Such a belief may be internally derived, but it must be something beyond a merely political or philosophical view."

❽¹　　參照United States v. Ballard, 322 U.S. 78 (1944)。

❽²　　Id.

❽³　　參照Cantwell v. Connecticut, 310 U.S. 296 (1940)。

個案需求為依據，尋求最佳之平衡點：⑴負擔之嚴重性(Severity of the Burden)。例如法律明定某一宗教行為係為犯罪行為，人民為避免刑事上之訴追，必須拋開其宗教義務，該法律已課予人民嚴重之負擔是；⑵國家利益之強勢性(Strength of the State Interest)。例如某一國家利益係屬最高順位，具有優勢性及重要性是；⑶替代手段之可行性(Alternative Means)。例如其他得課予宗教較少負擔之替代方案是。

　　此外，聯邦最高法院更進一步表示，如某一項法律對於宗教保持中立之態度，且依憲法規定，該項法律亦得普遍適用於非因宗教理由而從事為其所規範的行為之其他人民時，則憲法增修條文第一條之宗教活動自由條款，並未保障人民得基於宗教信仰，免除該項法律對於宗教活動所課予之重大義務❽。例如依美國藥物管理法，人民不得使用具有麻醉藥效之仙人掌 Peyote，教會人士即不得以使用於聖祭禮儀為理由，基於憲法所保障之宗教活動自由，向政府主張排除適用上開法律所設之限制即是。唯有在宗教活動自由與憲法保障之其他自由權利相互連結時，聯邦最高法院始准許人民得基於宗教信仰，請求免除法律上之義務。例如允許阿彌栩(Amish)教會之父母行使憲法賦與教育子女之權利，並免除其應將子女送至公立學校受教之義務，以及允許因宗教理由拒絕於週六工作，遭僱用人解雇之第七日降臨教會(Seventh-day Adventists)成員領取失業保險金等即是❽。

　　儘如上述，對於一個值得憲法保障之虔誠宗教(Bona Fide Religion)之成員而言，得向政府主張排除適用現行有效法律之情形實仍不甚明確，尚待大量法院判決之補充解釋予以具體落實，自不待言。

---

❽　參照Employment Division v. Smith, 494 U.S. 872 (1990); Lyng v. Northwest India Cemetery Protective Ass'n, 485 U.S. 439 (1988)；Wisconsin v. Yoder, 406 U.S. 205 (1976); Sherbert v. Verner, 374 U.S. 398 (1963)。

❽　Id.

（二）挹設宗教條款

　　當第一屆國會將禁止制定關於挹設宗教之法律納入憲法增修條文第一條之文字時，其立法原意及本旨究竟為何，則不無疑義。聯邦最高法院向來均認為，此一含糊之字句，應係指憲法欲在教會(Church)和國家(State)之間，建立一道「分隔牆」(Separation of Wall)之謂。

　　「分隔牆」一詞經常為人們所引用，但可惜並未寫入權利法案(Bill of Rights)之中。該文句應係出於美國憲法起草人之一湯瑪士・傑弗遜(Thomas Jefferson)之手筆。在當時，傑弗遜氏正極力反對將英國教會(Church of England)設立為其家鄉維吉尼亞州之公教，故其鼓吹政教分離之政策，自不意外。然而，在美國獨立戰爭時期，北美十三州之中，至少已有八州之政府設立並挹注官方之宗教。是以，傑弗遜氏之觀點，在其提出時是否確屬一多數人所接受之主張，則不得而知。

　　經過國會多次之辯論，美國憲法增修條文第一條關於此一條款之草案內容，其用字遣詞顯然比最後通過之條文較為簡明扼要。國會本試圖將挹設宗教條款規定為「不得以法律設立宗教」(no Religion shall be Established by Law)，或「不得設立國教」(no National Religion shall be established)等之文字。此類文字，似乎可清楚地表示，無論州政府得行使何種事務，憲法不允許聯邦政府設立一官方或國家之宗教，或給予某一宗教較其他宗教優厚之待遇❽❻。

　　然而，國會卻至最後一刻，始決定以語意較為含糊之措詞，取代上述之文句，致使聯邦最高法院必須再以裁判，補充解釋該措詞之意涵。聯邦最高法院表示，憲法增修條文第一條挹設宗教條款，除應指憲法不允許政府設立國教外，尚包括政府縱係秉持中立之立場，亦不得以任何

---

❽❻　參閱Walter Berns, *The First Amendment and the Future of American Democracy*, Basic Books, New York (1976)。

理由涉及宗教。換言之，教會和國家之間，應建立起一道「分隔牆」**❽**。
今日，法官與學者間對於抑設宗教條款之解釋，縱存有極大之差異，但
法院似乎已漸漸採用「分隔牆」原則，解釋抑設宗教條款之意涵。

於一九四七年有關 Everson v. Board of Education 一案之判決，可謂
係聯邦最高法院近半世紀以來，對於分隔牆理論所作成最早及最具體之
闡釋。該案涉及新澤西州(New Jersey)某城鎮關於償付包括就讀教會學校
學生家長在內之子女往返學校交通費用之爭議。最高法院認為，上開償
付措施並無違憲。該院進一步解釋，憲法增修條文第一條抑設宗教條款
經由同增修條文第十四條而適用於各州，除其他另有規定外，該條款明
定，政府不得要求人民公開表明其對於任何一種宗教之信仰或不信仰，
亦不得抑注某一宗教，某些宗教，甚或所有之宗教。同時，不論金額大
小，政府均不得以任何稅收，支持任何宗教活動或宗教組織**❽**。由於政
府提供接送教會學校學生之服務，與其提供教會學校消防或警察保護之
勤務，在性質上並無不同，係屬一種宗教中立之行為。是故，政府對於
公、私立學校學童，提供相同之交通接送服務，並無違反憲法增修條文
第一條抑設宗教條款所表彰之「分隔牆」原則。教會學校學生因故無法
享用政府接送之服務，因而致其家長支付額外之交通費用。該項費用，
政府自應予以償付，與公立學校學生家長所享有之償付權利一致。

自一九四七年起，聯邦最高法院即適用「分隔牆」學說，宣告一切
在公立學校所行使任何形式之祈禱活動為違憲，至於該祈禱是否具有宗
教意義**❽**，是否為祈禱者所自發**❾**，或是否僅限於有關聖經章節之查

---

❽　參閱C. Herman Pritchett, *Constitutional Civil Liberties,* 145-147, Prentice-Hall,
　　Englewood Cliffs, NJ (1984)。

❽　參照Everson v. Board of Education, 330 U.S. 1 (1947)。

❽　參照Engle v. Vitale, 370 U.S. 107 (1962)。

❾　參照Lubbock Independent School District v. Lubbock Civil Liberties Union,

閱❾，則在所不問。此外，最高法院更認為，政府制定禁止在學校講授「進化論」(Evolution)，或要求以相同之時數講授「創造論」(Creationism)之法律，係基於宗教上之靈感所誘發，故該類法律亦屬違憲❾。公立學校雖不得在校內利用正常授課時間，對於學童實施宗教輔導，但關於在學校校園以外之課後輔導，則非法律所禁止❾。關於學校祈禱之案件，法院之判決縱已引發各界廣泛之爭辯，但支持者試圖透過修憲程序，授予公立學校有權實施此類祈禱之努力，最後仍告失敗。

　　一般而言，掊設宗教條款雖禁止政府設立公教或建立公立教會，但只要政府之行為，對於宗教而言，係為達成某一具良善中立性(Benevolent Neutrality)之目的，則該項政府行為之結果縱有益於宗教，亦非法律所不許。依掊設宗教條款，政府不得贊助宗教，或對於宗教提供金融上之資助，且不得積極涉及宗教活動❾。此外，政府亦不得給予某種宗教或其派別任何異於其他宗教或派別之法定優惠待遇。最高法院表示，此種優惠法律將受到該院嚴格檢驗標準之審查❾。例如，對於為促成某一宗教團體開辦州政府支持之殘障幼童教育，而設置一特別學校分區之法律，最高法院乃以其違背憲法掊設宗教條款為理由，宣告該法律失其效力❾。

　　雖然最高法院禁止政府以任何形式掊注宗教，並非專以分隔牆原則

---

　　103 S.Ct. 800 (1983)。

❾　參照School District of Abington Township v. Schempp, 374 U.S. 203 (1963)。

❾　參照Epperson v. Arkansas, 393 U.S. 97 (1967); Mclean v. Arkansas Board of Education, 529 F. Supp. 1225 (1982)。

❾　參照McCollum v. Board of Education, 333 U.S. 203 (1948); Zorach v. Clauson, 343 U.S. 306 (1952)。

❾　參照Walz v. Tax Commission, 397 U.S. 664 (1970)。

❾　參照Larson v. Valente, 456 U.S. 228 (1982)。

❾　參照Board of Education of Kiryas Joel Village School District v. Grumet, 512 U.S. 687 (1994)。

　　為其立論依據，但法院針對政府利用公共資金挹注教會學校之措施所施加之種種限制，則往往迭起議論。例如，聯邦政府得給予教會（和非教會）大學興建校舍之資助 ❾，州政府亦得借予教會學校學童免費之教科書 ❾，給予教會學校免稅之資格 ❾，或允許教會學校學生家長將學費自所得稅中扣除 ⓿。然而，政府卻不得支付在教會學校講授一般課程教師之薪資津貼 ⓿，不得償付家長關於教會學校學費之支出 ⓿，亦不得提供教會學校諸如諮詢之服務 ⓿，或給予教會學校購買輔導教材之金錢等 ⓿。最高法院對於此類案件採行迂迴之政策，益加凸顯分隔牆原則在適用上之困難。

　　分隔牆原則之適用不易，已如前述。近年來最高法院隨著大法官成員之變動，對於教會和國家間事務之立場，已逐漸進行調整。為解決分隔牆原則在適用上之困惑，法院作成一項三叉標準(Three-pronged Test)，以決定政府涉及宗教活動是否適當。法律或政府其他行為如涉及宗教活動，必須完全滿足下列三項標準，始屬合憲：⑴該法律或政府行為具有一世俗之目的；⑵該法律或政府行為之主要效果，不在促進或抑制宗教；

---

❾　參照Tilton v. Richardson, 403 U.S. 672 (1971)。

❾　參照Board of Education v. Allen, 392 U.S. 236 (1968)。

❾　參照Walz v. Tax Commission, 397 U.S. 664 (1970)。

⓿　參照Mueller v. Allen, 463 U.S. 388 (1983)。

⓿　參照Lemon v. Kurtzman, 403 U.S. 602 (1971)。

　　To be valid under the Establishment Clause, a statute (or other government action) must: (I) Having a secular purpose; (II) Having a principal or primary effect that neither advances nor inhibits religion; and (III) Not foster excessive government entanglement with religion.

⓿　參照Committee for Public Education v. Nyquist, 413 U.S. 756 (1973)。

⓿　參照Meek v. Pittenger, 421 U.S. 349 (1975)。

⓿　參照Wolman v. Walter, 433 U.S. 299 (1977)。

以及(3)該法律或政府行為不致助長政府過分糾結宗教 ❶。茲此，法律或政府行為涉及宗教活動並非當然違憲，尚待法院依上開三叉標準予以審查，始得認定 ❶。無法避免地，法院將在程度上拿捏法律或其他政府行為之合憲性價值。

聯邦最高法院提出上述標準後，隨即宣告羅得島波塔基市(Pawtucket, Rhode Island)政府為聖誕節之展示，而於地區公園設置基督誕生實景之行為並未違憲 ❶。該院並在歷次之判決中，贊成將聖誕節定為國定假日。軍隊，甚至國會參眾兩院，均應配有政府支給之牧師。

於此，不難看出，傳統思想對於最高法院大法官之影響，幾乎與分隔牆學理平分秋色。最高法院雖然宣稱在學校之祈禱為違憲，但卻又贊成在國會之祈禱。自一七八九年第一屆國會成立之日起，國會參眾兩院即在會期之開議式中，聘請牧師分別為兩院祈禱。是故，那布拉斯加州(Nebraska)議會在會期開議時，敦請牧師禱告之行為亦非違憲，自不待言 ❶。

聯邦最高法院試圖以一較明確之法則規範教會和國家間之關係，但往往事與願違。相信在可預見之未來，法院將會繼續不斷地嘗試以定義「分隔牆」意涵之方式，根本解決目前其所面臨在審理宗教案件時之困境。

四、人民其他自由權利之實體性保障

自二十世紀初葉，美國聯邦最高法院步履程序性正當法律程序理論

---

❶　參照Lemon v. Kurtzman, 403 U.S. 602 (1971)。

❶　參照Bowen v. Kendrick, 487 U.S. 589 (1988)。

❶　參照Lynch v. Donnelly, 465 U.S. 668 (1984)。

❶　參照Marsh v. Chamber, 463 U.S. 783 (1983)。

(Doctrine of Procedural Due Process)，繼續發展實體性正當法律程序理論
(Doctrine of Substantive Due Process)之意涵，　試圖以法律之實體內容
(Substance)為對象，檢驗美國憲法增修條文第五條「正當法律程序」條款
(Due Process Clause)所保障之人民自由(Liberty)及財產(Property)，是否有
受政府不合理干涉之情事。　除非政府證明法律所使用之手段或方法
(Means)，與一合法目的(Legitimate End)之間，有合理之關聯(Reasonably
Related)，否則最高法院將以其違背憲法正當法律程序條款為理由，宣告
該法律為無效❿。

（一）經濟社會自由權利之實體保障

自一九三〇年代中期開始，聯邦最高法院因深受前大法官赫姆斯氏
(Oliver Wendell Holmes)思維模式之影響⓿，對於立法部門所議決，有關
經濟性和社會性之法律或授權命令，乃採取極度尊重之態度。唯有在立
法部門對於制定上述法令之決議，　顯然有獨斷或不理性(Demonstrably
Arbitrary or Irrational)之情事存在，　法院才有將該法令宣告為無效之餘
地。最高法院認為，對於經濟性和社會性之事務，法院不宜審查立法者
之智慧，故不應越俎代庖，取代立法者之地位而自為決議⓫。

---

❿　參照Allgeyer v. Louisiana, 165 U.S. 578 (1897); Lochner v. New York, 198 U.
S. 45 (1905)。

⓿　美國法學研究者稱赫姆斯氏所領導之違憲審查思維方法為赫姆斯學派
(Holmesian)。赫姆斯認為憲法如實驗室，任何現實存在之法律均有相當程度
之正當性。法院對於任何法律進行違憲審查時，應先推定該法律為合憲(Pre-
sumption of Constitutionality)。 此一思維模式，影響聯邦最高法院從本世紀
初至五〇年代之違憲審查判決。

⓫　參照United States v. Carolene Products Co., 304 U.S. 144 (1938); Ferguson v.
Skrupa, 372 U.S. 726 (1963); Duke Power Co. v. Carolina Environmental Study
Group, Inc., 438 U.S. 59 (1978)。

　　茲此，人民在諸如締約自由(Liberty to Contract)或財產所有權(Ownership to Property)等有關經濟性和社會性之利益，僅得依關於經濟之實體性正當法律程序(Economic Substantive Due Process)理論為基礎，受到憲法之保障。除非得以證明政府在制定法令時，有獨斷或不理性之情事發生，否則人民將無法推翻法院對於此類經濟性或社會性法令所作之合憲性推定。聯邦最高法院未特別針對各種基本自由權利，作成應否受到憲法優先保障之決定，而以適用審查標準之不同，區分人民在憲法上所得主張權益之保障層次。此一作法，頗值吾人借鏡。

（二）人身基本自由權利之實體保障

　　美國聯邦最高法院自一九六○年代中期，即開始著手修正實體性正當法律程序理論之意涵，將實體性正當法律程序理論，由人民經濟上和社會上權益之保護，擴大適用於對於某些未經憲法明列，但仍應受憲法保障之人身基本自由權利(Fundamental Personal Rights)之保障之上。是故，人民得以個人之實體性正當法律程序(Personal Substantive Due Process)理論為基礎，要求政府提供關於人民各種人身基本自由權利之實體性保障。

　　所謂人身基本自由權利，一般而言，係指憲法明示應予保障，或蘊涵於憲法應受憲法保障之人民各種人身基本自由權利，除前所述之言論自由、結社自由、信教自由以外，尚包括聯邦最高法院於歷年判決中所肯認之州際旅行權利(Right to Travel Interstate)、隱私權(Right of Privacy)、投票權(Right to Vote)、被選舉權(Right to be a Candidate)，以及其他對社會整體而言，足資表彰人性尊嚴且具基本重要價值之各種關於個人之自由權利而言⓫。人民之人身基本自由權利，除依憲法明示應予保障者外，其他人身基本自由權利仍受美國憲法增修條文第九條概括意涵條款之保

⓫　參照Roe v. Wade, 410 U.S. 113 (1973)。

障。至於關於個人之基本自由權利，究竟何項自由權利始應受憲法為制度性之保障，則屬憲法解釋層面之司法問題，自應由憲法解釋最高機關聯邦最高法院藉由個案審查而予以具體之認定，是應注意。

　　對於法令或政府行為是否侵犯人民基本自由權利之疑義，聯邦最高法院乃適用與處理基本權利(Fundamental Rights)應受平等保護(Equal Protection)有關案件相同之嚴格檢驗標準予以審查 ⑩。茲此，除非政府得以證明，系爭法令或政府行為係為達成某一優勢性國家利益所必要之手段，否則該法令或政府行為將歸於無效。

五、結　語

　　人民之各種自由及權利雖得依美國憲法增修條文第一條至第十條權利法案所有規定之內容而享有憲法之完整保障，但聯邦最高法院對於人民自由權利意涵及行使範圍之解釋，則仍持續受到某些維持民主國家憲政運作常軌之原理原則所拘束。是以，人民僅得在憲法容許之範圍內，享有法律上相對保障之地位，政府乃因此而得以對人民實施有效之統治權。由是，於美國憲政歷史中，人民所得以擁有之自由權利，與政府所得以實施之統治權力，始終係處於敵對與互有消長之緊張狀態，此一情況，不僅無可避免，且係大多數重視人權國家普遍存在之現象。

　　而人民在憲法所保障的各種自由權利之中，又以表意自由與良心自由二者，與民主政治永續發展之關係最為密切。換言之，人民之表意自由與良心自由，不僅係民主價值之核心內容，更係建構完整民主政治體制所不可或缺之兩大要件。為表彰人性不可侵犯之尊嚴與人類精神思維之價值，表意自由乃賦與人民聽說講寫之權利，而良心自由則賦與人民信仰禮拜之權利，二者猶如一體之兩面，缺一則失去其完整性。

---

⑩　　參照San Antonio Independent School District v. Rodriguez, 411 U.S. 1 (1973)。

　　有鑒於此，美國聯邦最高法院在審理憲法增修條文第一條有關表意自由與信教自由之案件時，均明顯採取保障人民自由權利之傾向，於進入司法程序前，多預先推定限制人民憲法增修條文第一條「自由」之政府行為違憲。此一審理標準，與該院審理人民其他基本自由權利案件相比較，應係一項最嚴格之檢驗係數，聯邦最高法院重視保障人民自由表達意念的適當機制之建立，乃由此可見。

　　惟美國憲法增修條文第一條規定之內容，究無法囊括當代民主政治價值體系之所有意涵，政府之統治行為仍應在某種程度上受到憲法解釋機關聯邦最高法院之適當尊重。法院應謹守受保障「自由」之明確定義，如人民所表現之意念明顯逾越保障範圍且墮入不受保障之例外情形時，法院應尊重政府立場並肯認其限制人民「自由」之行為。畢竟，誠如前美國聯邦最高法院大法官史東氏(Justice Stone)於 United States v. Carolene Products Co.一案中所論述，「依據制憲元勳之建議，美國憲法增修條文第一條至第十條權利法案創設人民各種自由權利及明定正當法律程序保障，其主要目的並非在賦與人民有關對抗政府之權利，而係在賦與人民關於對抗政府所代表主流多數意見或價值之權利 ❶」。此一論點，乃與聯邦最高法院審理政府限制人民憲法增修條文第一條「自由」案件之態度相當契合，頗值吾人借鏡。

---

❶　參照United States v. Carolene Products Co., fn 4, 304 U.S. 144, 255-256 (1938)。

法律平等保護原則實證適用之研究

一、前 言

　　美國憲法增修條文第十四條第一項明定,「各州不得否定任何人在其轄區內之法律平等保護」, 係為美國憲法所揭櫫之「法律平等保護」(Equal Protection of the Laws)條款❶。美國聯邦最高法院表示, 由於法律平等保護原則於制定憲法增修條文第十四條以前, 即已蘊涵於美國憲法增修條文第五條「正當法律程序」條款之中, 且大多數拒絕人民享受法律平等保護之政府行為均不免涉及前揭「正當法律程序」條款所謂「自由權之剝奪」(Deprivation of Liberty)。是故, 憲法增修條文第十四條所規定之內容雖僅具有拘束各州政府之效力, 惟聯邦政府仍應依憲法增修條文第五條「正當法律程序」條款所揭示正當法律程序原則之本旨, 同受法律平

---

❶　參見U.S. CONT. Amend. XIV: "No State shall...deny to any person within its jurisdiction the equal protection of the laws."

等保護原則之拘束❷。

依美國憲法增修條文第十四條「法律平等保護」條款之本旨，政府通過一項對於不同團體實施區別待遇(Discrimination)之法律並非當然違憲。事實上，大部分之法律均不免將人民區分成各種不同之類別，例如所得稅法依據所得數額之多寡，對於人民加以分類，並依其類別適用不同之稅率者是。美國聯邦最高法院認為，法律只有在對於人民作成不合理之分類，或對於人民施加不合理之負擔時，始有違反憲法所揭示之法律平等保護原則之餘地。惟對於何種分類方屬合理(Reasonable)之問題，吾人除可自聯邦最高法院歷年之判決探知一二外，其對於政府所實施有關種族、性別與其他分類事項之意見，更值得吾人思考。

聯邦最高法院因受近半世紀以降工具主義(Instrumentalism)思維模式之影響，於審查政府對於人民所作分類是否違反平等保護原則時，乃特別針對各種分類基礎之性質，建立以下若干檢查標準以資適用。

（一）嚴格檢驗(strict scrutiny)標準

法院在審查存疑性分類(Suspect Classifications)之政府行為時採之。除非政府提出反證，證明因該分類所衍生之差異對待確係基於一優勢性之國家利益(a Compelling State Interest)而發動，否則政府所為之該項分類無法推翻最高法院所作推定違憲(Presumption of Unconstitutionality)之假設，該分類因違背憲法平等保護原則而無效。法院認為具存疑性之分類基礎，例如基於人種、民族或國籍所為之歧視(Racial or Ethnic discrimination)，基於合法居留身分所為之歧視(Discrimination against Resident Alien)，以及基於人民基本權利類別所為之歧視(Discrimination against a Fundamental Right)等是❸。

---

❷　參照Bolling v. Sharpe, 347 U.S. 497 (1954)。

❸　所謂基本權利，在此係指憲法所明示保障，或蘊涵於憲法應受憲法保障之

（二）中級檢驗(Intermediate Scrutiny)標準

法院在審查歸類為準存疑性分類(Quasi-suspect Classifications)之政府行為時採之。除非政府提出證據，證明該項歧視性待遇，確可對於某些重要之政府目標提供助益，且該行為與此類目標之達成具有相當重大之關聯(serve important governmental objectives and are substantially related to the achievement of those objectives)，否則該項差異性待遇無法通過法院違憲審查之考驗。歸類為準存疑性分類之政府歧視性行為，例如基於性別所為之歧視(Gender Discrimination)，或基於子女身分合法性所為之歧視(Discrimination against Illegitimate Child)等是。

（三）合理檢驗(Rational Scrutiny)標準

法院在審查歸類為存疑性及準存疑性以外之政府行為時採之。法院得預先假設政府所為差別待遇之行為為合理(Assumed Reasonable)，除非人民提出反證，證明該項行為確有不合理或無理性(Unreasonableness or Irrationality)之情事，否則政府之該項歧視行為仍屬合憲。歸類為可疑及準可疑以外之政府歧視性行為，例如基於人民貧富所為之歧視(Discrimination against the Poor)、基於年齡所為之歧視(Discrimination against Elderly)、基於居民身分所為之歧視(Discrimination against Nonresidents)，或基於精神狀態異常所為之歧視(Discrimination against Mentally Retarded)等是。

至於何種分類應歸屬於存疑性、準存疑性或二者以外之分類，美國

各種關於人身之自由權利而言，例如結社自由(Freedom of Association)、州際旅行權利(Right to Travel Interstate)、隱私權(Right of Privacy)、言論自由(Freedom of Speech)、投票權(Right to Vote)、被選舉權(Right to be A Candidate)以及其他足資表彰人性尊嚴及生存價值之自由權利等均屬之。

聯邦最高法院雖未曾作出具體且明確之界定，但以下二個事項，仍係法院歸類分類基礎為存疑性或準存疑性分類之重要指標，亦即第一，該分類係基於某些無法改變之本質而決定者；以及第二，該分類受制於一意圖不平等對待之歷史，或歸屬於一欠缺政治實力之階級，亟待主流法則予以特別保護者❹。

　　政府行使歧視性待遇，如係為彌補社會長久以來始終存在不具正義價值之分配或區隔，則該歧視性行為乃屬良善性歧視(Benign Discrimination)，縱有區別待遇，亦非當然違憲，例如為補救過去少數民族子弟因無法獲得適當教育資源，致其所屬社區欠缺專業醫療及法律服務人才之缺憾，公立大學醫學院及法學院明定少數民族裔就學學生比例，並以優惠性措施(Affirmative Action)保障少數民族學生就讀醫學院及法學院之機會即是。於此，本文試以美國聯邦最高法院對於政府區別待遇行為行使司法審查所適用之各項檢驗標準為研究重點，探討「法律平等保護原則」在美國憲法上之實證運作情形，俾供吾人比較參酌。

二、嚴格檢驗標準

　　對於少數人種或民族行使歧視性待遇之政府行為因具存疑性，故受嚴格檢驗標準之拘束。是以，除非政府可證明分類或區別待遇係為達成某項優勢性國家利益所必要，且已無其他損害較少之替代手段可資選擇，否則法院將以違反憲法平等保護原則為理由，宣告歧視存疑性分類之法規失其效力。茲此，政府對於黑人、華裔族群或墨西哥裔族群所行使之歧視性待遇，終將因上述標準之嚴格取向而歸於無效，例如禁止黑人或墨裔美人擔任陪審員，及拒發洗衣店許可證予華人之法律，業經聯邦最高法院宣告為無效者即是❺。惟區別待遇之實施，如係為維護緊急公眾

---

❹　參照Johnson v. Robison, 415 U.S. 361(1974).

利益所必要，則該項政府行為並非當然違憲，例如於第二次世界大戰期間，美國政府以避免日裔族群勾串日軍，違反忠誠義務，與天皇暗通款曲，及協助日軍登陸等理由，對日裔人民實施宵禁，並強制其移居內陸集中營生活，聯邦最高法院認為本系爭政府行為尚未違反憲法平等保護原則者是 ❻。

（一）歧視之故意

聯邦最高法院強調，非有歧視之故意，政府對於人種、民族或國籍所為之分類或區別待遇仍不受嚴格檢驗標準之拘束。換言之，故意或蓄意歧視(Intentional or Deliberate Discrimination)少數民族或弱勢族群，乃是法院對政府歧視性行為進行嚴格司法審查之前提要件 ❼。最高法院對於政府是否有行使歧視性行為之故意，通常係由政府行為之外觀、執法者之態度及立法者之動機等三方面著手認定之，茲分述如下。

1.政府行為之外觀

政府之各種行為，無論係表現於抽象之法令，或係表現於具體之行政命令或法院裁判，如觀察其書面或口頭之外在內容，即可獲得政府確有明顯歧視意圖之結論，則法院將據以認定該政府行為確具歧視種族之故意，自應受嚴格檢驗標準之審查。

2.執法者之態度

政府之法令或其他行為縱有種族中立(Racially Neutral)之外觀，但執法者卻以具存疑性之分類基礎作為其適用或執行之基準，則該類政府行

---

❺　參照Strauder v. West Virginia, 100 U.S. 303 (1880); Yick Wo v. Hopkins, 118 U.S. 356 (1886); Hernandez v. Texas, 347 U.S. 475 (1954)。

❻　參照Hirabayashi v. United States, 320 U.S. 81 (1943); Korematsu v. United States, 323 U.S. 214 (1944)。

❼　參照Washington v. Davis, 426 U.S. 229 (1976)。

為仍應受法院嚴格檢驗標準之拘束。 美國聯邦最高法院於 Yick Wo v. Hopkins 一案即曾表示❽,「非經許可不得於木造建築物經營洗衣店」雖屬一種族中立之分類性規定,惟政府主管機關於許可其他申請者之同時,卻始終拒絕發放資格條件完全相同之華裔申請者之經營許可。由於政府主管機關無法對於其行為提供種族中立之合理解釋,故該政府行為亦有歧視種族之故意,應以嚴格檢驗標準審查該行為是否違反憲法平等保護原則。

人民欲主張政府行為在適用或執行上有歧視種族之故意,應就執行機關之故意或意圖負舉證之責。原告當事人為建立政府機關有故意或意圖歧視之表面證據(Prima Facie Case), 應於訴訟程序中證明某一重大且過度之種族衝擊(a Substantial Disproportionate Racial impact), 確係因政府之歧視性行為所致。而政府機關為推翻前項指控,則必須提出證明力較高之證據,證明原告當事人所指稱之衝擊,實係某些憲法所認可之非種族因素所造成。由於舉證責任移轉於政府,如政府無法就其行為之種族中立性提出有力之反證,系爭政府行為即屬違反平等保護原則而失其效力❾。至於政府之歧視故意是否存在,因係事實認定之問題,故人民或政府所提有關證據之證明力,聯邦最高法院自應尊重事實審法院之判斷❿。

此外,政府法令之內容縱屬種族中立,惟如該法令賦與執法者行使種族歧視之廣泛裁量權限,且該法令確曾作為政府過去行使種族歧視之依據,而法院目前尚無法針對該法令未來之歧視性適用提供完整之救濟

---

❽ 參照Yick Wo v. Hopkins, 118 U.S. 356 (1886)。

❾ 參照Snowden v. Huges, 321 U.S. 1 (1944); Castaneda v. Partida, 430 U.S. 482 (1977); Batson v. Kentucky, 476 U.S. 79 (1986); McCleskey v. Kemp, 481 U.S. 279 (1987)。

❿ 參照Hernandez v. New York, 500 U.S. 1 (1991)。

方案，則其仍有因外觀而致無效之餘地。人民在此縱無法證明政府適用
該法令時兼有歧視之故意，法院仍將仔細審究系爭法令是否符合前述要
件，並進而作成禁止政府繼續適用該項法令之裁定❶。

3. 立法者之動機

　　法律之內容縱屬種族中立，惟如原告當事人於訴訟程序中證明立法
者制定該項法律之動機，乃在歧視少數民族或弱勢族群，則該一法律仍
具種族歧視之故意，遞應受法院嚴格檢驗標準之審查。法律之效力或政
府適用該項法律之結果如將造成少數民族或弱勢族群沉重之負擔，且立
法者亦無法提出合理基礎予以解釋時，則該一法律顯係本於立法者不法
之動機所制定，法院自應以該法律違反憲法平等保護原則為理由，宣告
該項法律為無效❷。

　　惟如立法者之動機無法自法律效果明確顯示時，該法律是否仍應受
法院嚴格審查標準之檢驗，則不無疑義。為此，美國聯邦最高法院乃於
Village of Arlington Heights v. Metropolitan Housing Development Corp.一
案中建立一套敏銳調查(Sensitive Inquiry)機制，用以確定立法者之動機。
依據該項調查機制，政府制定該一法律之歷史背景、遠因與近因，引致
政府為此項立法之有關事件，以及立法決策者所陳述之有關意見等相關
事項，均屬法院調查立法者動機時之重要考量因素❸。

　　法院首依上述三方面之有關事實基礎調查立法者之動機，並進而作
成關於政府是否故意行使歧視性行為之認定。其次，如政府之歧視性行
為確係針對某些少數民族或弱勢族群而發動，則該一行為自應接受法院

---

❶　參照Louisiana v. United States, 380 U.S. 145 (1965)。

❷　參照Gomillion v. Lightfoot, 364 U.S. 339 (1960); Washington v. Davis, 426 U.
　　S. 229 (1976)。

❸　參照Village of Arlington Heights v. Metropolitan Housing Development Corp.,
　　429 U.S. 252 (1977)。

嚴格檢驗標準之審查。最後，系爭行為如無法通過該項檢驗標準之考驗，即屬違反憲法平等保護原則，該項政府行為自應全部無效。惟法院依前述有關事實認定，政府行為並非全部基於歧視性之故意，僅係在行為之一部存有不法動機時，政府如能證明縱無該項不法意圖，仍須作成相同決定，則該一政府行為將不因其一部係基於不法之動機而無效。政府對於「不法動機並無影響行為決定」乙事，應負有舉證之責任❶。除非事實之認定發生明顯違誤(Clearly Erroneous)之情事，否則聯邦最高法院亦將尊重事實審法院關於不法歧視動機存在與否之判斷❶。

茲應注意者，法律或其他政府行為無論就其外觀，或就執法者之態度及立法者之動機等各方面而言，均屬種族中立之性質，惟該法律或政府行為一旦實施，將使某少數民族或弱勢族群在種族上承擔與其他民族或族群相較顯不成比例之過重衝擊。由於此種法律或政府行為具有事實上之歧視效果，聯邦最高法院乃稱該類歧視性行為為事實性歧視(De Facto Discrimination)。此類政府行為因欠缺種族歧視之故意，故聯邦最高法院係以合理檢驗標準審查其合憲性。政府僅須證明法律或政府行為所行使之分類或差別待遇，與憲法所允許之某項州利益間有合理關聯(Rational Related)，則其縱在事實上有歧視種族之效果，該項法律或政府行為仍非當然無效❶。

（二）種族歧視

政府僅就人種、民族或族群之不同為基礎，對於人民予以分類之作

---

❶ Id.

❶ 參照Rogers v. Lodge, 458 U.S. 613 (1982)。

❶ 參照Washington v. Davis, 426 U.S. 229 (1976); Dayton Board of Education v. Brinkman, 433 U.S. 406 (1977); City of Mobile v. Bolden, 446 U.S. 55 (1980); Memphis v. Greene, 451 U.S. 100 (1981)。

法，最具存疑性，應受法院嚴格檢驗標準之審查。美國聯邦最高法院於一九五四年以前尚肯定，為達成分配學校之目的，以種族為基礎分類人民之法律並未違憲。該法院認為，只要黑人和白人所分別就讀之學校，在教學品質上實質平等，則該類實施種族隔離(Racial Segregation)政策之學校自屬合法。

惟自一九五四年以後，由於受到黑人人權領袖馬丁路德金博士(Martin Ruther King)所領導黑人民權運動之影響，最高法院在其著名之Brown v. Board of Education of Topeka 一案中認定，隔離教育設施本身即屬固有地不平等(Inherently Unequal)，且此項作法將嚴重損及黑人關於法律平等保護之正當權益❼。聯邦最高法院認為，在現代社會環境中，公立學校教育對於人民極為重要，學校之種族隔離措施將危及非裔人民完整之受教權益。由於此類學校之繼續存在顯與「法律平等」概念有所不容，故各州應儘速對其所實施之教育隔離措施作成適當之調整❽。

聯邦最高法院表示，法院認定某一學校是否實施種族隔離措施，除應調查系爭學校有無實施歧視行為之故意外，亦應考量黑人以外其他少數民族後裔學生在學校教育上所受不平等對待之對照情況❾。法院於審查此類政府行為時，應依現存事實或現象，推定政府在某些事務上有行使種族歧視之故意。茲此，舉證之責任乃轉而歸屬於政府。政府為推翻前項推定並進而通過法院嚴格檢驗標準之考察，必須提出類如以下所述

---

❼　禁止學校實施種族隔離政策，顯然並非起草憲法增修條文第十四條立法者之立法本意，因為於一七九〇年前後美國國會在討論此項憲法修正案時，位於首府華盛頓特區之學校均實施種族隔離措施，人們在當時似乎無法預見此項增修條文將成為日後聯邦最高法院宣告種族隔離政策為違憲之憲法依據。

❽　參照Brown v. Board of Education of Topeka, 347 U.S. 483 (1955); Bolling v. Sharpe, 347 U.S. 497 (1954)。

❾　參照Keyes v. School District No. 1, 413 U.S. 189 (1973)。

之事證，以證明其無種族歧視之故意：種族歧視確非行使系爭行為之動機；縱使政府行為素來含有歧視之故意，過去之故意歧視行為不僅非屬形成目前種族隔離措施之主因，且對該一措施並未提供任何助益；以及學區被分割為數個疏離且毫無關聯之單位，實因地理上之自然疆界所致等❷。

　　法院一旦認定學區政府在教育資源之分配或使用上，有故意行使種族歧視之情事，則該一政府應即負有排除所屬各級學校實施種族隔離措施之積極性義務(Affirmative Duty)。學區政府應責成學校當局提出可即時改善目前種族隔離狀態之救濟計劃，並要求其解釋為何捨棄其他較有效方法之理由❷。聯邦最高法院強調，此類救濟之目的，乃在修正過去違反憲法之錯誤情況。由於各學區乃至各學校所實施種族隔離措施之差異性頗大，法院審查學校所提改善方案是否適當時，自不宜僅依某些欠缺彈性之法則為之，而應就違憲事件之性質、範圍及其整體情況，依具體個案分別決定之。學校如疏於行使上述救濟之義務，法院將運用其廣泛之衡平權力(Equitable Powers)予以補救❷。

　　自上述 Brown 一案之後，於類如公立海灘或澡堂、市立高爾夫球場、大眾運輸系統、體育場、戲院、聚會場所或公立辦公大樓等公共設施實施任何形式之種族隔離措施，均將被聯邦最高法院推定為違憲。以「種族」為基礎所作成之區分，最高法院均視之為一「存疑性分類」，任何行使種族區分之法律或政府行為，均受到法院「嚴格檢驗」標準之審查。除非政府可證明種族歧視係為達成某一優勢性國家利益所必要之手段，否則行使種族歧視之有關法律或其他政府行為均應迅予禁止❷。例如任

---

❷　Id.

❷　參照Green v. New Kent County School Board, 391 U.S. 430 (1968)。

❷　參照Swann v. Charlotte-Mecklenburg Board of Education, 402 U.S. 1 (1971); Dayton Board of Education v. Brinkman, 433 U.S. 406 (1977)。

何法律均不得強令黑人於類如投開票處所、公立學校或市立游泳池等各種公共設施內接受特殊隔離之處遇是。甚且，聯邦最高法院更進一步認為，規定將候選人之種族明列於選票上，或拒絕改嫁其他種族母親取得親生子女監護權之法律，均因其效果將引發社會大眾對於某些種族之偏見，故亦屬無效。畢竟，形成種族認同上之偏見，對於大多數重視種族地位平等之國家而言，究非屬一具有正當性之優勢性利益❷。

　　惟應注意者，憲法增修條文第十四條所定平等保護條款僅得適用於政府所行使之行為，純粹私人之行為，則不受上開條款之限制。為避免私人交易行為行使區別待遇，國會乃自一九六四年起陸續通過一系列關於公民權利(Civil Rights)之法案。依據此類法律之規定，於類如餐廳、戲院、運動場或旅館等公共場所，或於雇用二十五位以上受僱人或受有聯邦政府契約之公司，基於種族、膚色、宗教或國籍等因素所行使之各種區別待遇均屬不法。至於有關房屋買賣或租賃等之區別待遇，則亦為其他民權相關法律所禁止❸。

---

❷　參照McLaughlin v. Florida, 379 U.S. 184 (1964); Loving v. Virginia, 388 U.S. 1 (1967)。

❷　參照Anderson v. Martin, 375 U.S. 399 (1964); Palmore v. Sidoti, 466 U.S. 429 (1984)。

❸　關於主要民權法律之有關規定，例如於一九五七年訂定意圖妨礙他人參與聯邦選舉投票罪，並設立民權委員會(Civil Rights Commission)主管監督該項事務；於一九六〇年授權檢察首長得任命聯邦調解官(Federal Referee)蒐集有關黑人投票權為他人剝奪的指控之證據與認定該項事實，並訂定使用州際商務恐嚇或實施爆炸行為罪；於一九六四年從嚴修正關於使用行政設計或識字測驗排除黑人投票之法律，禁止餐廳、旅館、午餐櫃臺、加油站、電影院、運動場、展覽館及五間客房以上之宿舍因種族、膚色、宗教或國籍等原因所行使之區別待遇，授權檢察首長得為執行公立學校種族混合政策而代表人民提起訴訟，但並未授權其簽發有關以校車接送達成學校種族平衡目標之命令，宣告因種族、膚色、宗教、國籍或性別之原因而對於受

（三）良善性歧視

政府以種族之不同區分人民，雖被聯邦最高法院認為是一種具存疑性之分類方式，但此一意見並非意謂政府不得相異對待各種族。例如聯邦政府得訂定優惠性措施，要求與其有業務往來之承攬人雇用一定比例之黑人；公立學校得要求公共運輸系統接送黑人學童至白人學校就讀，以及州立大學在無採行嚴格配額制度之前提下，得以種族作為核發大學、法學院及醫學院入學許可之考量因素，只要實施該項種族考量之目的係在幫助黑人而非在傷害黑人等是❷。

綜言之，聯邦最高法院從未堅持美國憲法是一無色(Color-blind)之憲法。最高法院認為，法律之目的如具良善性，且係為彌補以往區別待遇之後果而制定，則該項法律縱有區分種族之情事，亦非當然違憲。惟此一憲法解釋引起眾多爭議。持反對意見者認為，此類政策乃在為便利黑人進入州立大學或取得政府合約而設計，其目的乃在逆轉區別待遇(Re-

---

僱人之聘雇、解雇或薪資之支付行使區別待遇之行為為違法，且此項規定之效力及於所有雇用二十五名以上員工之公司，以及禁止對於任何接受聯邦基金資助之活動行使區別待遇，並授權政府刪減實施區別待遇的活動之聯邦基金；於一九六五年授權文官委員會(Civil Service Commission)於曾被認定為有實施區別待遇情事之地區，或在一九六四年選民登記率低於百分之五十之地區任命選舉監察人，要求其所有合格選民均須在聯邦、州或地方性初選及普選中完成選民登記，且停止實施識字測驗或其他足以排除黑人參與投票之任何設計，並指示檢察首長應針對投票稅之合憲性提起訴訟；以及於一九六八年逐步禁止經由不動產經紀人買賣或租賃之房屋行使區別待遇，並訂定使用州際商務組織或煽動暴動罪等。

❷ 參照Fullilove v. Klutznick, 448 U.S. 448 (1980); Swann v. CharlotteU-Mecklenburg Board of Education, 402 U.S. 1 (1971); Regents of the University of California v. Bakke, 438 U.S. 265 (1979).

verse Discrimination)之不當。是以，為達成校內種族平衡而接送黑人學童就學之政策即因此而不再顯得特別重要。他們堅信，機會之平等(Equality of Opportunity)乃必須且不可或缺，憲法在此應保持中立之態度。與最高法院持相同意見者則認為，過去數世紀以來奴隸及隔離制度所造成之有害效果，唯有政府於制定政策時被允許將種族因素列入考量始可有效排除。由於不具形式之社會力量驅使黑人與白人於不同之社區分開生活，將因此限制黑人與白人間之締約數量，亦因而減少黑人接近某些工作或學校之機會。他們堅信，結果之平等(Equality of Result)才是必須且不可或缺，憲法在此應允許關於補償過往缺憾之各種政策及方案。

　　茲應注意者，任何基於種族差異所作之分類，均有造成刻板傷害之危險，是故，政府行使上述對於少數民族或弱勢族群有利之良善性歧視行為，仍應與不利於少數民族或弱勢族群之種族歧視行為相同，受到法院嚴格檢驗標準之審查❷❼。政府雖得主張，彌補過去對於少數民族或弱勢族群之歧視，乃係一項具優勢性之國家利益，故為彌補過去錯誤之歧視行為而給予受歧視族群成員某些特別之優惠，自非法所不許。惟一項以種族為基礎所作之補償計劃，仍不得僅為彌補以往概括之社會歧視而設計。是以，補償計劃之實施，應以彌補過去某一特定之歧視情事為目的。但過去是否確有違反憲法或有關法律之歧視性行為存在，則屬須依具體事實作個案辨明之問題，應由主管該事務之適當機關予以確認❷❽。聯邦最高法院對於政府所提類如補償計劃之優惠性措施，如欲考察其是否確經審慎籌劃(Narrowly Tailored)且足以達成一項具優勢性之政府利益時，將由下述四方面著手：⑴補償計劃實施之必要性與其他方案之預期效能；⑵補償計劃實施之彈性與其存續期間；⑶補償計劃之目的與相

---

❷❼　參照City of Richmond v. J. A. Croson Co., 488 U.S. 469 (1989) ; Adarand Con-
　　structors, Inc. v. Pena, 515 U.S. 200 (1995)。

❷❽　Id.; 並參照Missouri v. Jenkins, 515 U.S. 70 (1995)。

關環境因素之關係；以及(4)實施補償計劃對於其他第三人之衝擊與影響等❷。

此外，法院對於國會依職掌所議定，並廣泛授權行政機關依其決議實施之各種良善性種族歧視方案，亦抱持相當尊重之態度。縱使該類方案並非專為彌補過去錯誤之種族歧視結果所設計，法院仍將以系爭方案與某項重要之政府目標有重大關聯(Substantially Related)為理由，宣告該一方案為有效。 例如對於聯邦傳訊委員會(Federal Communication Commission)為促進廣播電視節目之多樣化，在核發廣電執照方面給予少數民族申請者優惠之作法，聯邦最高法院認為，該項以種族分類為基礎之良善性歧視，雖非單純為彌補以往之種族歧視而設計，惟其與媒體節目多樣化之重要公益有重大關聯，故仍屬有效者是❸。

（四）國籍歧視

一般而言，國會對於外國人是否得以適用或排除於某項政府措施以外，乃享有憲法所賦與完全決定之權，法院對於國會之有關決定，自應予以尊重。是以，如聯邦政府基於外國人之身分，而行使涉及國籍歧視之行為時，法院僅得依傳統之合理檢驗標準予以審查，前述嚴格檢驗標準在此並無適用之餘地❹。惟州政府如基於外國人之身分，對於合法許可擁有永久居留身分之外國人(Permanent Resident Aliens)行使歧視性行為，由於此類外國人雖非傳統上以種族基礎而區分之少數民族，但因其於政治過程中無法行使類如直接投票之公民權限， 故仍屬隔離與孤立(Discrete and Insular)於社會以外之弱勢族群。 法院對於合法居留外國人

---

❷　參照United States v. Paradise, 480 U.S. 149 (1987)。

❸　參照Metro Broadcasting, Inc. v. Federal Communications Commission, 497 U. S. 547 (1990)。

❹　參照Mathews v. Diaz, 426 U.S. 67 (1976)。

之處境應給予適當之關切，除應將前述之政府分類措施視為係一種具存疑性之歧視行為外,於考察該類政府行為是否違反憲法平等保護原則時，亦應以適用於種族分類行為之嚴格檢驗標準予以審查**❷**。

茲此，除非為達成某項具優勢性之國家利益所必要，州政府對於合法居留之外國人，不得拒絕其社會福利利益，不得拒發其律師執業許可，不得未經面談全面排除其公職服務機會，亦不得禁止其購買或擁有不動產等。法院依嚴格檢驗標準所施予州政府之壓力，可謂極其沉重**❸**。此外，州政府亦得因其分類行為造成合法居留外國人某些未經國會預期或授權之額外負擔，致該行為違反憲法第六條第二項最高條款(Supremacy Clause)而遭聯邦最高法院宣告為無效，在此併予敘明**❹**。

然而，某些類如陪審員、民選官員，以及警察、觀護人等釐定、執行或審究重要公共政策之非民選官員，甚至包括中小學教師等，由於其行使之職務不僅涉及對於國家之忠誠義務，亦將影響人民或學生對於政府之態度，更可為公民品德之提昇提供一優良典範。由是，州政府依其傳統權力，排除外國人參與民主政治機構之措施，聯邦最高法院均僅以傳統之合理檢驗標準予以審查。只要政府之行為可證明為合理，則基於外國人身分所作之上述分類並非當然違憲，是應注意**❺**。

（五）基本權利歧視

法律或其他政府行為歧視人民基本權利，或造成人民基本權利之傷

---

❷　參照Graham v. Richardson, 403 U.S. 365 (1971)。

❸　Id.；In re Griffiths, 413 U.S. 717 (1973); Bernal v. Fainter, 467 U.S. 216 (1984); Sugarman v. Dougall, 413 U.S. 634 (1973).

❹　參照Toll v. Moreno, 458 U.S. 1 (1982)。

❺　參照Foley v. Connelie, 435 U.S. 291 (1978); Ambach v. Norwick, 441 U.S. 68 (1979); Cabell v. Chavez-Salido, 454 U.S. 432 (1982)。

害或過當負擔,則該法律或政府行為即有違反憲法平等保護原則之疑義,應受法院嚴格檢驗標準之審查。除非政府可證明該項手段係為遂行某項具優勢性之國家利益所必要, 否則上述之歧視性行為應歸於無效❸❻。茲此, 法律或其他政府行為不得恣意限制新興政黨所推薦候選人之資格條件, 否則侵犯部分人民之結社自由❸❼;不得無故妨害行使締結婚姻、生殖或墮胎之自由, 否則侵犯部分人民之隱私權❸❽; 不得任意限制參與選舉活動之自由, 否則侵犯部分人民之投票權❸❾; 亦不得不當課予公職候選人額外負擔, 否則侵犯部分人民之被選舉權❹⓿。

上述法律或政府行為,不僅造成政府對於人民基本權利保障在程度上有所差異,且致令部分人民負擔較他人為沉重之負擔。該類歧視性行為雖非以類如種族、膚色或性別等傳統上不易改變之本質為其分類基礎,但無論政府係基於歧視性故意實施該行為, 或政府縱無歧視性故意, 實施該行為仍將造成事實性之歧視, 該類行為確已產生分類人民之效果。由於分類之結果將引致部分人民關於其基本權利之傷害與不當負擔, 法院自須適用與審查政府限制人民基本權利相同之最嚴格標準予以檢驗。

三、中級檢驗標準

政府以性別或類如婚生子女與否之身分合法性作基礎所為之分類行

---

❸❻　參照San Antonio Independent School District v. Rodriguez, 411 U.S. 1 (1973)。

❸❼　參照Williams v. Rhodes, 393 U.S. 23 (1968)。

❸❽　參照Zablocki v. Redhail, 434 U.S. 374 (1978); Skinner v. Oklahoma, 316 U.S. 535 (1942); Maher v. Roe, 432 U.S. 464 (1977); Harris v. McRae, 448 U.S. 297 (1980)。

❸❾　參照Dunn v. Blumstein, 405 U.S. 330 (1972)。

❹⓿　參照Lubin v. Panish, 415 U.S. 709 (1974); Bullock v. Carter, 405 U.S. 134 (1972)。

為，其分類基礎雖非屬具存疑性者，但因該分類行為與具存疑性基礎所為分類之政府行為，不論在歷史背景與形成原因，或在手段目的與發展過程等方面均極為類似，故而聯邦最高法院乃歸類上述分類基礎為準存疑性之分類(Quasi-Suspect Classifications)。 對於政府以該種分類為基礎所為之歧視性行為是否違反憲法平等保護原則之疑義，法院應以介於嚴格檢驗標準與合理檢驗標準中間之中級檢驗標準審查之。政府有意針對準存疑性分類成員行使歧視性待遇時，須證明該項措施與達成某項重要政府利益間有重大之關聯❹。至於政府行為雖欠缺歧視之故意，但仍對於準存疑性分類對象造成過重負擔而形成事實性歧視時，聯邦最高法院亦抱持與審查政府行為對於具存疑性分類對象造成事實性歧視相同之態度，以合理檢驗標準考察該項政府行為之合憲性疑義。政府僅須證明法律或政府行為所行使之分類或區別待遇，與憲法所允許之某項州利益間有合理關聯，則其縱在事實上有歧視性別之效果，該項法律或政府行為仍非當然無效❹。

（一）性別歧視

雖然以種族為基礎所作之分類是一種具存疑性之分類方式，但以性別為基礎所作之分類則不盡然。一項可能之理由乃是法律將婦女歸屬於特定之分類自有其特殊之歷史背景及正當性，與將黑人歸屬於特定分類之情形究有不同，不可同日而語。制定種族隔離法律之目的，乃在隔離黑人於白人之外，並藉由白人之法律箝制黑人。而法律限制婦女機會並非以隔離婦女於男人之外為目的，相反地，制定該類法律之本意乃在保護婦女。例如於一九〇八年美國聯邦最高法院在 Mueller v. Oregon 一案

---

❹　參照Craig v. Boren, 429 U.S. 190 (1976)。

❹　參照Personnel Administrator of Massachusetts v. Feeney, 442 U.S. 256 (1979) ; United States v. Virginia, 116 S. Ct. 2264 (1996)。

中肯認奧勒岡州限制女性洗衣工每日十小時工時之法律為合憲❹。該項
法律對於男性洗衣工之每日工時雖未作成任何具體之限制，但最高法院
認為由於男子與婦女在先天體質、功能及自信上確有不同，因此婦女應
受法律之特別保護。

女性主義運動已向有關男性與女性在某些方面有所差異故應以法律
為不同對待之主張進行挑戰。為回應上述挑戰，國會和州議會均已通過
法律廢止諸多以性別為基礎之傳統區分。一般而言，今日於雇用及教育
上因性別所為之區別待遇均屬不法，男人與婦女必須為平等之工作獲得
平等之給付，男女學生必須於接受聯邦基金資助之獨立學院及大學內享
有平等之機會。

與此同時，聯邦最高法院亦開始改變其於男女差異對待之法律及實
際運作中所適用之有關審查標準。前述 Mueller 案之判決，係由該法院依
傳統審查標準所作成，乃明顯反應出父系主義下之某些保護色彩。在此
情況下，任何一州之法律均不可能因性別之區別待遇而被宣告為違憲。
然而，於一九七一年聯邦最高法院在 Reed v. Reed 一案中卻改變其先前
之見解，並宣告愛達荷州優先指定男子為幼童遺產管理人之法律為違憲。
最高法院以無異議一致通過一項新的審查標準，亦即前述所謂之中級檢
驗標準，認為任何基於性別而區分人民之法律如欲取得憲法之認可，必
須係合理且非屬獨斷，且其所依據之差異基礎必須與立法之目的有相當
及重大(Fair and Substantial)之關聯，而所有類似情況下之人民均得因此
獲得類同之對待❹。

與最高法院所發展之審查種族分類標準比較，上述審查標準顯然較
為和緩。審查種族分類之標準乃推定所有類此分類均具存疑性，故其合
憲性必須通過法院嚴格檢驗標準之考驗。近年來，聯邦最高法院數位大

---

❹　參照Mueller v. Oregon, 208 U.S. 412 (1908)。

❹　參照Reed v. Reed, 404 U.S. 71 (1971)。

法官雖曾試圖於審查有關性別分類之案件時揚棄中級檢驗標準，而由與規範種族分類案件相同之固有懷疑(Inherently Suspect)標準取而代之，但終因大多數大法官未採取此一觀點而作罷❹。

依據中級審查標準，最高法院認可與推翻諸多基於性別因素區分人民之法律。最高法院推翻基於性別理由而為差異對待之判決，例如州政府不得對於男女規定不同之成年年齡❹；州政府不得對於男女分別規定購買啤酒之法定年齡❹；不得以獨斷之身高及體重等規定阻止婦女就業❹；僱用人不得規定婦女應申請強制性產假❹；不得阻止女性青少年參加小聯盟球隊❺；州立護理學校學院不得拒絕男性申請者報考及入學❺；青商會雖屬私人團體，亦不得排除婦女會員❺；法律不得僅給予未婚母親關於出養其子女之同意權❺；法律亦不得僅規定惟有離婚丈夫始有支付配偶贍養費之義務❺；以及縱使婦女平均壽命高於男子，僱用人於每月仍須支付婦女與男子相同之月退休金等是❺。

另一方面而言，聯邦最高法院亦有認可重要政府利益之存在而允許政府得基於性別理由行使差別對待之判決，例如男女在性關係上究非處

---

❹　參照Frontiero v. Richardson, 411 U.S. 677 (1973)。

❹　參照Stanton v. Stanton, 421 U.S. 7 (1975)。

❹　參照Craig v. Boren, 429 U.S. 191 (1976)。

❹　參照Dothard v. Rawlinson, 433 U.S. 321 (1977)。

❹　參照Cleveland Board of Education v. LaFleur, 414 U.S. 632 (1974)。

❺　參照Fortin v. Darlington Little League, 514 E.2d. 344 (1975)。

❺　參照Mississippi University for Women v. Hogan, 458 U.S. 718 (1982)。

❺　參照Roberts v. United States Jaycees, 104 S.Ct. 3244 (1984)。

❺　參照Caban v. Mohammed, 441 U.S. 380 (1979)。

❺　參照Ore v. Ore, 440 U.S. 268 (1979)。

❺　參照Arizona Governing Committee for Tax Deferred Annuity and Deferred Compensation Plans v. Norris, 103 S.Ct. 3492 (1983)。

於類同之地位，故為達成防止未成年女子懷孕之重要公共利益，僅制裁實施準強姦罪之男性而未制裁實施相同犯罪行為之女性之法律並非當然違憲❺❻；人學如係自願且學校教學品質均等，分別設立公立男校和公立女校之方式均非法所不許❺❼；州政府為緩和過去寡婦在財務衝擊上與鰥夫比較顯為不利之情況，得僅給予寡婦財產稅免稅額而排除鰥夫之適用❺❽；以及海軍為平衡以往給予男性軍官較優越之陞遷機會，得允許女性軍官維持較男性軍官長久之未晉升狀態而無自動解職處分之適用等是❺❾。

在美國歷史上對於釐清婦女權利影響最深遠者，當推涉及徵兵及墮胎之案件。聯邦最高法院於一九八一年在 Rostker v. Goldberg 一案中表示，國會所通過有關僅徵召男性入伍而排除女性服役之規定，並未違反美國憲法增修條文第五條正當法律程序條款之本旨❻⓿。最高法院認為，在國防事務上，國會基於其戰事權之行使，得自為決定「戰鬥部隊之召集整備」乃係一項重要之政府利益。對於國會為達成上開重要公益，作成有關僅徵召男性而禁止婦女應召參與戰鬥任務之決定，法院應給予高度之尊重❻❶。

此外，聯邦最高法院亦於一九七三年在 Roe v. Wade 一案中宣告禁止墮胎之州法律為違憲❻❷，此一意見並於其他案件中受到確認。此項頗

❺❻　參照Michael M. v. Superior Court, 450 U.S. 464 (1981)。

❺❼　參照Vorchheimer v. School District of Philadelphia, 430 U.S. 703 (1977)。

❺❽　參照Kahn v. Shevin, 416 U.S. 351 (1974)。

❺❾　參照Schlesinger v. Ballard, 419 U.S. 498 (1875)。

❻⓿　參照Rostker v. Goldberg, 453 U.S. 57 (1981)。

❻❶　關於婦女是否應在軍隊中與男子接受相同對待之爭議，乃成為國會於一九七二年審議憲法平等權修正案(Equal Rights Amendment)時所辯論之重要爭點。該修正案如被各州認可而成為憲法增修條文之一，其內容將可推翻最高法院於Rostker v. Goldberg一案所確立之原則。

具爭議性之判決引起美國人民兩極化之社會運動，反對墮胎者期望藉由
憲法修正案之通過，推翻前揭判決並允許禁止墮胎之州法律繼續存在；
而贊成墮胎者則期望聯邦法律應依前揭判決作成大幅度之修正，並允許
政府基金支付貧窮婦女之墮胎費用。

　　惟上述兩種社會運動之結果均未令其支持者滿意。經過冗長之辯論，
國會不僅未能如願順利通過喧騰一時之憲法平等權修正案(Equal Rights
Amendment)，甚且在聯邦最高法院之認可下，通過一系列關於聯邦基金
禁用於墮胎之法律❻。聯邦最高法院並隨而宣稱，該類法律及各州所制
定較上述法律嚴格之規定均屬合憲❻。然而，最高法院雖肯認各州議會
得自行決定使用墮胎基金之條件，但卻於同一時期獲致放寬墮胎權益之
裁判。最高法院在其判決中宣告，要求應先行取得丈夫或未成年懷孕婦
女父母親或其監護人之同意始可進行墮胎手術之法律為違憲❻。茲此，
藉由法律之修正及歷年法院判決所確立之原則，美國政府對於婦女權益
之保障，乃日益充分而確實，婦女平權理念儼然已成為美國社會文化之
主流價值之一。

　　一九七二年憲法平等權修正案雖終告功敗垂成，惟新修訂之法律及
法院對於現行法和憲法增修條文第十四條法律平等保護條款所作成之有
關解釋，仍將獲致與平等權修正案相同之效果。然而，某些藉由法律及
法院之裁判擴大婦女權利之努力，仍受到各界廣泛之討論與質疑，例如
婦女運動者所尋求有關婦女不僅應於與男子所從事之同等工作(Equal

❻　參照Roe v. Wade, 410 U.S. 113 (1973)。

❻　國會簡稱其為海德修正案(Hyde Amendment)。

❻　參照Harris v. McRae, 448 U.S. 297 (1980); Beal v. Doe, 432 U.S. 438 (1977);
　　Maher v. Roe, 432 U.S. 464 (1977)。

❻　參照Planned Parenthood Federation of Central Missouri v. Danforth, 428 U.S.
　　52 (1976); Bellotti v. Baird, 443 U.S. 622 (1979); Akron v. Akron Center for
　　Reproductive Health, 103 S.Ct. 2481 (1983)。

Work)上獲得同等報酬，同時更應於與男子所從事之相對工作(Comparable Work)上獲得同等報酬之努力即是。依據上述主張，圖書館管理員（絕大多數係婦女）應獲得與卡車司機（絕大多數係男子）同等之報酬。儘管尚有爭議，於一九八五年以後，美國若干地方政府已開始在某些原僅得由市場決定其相對價值之工作，透過政府力量實施上述相對價值標準之報酬給予政策。

（二）合法性歧視

政府對於非婚生子女之歧視，因歸屬於具準存疑性之分類行為，故亦受法院中級檢驗標準之拘束，與政府所為之性別歧視並無不同❻。一般而言，法院為避免州政府以此種分類懲罰不法關係但卻對於無辜子女造成傷害之結果，均強調政府如以身分合法性作為行使歧視性行為之分類基礎時，須證明該項行為與上述懲罰不法關係之目的無關。是以，有關非婚生子女不得與婚生子女均等分配父親撫恤金；惟有婚生子女始得在父母不法死亡之訴訟中享有當事人適格地位；以及惟有婚生子女始可請求父母供應生活費之規定，均經聯邦最高法院以與重要國家利益欠缺重大關聯為理由，宣告該類歧視性法律或政府行為失其效力❼。但法院非不得以促進行政管理上之便利，或系爭爭議係屬國會可完全決定之事項等為理由，認可政府以身分合法性為基礎所作之歧視性措施❽。

---

❻ 參照Mathews v. Lucas, 427 U.S. 495 (1976); Clark v. Jeter, 486 U.S. 456 (1988)。

❼ 參照Weber v. Aetna Casualty & Surety Co., 406 U.S. 164 (1972); Levy v. Louisiana, 391 U.S. 68 (1968); Gomez v. Perez, 409 U.S. 535 (1973)。

❽ 參照Lalli v. Lalli, 439 U.S. 259 (1978); Fiallo v. Bell, 430 U.S. 787 (1977)。

四、合理檢驗標準

美國聯邦最高法院對於存疑性或準存疑性基礎以外之分類，係採取合理檢驗標準予以審查。由於合理檢驗標準深受一九三○年代前聯邦最高法院大法官赫姆斯氏(Justice Holmes)所領導赫姆斯學派(Holmesian)對於司法審查對象抱持寬鬆態度之影響❻，且該項標準係美國聯邦最高法院自本世紀初葉以來，為支持並鼓勵政府適當介入社會工商活動以謀國家整體經濟發展，於審查經濟性或社會性法規是否違反法律平等保護原則時所經常使用之檢驗準據，故此一標準又稱為傳統平等保護檢驗標準(Traditional Equal Protection test)。

依據合理檢驗標準，只要政府所為之分類或區別待遇，與某種憲法所允許或適當之州利益間有合理關聯，則該項分類或區別待遇即屬有效。在原告當事人證明該項分類或區別待遇確係不公平，全然獨斷或專擅(invidious, wholly arbitrary, or capricious)以前，該政府行為應被推定為合憲。法院對於立法者所決定有關經濟性或社會性之事務應給予高度之尊重，故縱係在司法審查審理程序之中，制定分類性法律之立法機關亦毋庸敘明其作成分類之理由。原告如欲推翻前述之有效性推定，除應舉出立法者不公平或獨斷專擅等有關情事外，亦須證明使分類成為正當之合理事證並不存在❼。

---

❻ 赫姆斯氏認為，法律即是實驗，世間有效存在之法律均有其正當性，法院應給予尊重。除非人民可證明法律制定之過程或內容涉及立法者之獨斷或不理性，否則應推定現存法律為合憲。

❼ 參照Lindsley v. Natural Carbonic Gas Co., 220 U.S. 61 (1911); McGowan v. Maryland, 366 U.S. 420 (1961); United States Railroad Retirement Board v. Fritz, 449 U.S. 166 (1980)。

聯邦最高法院強調，州政府依警察權(Police Power)制定有關經濟性或社會性法規時，縱有分類之情事，法院仍應尊重立法者之決定，給予州政府較其他事項為寬廣之自由裁量空間，例如最高法院肯認政府拒絕雇用接受鎮定劑治療者之規定為有效即是❼。惟政府所行使之分類或區別待遇如明顯欠缺合理基礎(Rational Basis)，則最高法院仍將以違反憲法平等保護原則為理由，宣告其為無效。由於人民必須對於推翻合憲推定負有舉反證之責任，故最高法院宣告此類分類或區別待遇為無效之情形實不多見。舉其大者，由於最高法院認為排除政治上非主流團體究非憲法所認可之政府利益，是故，法令之目的如係在拒絕嬉皮社區享用政府所提供之計劃，則該法令將因其全然欠缺任何合理基礎而失其效力者是❼。

此外，聯邦最高法院對於政府在經濟性或社會性法規所行使之分類或區別待遇，有時亦採取較不尊重之態度，認為政府所作成之分類，必須植基於某些與立法目的具有相當且重大關聯之差異基礎之上。依據此項檢驗標準，政府對於行使分類或區別待遇之差異基礎是否確與立法目的有相當且重大之關聯，乃負有舉證之責任。惟適用標準縱有差異，聯邦最高法院對於政府關於此類事務所作之各種分類或區別待遇，仍採取儘予認可之態度❼。關於聯邦最高法院試圖以前開檢驗標準審查政府所為有關經濟性或社會性之差異行為，由於該項標準與前所述之中級檢驗標準類同，在此乃不再贅敘。

聯邦最高法院對於有歧視貧窮疑義之法律或政府行為，乃依據合理檢驗標準及較和緩之中級檢驗標準予以審查。該法院認可基於貧富差異

---

❼　參照New York City Transit Authority v. Beazer, 440 U.S. 568 (1979)。

❼　參照United States Department of Agriculture v. Moreno, 413 U.S. 528 (1973)。

❼　參照Royster Guano Co. v. Virginia, 253 U.S. 412 (1920); Johnson v. Robison, 415 U.S. 361 (1974); Romer v. Evans, 116 S. Ct. 1620 (1996)。

所為之歧視性行為，例如宣告州憲法有關於社區中興建低價位租金國民住宅，須先經該地區公民複決之規定並不違憲❼；以及為確保適當及有效之上訴審理制度，同意州政府得僅提供貧窮刑事被告免費之審判筆錄，以及於上訴程序中為貧窮被告指派免費辯護人等是❼。

　　另一方面言，聯邦最高法院亦推翻多項涉及貧窮歧視之法律或政府行為，例如對於法律上有關僅無經濟上負擔的人民始具學校教育委員會成員資格之規定，由於其分類基礎與政府所欲達成之目標完全無關，最高法院因而宣告失其效力❼；州法律有關未按期限繳足罰金即自動抵算特定刑期之規定，因其實施將造成貧窮被告過重之衝擊，故亦屬無效❼；為避免妨礙貧窮人民之離婚自由，州政府不得在無提供其他離婚途徑之情形下，作成當事人應先繳納裁判費始得訴請離婚之規定❼；為避免影響貧窮生父於親子確認訴訟中之權益，州政府不得要求當事人一方支付驗血及去氧核醣核酸測試費用❼；以及有關投票之行使應先繳納工本費、投票稅或以高價購買選票，因該類規定涉及對於貧窮之歧視，故亦為無效等是❽。

　　此外，對於政府針對老人、他州居民或精神狀態異常者所為之歧視

---

❼　參照James v. Valtierra, 402 U.S. 137 (1971)。

❼　參照Griffin v. Illinois, 351 U.S. 12 (1956); Douglas v. California, 372 U.S. 353 (1963)。但參照Ross v. Moffit, 417 U.S. 600 (1974)。政府為貧窮刑事被告指派免費辯護人，僅止於權利上訴階段，並未包括裁量上訴在內。

❼　參照Turner v. Fouche, 396 U.S. 346 (1970)。

❼　參照Tate v. Short, 401 U.S. 395 (1971)。

❼　參照Boddie v. Connecticut, 401 U.S. 371 (1971)。

❼　參照Little v. Streater, 452 U.S. 1 (1981); M.L.B. v. S.L.J., 117 S.Ct. 555 (1996)。

❽　參照Harper v. Virginia Board of Elections, 383 U.S. 663 (1966); Bullock v. Carter, 405 U.S. 134 (1972)。

性行為，聯邦最高法院乃依傳統之合理檢驗標準予以審查。最高法院認為，年齡差異，究非政府過去實施不平等對待之基礎，且以年齡作為分類之基礎，並未令年長者忍受長年限制因而需要現時法律為特別之保護，故而有關警察應於五十歲強制退休之規定並不違憲❽。其次，聯邦最高法院亦認為，公立學校有關要求學童應有真實居住意圖(Bona Fide Residence)始可入學之規定，因其分類基礎並不具存疑性或準存疑性，故得依合理檢驗標準宣告該規定為有效❷。最後，政府在實施各項措施時，給予精神狀態異常者特殊而廣泛之考量，因該作法並未在歷史上造成社會對於精神狀態異常者之偏見，且精神狀態異常者究非政治上之弱勢族群，故亦應依合理檢驗標準審查政府對於精神狀態異常者所為之歧視性待遇❸。

五、結　語

美國憲法增修條文第十四條平等保護及正當法律程序條款乃要求各州政府於行使其權力時，不得對於不同團體行使差異對待。差異對待如係不合理，即屬違憲。於決定何種對待係為不合理而屬違憲時，法院對於政府以人種、族群或國籍為基礎所為之分類或區別待遇，係依嚴格檢驗標準予以審查；對於政府以性別或身分之合法性為基礎所為之分類或區別待遇，係依中級檢驗標準予以審查；至於政府於實施經濟性或社會性法規或其他政府行為時，以種族或性別以外之差異為基礎所為之分類或區別待遇，法院則係依合理檢驗標準予以審查。

易言之，依種族分類總是較依性別分類令人存疑，故與前者有關之

---

❽　參照Massachusetts Board of Retirement v. Murgia, 427 U.S. 307 (1976)。

❷　參照Martinez v. Bynum, 461 U.S. 321 (1983)。

❸　參照Cleburne v. Cleburne Living Center, Inc., 470 U.S. 1002 (1985)。

法律或政府行為自應受法院最嚴格標準之檢驗；與後者有關之歧視性行為雖非在本質上令人存疑，但其分類基礎仍須具重大之合理性，否則無法通過法院中級標準之檢驗。而關於依其他分類基礎所為之歧視性行為，法院則僅探求該行為之實施是否合理，以及有無涉及政府獨斷專擅之情事，至於有關分類本質之存疑性，或行為性質之合理性，則非法院檢驗之重點，故得僅依最寬鬆標準予以檢驗即為已足。惟政府為彌補過往歧視性行為所引致之錯誤或傷害，非不得以審慎籌劃之態度，對於過去遭受歧視之受害者，提供某些積極性之優惠措施。法院對於該類良善性歧視行為，將依與一般性歧視相同之審查標準予以檢驗。

美國聯邦最高法院本於近代工具主義者之思維模式，於審查政府對於人民所作分類是否違反平等保護原則時，乃分別依事務之本質，就各種分類基礎，提供若干寬嚴程度互異之檢驗標準以資適用，其欲平等對待及客觀處理各種涉及人民平等權侵害案件之用心，頗值吾人借鏡。尤其在現今人權意識高漲，特別權力關係理論式微，威權政府體制瓦解之時代，法律及政府行為引發人民仔細思考關於其平等權保障之疑義勢將無可避免。司法部門向以人民權利之保障者及憲法之守護者自許，面對人民所提各種有關憲法平等權保障之違憲爭議，法院應依憲法所示各種平等權之本質，針對政府歧視性行為所依據之分類基礎，建立若干寬嚴程度互異之檢驗標準以為審查。法院一體適用相同檢驗標準審查各種不同類型之歧視性待遇，不僅不符憲法實質平等原則之本旨，同時亦將使違憲審查機制永遠處於某種程度之不安定狀態，人民自將因此而喪失對於憲法、法律之認同與期待。如此結果，究非司法機關、法院及人民所樂見。

是以，檢討審理人民平等權侵害有關案件之切入點及檢驗方式，應是司法機關未來共同努力之重點。至於某一特定分類基礎究應受何種審查標準檢驗之問題，因與國情、社經情況、歷史文化及人文環境之背景

等諸多因素息息相關，自不可斷然劃分，而應經由法院依其實證審理經驗，循序漸進，逐步累積，於達成社會整體之共識後方得予以決定。無可諱言者，政府基於人種、民族及族群等分類基礎所為之歧視性行為，將係最屬迫切需要司法機關嚴予審理之爭議，亦是美國聯邦最高法院闡釋憲法平等保護原則本旨之最初始動機。誠如前聯邦最高法院大法官布萊克曼氏(Justice Harry A. Blackmun)所言，「為揚棄種族主義，吾人首應考量種族，別無他途。為平等對待某些人民，吾人亦應對其為差異之對待。惟吾人不得亦不敢使憲法平等保護條款走上種族優越之思維」。

美國選舉人團制度之研究

一、前　言

　　美國憲法第二條第一項明定總統、副總統之權力、任期及選舉產生方式，其第一款規定，「行政權賦與美國總統。總統應於四年之任期中行使其職務，副總統亦同。總統、副總統之選舉，依下述程序辦理之」；其第二款續規定，「各州應依其州議會所定方式，任命若干選舉人，其人數與該州於國會所得擁有參議員及眾議員席位之總數相同」❶。總統、副總統之產生，並依憲法增修條文第十二條之規定，由各州選舉人於各該

---

❶　參見U.S.CONST. Art. II, Sec. 1, Cl. 1 :" The executive Power shall be vested in a President of the United States of America. He shall hold his Office during the term of four Years, and, together with the Vice President, chosen for the same Term, be elected, as follows." Cl. 2:" Each State shall appoint, in such Manner as the Legislature thereof may direct, a Number of Electors, equal to the whole Number of Senators and Representatives to which the State may be entitled in the Congress;...".

州政府所在地集會及投票決定之。此種選舉總統、副總統之獨特組織與程序，一般稱之為選舉人團(Electoral College)制度❷。然而，自美國建國至今，每逢四年一次的總統提名及選舉活動，均會使得新聞界、候選人、記者、特殊利益團體及所有有機會表達、撰文或思考總統、副總統競選程序之民眾獲得一個頗為一致之結論，亦即選舉人團制度應作成若干之修正。尤其在面對美國二〇〇〇年總統大選之結果時，上述結論似乎更顯得格外重要。

　　惟無可諱言者，選舉人團制度畢竟是一個在美國歷史上已實施二百餘年之悠久制度，對於美國憲政發展及政局穩定之貢獻自不容忽視。特別是在類如美國幅員遼闊且實行聯邦制(Federalism)之國家，憲法既賦與總統總攬聯邦政府行政權之最高地位，自須使其擁有統合各州、威震全國之領導態勢。是以，選舉人團制度至少可提供當選總統已獲得全國絕對多數選民熱烈支持之表象。縱使當選總統在全國人民普選之總得票數上僅以些微差距險勝競選對手，甚至略為落後，但因選舉人團制度凸顯總統為聯邦總統而非全民總統之設計，使得總統候選人僅須在取得選舉人團總票數之絕對多數後即可當選。由於在選舉人團總票數中取得絕對多數之優勢，即意謂著當選總統已取得大多數及重要州之認可，故在此一選舉人團集會及投票之選舉過程中，實已順勢賦與當選總統統領群倫之風采，對於日後四年主導國家政務，不啻是一個好的開始。是故，大多數美國法政學者均認為，選舉人團制度縱有某些部分亟待修正，但該制度仍係美國憲法中一項不可或缺之良法美意，自不宜輕言廢止。

---

❷　參見U.S. CONST. Amend. XII。其有關規定，詳後述。

二、選舉人團制度概述

（一）選舉人團制度之緣起

西元一七八七年五月二十五日至九月十七日於美國費城舉行之制憲會議(Constitutional Convention)，首次將以選舉人團方法選舉美國總統及最高行政首長之制度明定於美國聯邦憲法之中。來自北美十二州（羅德島拒絕指派代表出席）參加制憲會議之五十五位代表均甫自嚴酷之獨立革命中獲得自由，且可謂是首度感受到國家認同之存在。在參加會議之五十五位代表中，多位代表更曾參與強調「政府恰當權力乃源於被統治者同意」的獨立宣言(Declaration of Independence)之簽署。然而，與此同時，這些制憲元勳亦以維護國家秩序為職志，決定透過制憲結束長久以來因邦聯條款(Article of Confederation)所引發之政府亂象。

制憲元勳對於整頓國家秩序之渴望，乃明顯表現於美國憲法第二條的諸多文字之中。該條第一項除明定「行政權賦與美國總統」外，並在同條第二項進一步列舉範圍相當廣泛之其他總統權力，包括為陸軍及海軍統帥、任命聯邦官員及要求行政部門首長報告、締結條約、任命大使，向美國國會發表國情咨文，以及確保所有法律之忠實執行等事項❸。儘管如此，對於多位制憲元勳而言，如何選舉總統仍是一個不易解決之問題。由於有英王喬治三世(King George III)之經驗，他們對於將擁有眾多權力之美國總統感到甚為憂慮。事實上，在制憲會議上，某些代表確曾傾向由國會任命總統，其主要理由乃係總統之職責正是執行國會所通過之法律，依國會意志選出的總統自可確保法律之忠實履行。但部分與會代表如詹姆士麥迪遜(James Madison)、詹姆士威爾遜(James Wilson)及默

---

❸　參見U.S. CONST. Art. II, Secs. 2 & 3。

瑞斯州長(Gouverneur Morris)等人，則贊成總統應以人民普選之方式產生。惟此一看法為其他與會代表所反對。反對之代表認為，一般公民欲對於如此重要之問題作成判斷，將欠缺充分之全知。

當制憲元勳撰寫美國憲法時，他們無從憑空想像現代民主所標榜之內涵。同時，他們對於當時一般公民明智投票之能力亦缺乏信心。制憲會議之代表所擔憂者，乃是某些受歡迎之人士將可能影響社會大眾，進而造成一個一人之政府。是以，總統由人民普選之提案自無法順利成立。制憲會議曾一度通過授予國會選舉總統權之提案，但最後仍遭大會否決。該會議對於選舉總統之方式儘管爭論不休，莫衷一是，但與會代表均一致強調，應在大眾與總統之間設置某種類型之選舉機制。其最後的決定則是：由各州選出全知之選舉人，再由選舉人選出總統。制憲代表主張，總統選舉人將依各州議會所設計之任何方法選出之。選舉人應是為選舉總統、副總統之特定目的，而由各州所選出之傑出公民❹。茲應注意者，當時之代表似乎尚未預見日後多數州所採行「勝選者全得」(Winner-take-all)，選舉人投票應受限於某位特定候選人之設計。

按照一七八七年制憲會議與會代表之說法，選舉人團係一項為順利認可新憲法所不可缺少之重要妥協產物。發明選舉人團制度最主要之原因，乃是制憲會議陷入選擇較選舉人團簡化，類如直接選舉及國會選舉等二類選舉方案之僵局。易言之，該制度係為得以及時寫入憲法內容而設計，似為制憲元勳一即興之作，僅在日後才被賦與較高深之理論性內涵❺。憲法之父詹姆士麥迪遜於三十六年後寫道，「制憲會議深深感覺，

---

❹　參閱O'Connor, Alice & Henze, Many C., The Simple Business of Election-Presidential Election and the Republican Principle, Jefferson Foundation, Washington, D.C. (1984)。

❺　參閱John P. Roche, "The Founding Fathers: A Reform Caucus in Action," 55 American Political Science Review 811(Dec. 1961)。

要決定一個無懈可擊，任命類如美國政府的行政官署之程序是極為困難的。由於是為會議後期之最後規劃，在某一程度上，此一決定不免受到代表勞累煩躁之倉促影響」❻。

（二）選舉人團制度之實施

如前所述，美國憲法第二條第一項第二款特別規定，「各州應依其州議會所定方式，任命若干選舉人，其人數與該州於國會所得擁有參議員及眾議員席位之總數相同」。同條項第四款並規定，「國會得決定選出選舉人之時間及行使投票之日期：其投票日應全國一致❼」。依上開規定之內容可知，憲法僅規定選舉人團之基本架構，有關該系統職能行使上之諸多細節，則委由各州議會自行設計及實施之。雖然反對選舉人團制度之人士擔憂憲法之模糊性及其給予各州之放任，但時至今日，選舉人團制度已演進成一個相當穩定及一致之機構。雖然各州履行其選舉人團義務之方式縱有不一，但一連串之憲法修正案、聯邦及各州之法律及政黨規則，均已提供此項複雜之制度一個頗為完整之體制。

依據憲法規定，各州應任命與其擁有國會參、眾議員席位總數相同之選舉人。由於華盛頓特區(Washington, District of Columbia)地位特殊，其未能在國會參、眾議院擁有任何席位，故於一九六一年通過認可之憲法增修條文第二十三條，乃特別給予華盛頓特區三位選舉人團之席位。目前，美國國會計有參議院議員(Senators)一百名及眾議院議員(House of

---

❻ 參閱Letter to George Hay, Aug. 23, 1823, cited in Max. Farrand, ed., The Records of the Federal Constitutional Convention of 1787, vol. 4, 458(New Haven, 1911, 1937)。

❼ 參見U.S.CONST. Art. II, Sec. 1, Cl. 2: "The Congress may determine the Time of chusing the Electors, and the Day on which they shall give their Votes; which Day shall be the same throughout the United States."

Representatives)四百三十五名，　再加上前述華盛頓特區所擁有之三名選舉人，是故，總統、副總統選舉人團應由全國各州及特區所任命之五百三十八位選舉人組成之。

於十九世紀初，選舉人得自行決定投給何一候選人之運作方式已實質上不復存在。各州在選舉前，每一推薦總統候選人之政黨均先行提出一完整的選舉人團候選人名單，該候選人並誓約在選舉人團集會時，選舉人票將投給其所屬政黨之總統候選人。州法律分別規範該州總統選舉人之提名程序，最普遍之提名方式乃是由各州黨代表大會行使之，其次是由各政黨州委員會行使，再其次者則是由州政黨初選程序為之。非經政黨提名之總統候選人，得隨同所需連署文件填具總統候選申請書，並自行提出選舉人團候選人名單。

於一八〇〇年以前，各州之總統選舉人均係由各該州之議會所選出。於一八〇四年時，大多數州之議會多已修正其有關總統選舉之法律，明定總統選舉人應由人民直接普選產生之；殆至一八三二年時，除少數州有些微差異外，美國所有之州均已明定應以此一方式選出其總統選舉人。然而，此種選舉人團之實施方式始終未明定於美國憲法之中。

當選民投下總統候選人之選票時，其實際上僅係在選擇政黨選舉人名單，嚴格言之，並非直接將其選票投予總統候選人。然而，大多數州仍僅將總統、副總統姓名列於選票之上，僅有不足半數之州規定應將選舉人之姓名亦列於總統選票之中❽。是以，許多美國人仍堅信其係將選票直接投予總統候選人。實際上，大部分選民並不知道其所選出選舉人之姓名，亦不清楚係藉由何人之手選擇其總統與副總統。

選擇總統選舉人團所適用之「單一法則」(Unit Rule)，在十九世紀初

---

❽　參閱Peirce, Neal & Longley, Lawrance D., The People's President– The Electoral College in American History and the Direct Vote Alternative, Yale University Press(Revised Edition, 1981)。

即已儼然成立。單一法則規定，不論勝選者贏得選票之差距為何，一州之所有選舉人票應歸屬於該州公民普選得票數最高者。於一八〇〇年以前，單一法則尚非為選擇選舉人團所普遍適用之方式，然而至一八三六年時，該法則已成為多數州所明定之法律。除緬因州(Maine)以外，各州法律均規定，在本州獲得多數選票之政黨，可贏得該州所有之總統選舉人票。贏得普選之選舉人團候選人，取得成為選舉人團成員之資格，並獲得將該州選舉人票投予其所選擇的總統候選人之機會。由於係將選舉人團視為一單位贏得全部選舉人票，故一州所有之選舉人票自應歸予某一位總統候選人。在某一州未贏得普選之總統候選人，乃無法獲得該州任何一張之選舉人票。目前，此一「勝選者全得」之機制，除在緬因州未予採行外，均為美國其他各州所廣為接受。茲應注意者，緬因州法律規定，於大選舉區選出之選舉人，應將選舉人票投予在該州普選獲得最高票數之政黨候選人；於小選舉區選出之選舉人，則應將選舉人票投予在該選舉區普選獲得最高票數之政黨候選人。此一比例分配計劃(Proportional Plan)，亦係憲法所默許的總統選舉制度之一。

國會以法律明定選出選舉人之日期及選舉人投票之日期。國會特別規定，於十二月第二個星期三以後之第一個星期一，獲選之選舉人團應於各州集會，並分別投下總統及副總統選舉人票。理論上，選舉人應獨立行使投票權，毋須依憲法受到先前所作投予某位總統候選人誓約之拘束。然而，由於憂慮違反誓約投票之不信實選舉人將可改變得票接近選戰之結果，致使美國有三分之一以上之州制定有關選舉人應受其誓約拘束之法律。各州選舉人投票經記錄後，應將結果送交國會，於次年一月六日在新就任之參、眾二院議員面前計票。獲得總統選舉人票數絕對多數，即至少二百七十票以上之總統候選人應宣布總統當選。計算副總統選舉人票之程序，亦採取與總統相同之方式為之。依憲法增修條文第十二條之規定，如無候選人取得選舉人團投票之絕對多數時，適用非常選

舉(Contingent Election)程序，亦即總統、副總統之選舉，移由參、眾兩院解決之。如眾議院於一月二十日以前尚未選出新任總統時，副總統當選人應於眾議院選出總統前履行總統職務；如參議院亦未能及時選出新任副總統時，眾議院議長履行總統職務❾。

　　因選舉人團係由與各州參、眾議員總數等額之選舉人所組成，且總統之產生亦係基於選舉人之絕對多數，選舉人團制度對於總統競選所行使之方式，自有其重要之影響力。由於單一地區不可能獨自擁有選舉人團之絕對多數選票，總統自不可能僅由某一單獨區域，例如南部、中西部、新英格蘭或西海岸等地區所選出。同時，任何地區均無法左右選舉結果，總統候選人為獲得勝選，必須贏得多個區域間之結盟支持。此外，在競選策略上，總統候選人毋須贏得每一州普選之勝利，僅須獲得擁有過半數選舉人票的州之多數支持即可輕騎過關。為贏得各州選舉人票之全部，候選人僅須獲得該州普選總票數之相對多數即可。因此，贏得白宮主人尊隆之美國總統，其可能尚未獲得參與普選公民過半數選票之支持，甚至亦可能較競選對手之普選總得票數略為落後。此一結果，應非發明選舉人團制度之制憲元勳所未預見。

三、選舉人團制度與美國憲政

（一）與選舉人團制度有關之憲政歷史

1.美國憲法增修條文第十二條

　　或許可以這麼說，依制憲元勳本意所運作之選舉人團制度大概僅實施不過數年之久。自一七八九年至一八○一年之間，各選舉人係在同一張選票上決定總統及副總統職位之歸屬。當時對於副總統候選人，並無

---

❾　參見U.S. CONST. Amend. XII。

特別設計另一張個別之選票。於一七八九年，計有六十九位選舉人票投給喬治華盛頓(George Washington)，僅有三十四位選舉人票投給約翰亞當斯(John Adams)，其餘選舉人票則分散至其他候選人身上。依當時的規定，獲得第二高票之候選人自動成為副總統，故亞當斯乃因而成為美國之第一任副總統。

在各政黨成立以後，選舉之整體面貌亦有所改變。於一八〇〇年以前，兩黨政治業已圓滿建立，選舉人團之投票，造成傑弗遜(Jefferson)及布爾(Burr)二位總統候選人票數相同之局面。依據憲法所定之程序，總統之選舉應續由眾議院辦理，眾議院乃依憲法之規定選出傑弗遜為總統當選人，而布爾則成為副總統。由於此次選舉之經驗，美國憲法增修條文第十二條乃應運而生，並於一八〇四年獲得各州之認可。此一增修條文明定，應以個別之選票選舉總統及副總統。二項職位之候選人均須分別獲得全體選舉人團絕對多數選票之支持，方可當選。

2.選出相對少數之總統

主要係由於超過二個以上政黨之存在，且每一政黨均推出其總統候選人參與競選，選舉人團制度之選舉方式，在美國歷史上已造就出十六位未獲得普選絕對多數選票支持之總統。例如於一八二四年所選出之約翰崑西亞當斯(John Quincy Adams)總統，其獲得普選百分之三〇點五四之選票[10]；於一八六〇年所選出之亞伯拉罕林肯(Abraham Lincoln)總統，其獲得百分之三十九點七九之選票；於一九四八年所選出之哈瑞杜魯門(Harry S. Truman)總統，其獲得普選百分之四十九點五一之選票；於一九六〇年所選出之約翰甘迺迪(John F. Kennedy)總統，其獲得普選百分之四十九點七一之選票[11]；於一九六八年所選出之李察尼克森(Richard M.

---

[10]　於一八二四年，在美國二十四州之中，有六州係由州議會選出選舉人。

[11]　參閱 Svend Petersen, A Statistical History of American Presidential Elections(NY, 1963)；Richard M. Scammon, America at the Polls(Pittsburgh, 1965).

Nixon)總統，其獲得普選百分之四十三點三九選票❶；以及於二○○○年所選出之喬治布希(George Bush, Jr.)總統，其獲得普選粗估約百分之四十九點三四選票等均是。

在此十六位美國總統當選人之中，又有四位係獲得較其主要對手為少之普選總票數而仍能順利當選。於一八二四年，安德魯傑克森(Andrew Jackson)在公民普選中取得領先地位，但卻未能順利取得選舉人團絕對多數之選票，眾議院乃因而選出約翰崑西亞當斯為總統。於一八七六年，民主黨候選人山謬提爾登(Samuel Tilden)贏得公民普選百分之五十點九九絕對多數之支持，並領先競選對手共和黨候選人魯塞佛海斯(Ruther-ford B. Hayes)多達二十五萬張之選票，但二位候選人在選舉人團投票之結果不僅非常接近，且有二十一張選舉人票之取向備受爭議，國會乃成立選舉委員會消弭事端，並在總統就職前二天達成協議，將有爭議之二十一張選舉人票全數投給共和黨候選人海斯，最後海斯竟以一百八十五票比一百八十四票一票之差，險勝提爾登而當選為總統。於一八八八年，葛羅爾克里夫蘭雖於普選中領先班傑明哈里森九萬六千餘張選票，但哈里森卻於選舉人團之投票中，以二百三十三票比一百六十八票大勝克里夫蘭，而成為美國第二十三任總統❸。最近一次則是發生於二○○○年之美國總統大選，民主黨候選人艾高爾(Al Gore)雖在公民普選中較共和黨候選人喬治布希多獲得高達三十餘萬張之選票，但布希仍能在最後之選舉人團投票中，以二百七十一張對二百六十七張選舉人票之比數，篤定贏得總統之寶座。

---

❶　參閱 Congressional Quarterly, Guild to U.S. Elections (Washington, D.C. 1977)。

❸　參閱Koening, The Election That Got Away(American Heritage Oct. 1960)；Roseboom, A History of Presidential Elections, 84–88, The Macmillian Company(1965)。

3.選舉人違反指示投票

　　制憲代表顯然無法在制憲當時預期未來政黨、誓約選舉人或提名大會之發展。如前所述，他們所能想像者，僅係一個各州將選出其所屬最有認知及能力的人擔任選舉人之選舉制度。選舉人將檢視總統候選人在各方面之優點，並於投票時行使其完美而獨立之決定。

　　然而，政黨的出現，使得上述信念隨即幻滅。在極短之時序裡，選舉人變得機械化，且成為無自由裁量權限之代理機關。他們經其政黨之提名，成為選舉人團名單上之一員，並接受黨之指示，將選舉人票投給該黨所推薦之總統及副總統候選人。於一七九六年之總統選舉期間，來自賓州之某位選舉人違反黨之指示投票，一位聯邦黨之選民隨即表示：「我曾選山謬麥爾來為我決定究竟約翰亞當斯還是湯姆士傑弗遜最適合擔任美國之總統嘛？不，我選擇他去動作，而非去思考。❹」

　　雖然選舉人往往均將選舉人票投給其政黨之候選人，但仍偶有若干違反預期之情事發生。例如於一九四八年，田納西州(Tennessee)某位選舉人因代表民主黨及州權黨而獲選。民主黨在該州之公民普選中獲得百分之四十九點一之選票，共和黨百分之三十六點九，州權黨則為百分之十三點四。然而，正如其於投票前所宣稱，他仍將其選舉人票投給州權黨之總統候選人。又如於一九五六年，阿拉巴馬州(Alabama)民主黨選舉人特爾那(W. F. Turner)將其選舉人票分別投給總統候選人華特瓊斯(Walter B. Jones)及副總統候選人赫曼泰馬基(Herman Talmadge)，惟上述兩位候選人在該州之公民普選結果均落後其競選對手。與之類似者，於一九六〇年，奧克拉荷馬州(Oklahoma)共和黨選舉人亨利愛爾文(Henry D. Irwin)亦將其選舉人票分別投給民主黨總統候選人哈利比爾得(Harry H. Byrd)及民主黨候選人貝利高華德(Barry Goldwater)，但共和黨總統候選人尼克森卻在該州贏得公民普選絕對多數之選票。

---

❹　參閱O'Neil, American Electoral System 65(G.P. Putnam's Sons 1889)。

　　由於選舉人確有悖離黨意之可能，部分州已制定有關要求選舉人將選舉人票投給其所屬政黨提名人之規定，但美國聯邦最高法院則尚未認可此類法律之合憲性 ⓯，是應注意。

4.有條件誓約或未誓約之選舉人

　　與選舉人之不信實有極大之區別，選舉人於選舉前宣稱他們可能將在特定情況下，支持替代候選人，或僅單純地拒絕以任何方式作成誓約，係為關於有條件誓約或未誓約之問題。關於有條件誓約之情形，例如於一九一二年之總統選舉期間，南達克達州(South Dakota)選舉人團宣稱，如果塞朵爾羅斯福(Theodore Roosevelt)無法在公民普選時選上總統，且競爭是落在塔夫(Taft)及威爾森(Wilson)之間時，他們將會把選舉人票投給塔夫而非羅斯福即是。另一方面言，關於拒絕以任何方式作成誓約之情形。選舉人完全未誓約之概念，大約於增補憲法增修條文第十二條時即已被揚棄，僅在二十世紀中期出現過一次。於一九六〇年總統選戰激烈，六位阿拉巴馬州(Alabama)及八位密西西比州(Mississippi)未作成誓約之選舉人在雙方顯然無法達成勢均力敵之地位時，決定將其選舉人票投給哈瑞比爾。此一事件實係由一群保守且具種族隔離主義想法之南方人士所設計，其目的乃在迫使主要政黨重視南方人之想法。

　　無可諱言者，未誓約選舉人對於美國選舉制度之穩定性而言，確實存在著極大之威脅。在總統選舉過程中利用未誓約選舉人，將導致公眾意志之全部傾頹。如未誓約選舉人在選舉中取得均衡態勢，將使得所有主要政黨之被提名人均無法獲得選舉人團絕對多數之選票。選舉人可能因此而得以將總統選舉轉由眾議院續辦，眾議院如仍無法在兩位主要政黨所提名之候選人中選出一位為總統當選人時，第三位僅獲得極少數選民支持之總統候選人將可能在此際貿然出線。惟尚屬幸運者，在美國總統之選舉歷程中，上述案例未曾發生。

⓯　　參照Ray v. Blair, 343 U.S. 214(1952)。

5.公民普選及選舉人選票間之差距

在每次的總統選舉中，總是有數百萬選民之投票因中間層級之選舉人團制度而遭到取消，且其結果亦無法適切地反映於任何選舉人之投票上。得以想見者，縱使僅在全國公民普選中獲得百分之二十五以下之選票，只要候選人贏得前十一大州之普選及在若干小州之普選中略為險勝，則該名候選人即可穩坐總統寶座❶ 。

在幾次選舉中曾凸顯出選舉人得票數與公民普選得票數二者間顯無關聯之事實。例如於一九二四年，約翰戴維斯(John W. Davis)在獲得二百餘萬張普選票之若干州贏得一百三十六張選舉人票，但在其他共計獲得約六百餘萬張普選票之數州，則未贏得任何一張選舉人票。此外，於一九三二年，赫伯胡佛(Herbert Hoover)在公民普選中獲得一千五百七十餘萬張選票，但其中超過一千三百六十餘萬張選票則未反映於選舉人團的投票結果之中。

甚且，在若干次的選舉中，如僅更動某些州之普選結果，即有可能改變總統大選之局面。例如於一八四四年，極有可能因六百張普選票之更正，而使得詹姆士布蘭在獲得較其競選對手少約二萬三千張普選票之頹勢下，成為總統選舉之勝利者。於一九四八年及一九六〇年之總統大選，可扭轉乾坤之少數普選票亦蓄勢待發。於二〇〇〇年之總統大選中，喬治布希以佛羅里達州九百五十張關鍵普選票，贏得佛州二十五張選舉人票，進而入主白宮，最令人印象深刻。

在現行制度下，縱使個別計票，仍有可能發生候選人之普選票與選

---

❶　依據二〇〇〇美國總統大選所公布之統計結果，　目前擁有選舉人票最多之前十二州分別為加州(54)、紐約州(33)、德州(32)、佛羅里達州(25)、賓州(23)、伊利諾州(22)、俄亥俄州(21)、密西根州(18)、紐澤西州(15)、北卡羅萊那州(14)、維吉尼亞州(14)、南卡羅萊那州(14)等，其選舉人票之總合已逾越絕對多數二百七十票之當選門檻。

舉人票差異極大之情形。歸納言之，此一結果應係下述原因所致：第一，每州無論大小，至少有三張選舉人票；第二，無論州民係一人或一千萬人參與投票，該州之選舉人票總數仍維持不變；第三，選民結構縱有改變，亦僅得在下次人口普查後才可納入計算，該次總統選舉無法正確反映人口總數。

（二）與選舉人團制度有關之憲政爭議

為進一步了解有關選舉人團制度之各種憲政爭議，茲就反對選舉人團制度之人士所認為最不易解決，且係在實施選舉人團制度後所面臨最棘手之幾項主要難題，分別臚列於後，裨利吾人深入探究該制度之核心問題。

1.不信實選舉人

選舉人通常依其所受之指示投票，但其並無此項義務，因每位選舉人有依其意願投票之權利，且該一權利業經美國憲法所保證。雖然在美國憲政史中確有選舉人未依指示投票之情事發生，但此類事件實屬稀少且未釀成巨變，惟未來某位總統當選人將可能因此類轉變而勝選，則仍是美國憲法所無法化解之疑慮。一位總統或副總統候選人會採取此類手法改變選舉結果縱屬難以想像，但於一九七七年參議員包勃杜爾(Bob Dole)在參議院司法委員會所陳述之一段話，仍值得深思：「我們到處選購選舉人，對不起，不是選購，是尋找選舉人。」

此外，各州為符合現實之政治目標，得自行改變其選出選舉人之方法。在一八九二年，密西根州議會為分散選舉人票以化解在野黨於即將來臨之總統選舉中獲得全部州選舉人票之可能，乃修改州有關取得選舉人選票之法令❶。然而，此類州法令並未實質改變美國總統大選之結果。

---

❶ 參照McPherson v. Blacker, 146 U.S. 1(1892)。美國聯邦最高法院認可該州之此項法令。

是以，不信實選舉人之問題，其嚴重性似乎尚未達到須立即改變現行選舉人團制度之程度，且亦不足以使得提出類如直接選舉憲法修正案之擬議成為正當。

2. 單一法則

對於選舉人團制度抱持質疑態度之人士認為，由於單一法則規定應將全州選舉人票投給在公民普選中獲得最高票數之候選人，許多選民將被此一制度所犧牲。蓋依據單一法則，由於投給敗選一方候選人之選票，在全國總統選舉之計票過程中實際上並未予以計入，故對於許多將選票投給敗選一方候選人之選民而言，乃相當地不公平。更有甚者，由於人口眾多之州其選舉人票數龐大，各大州極易在選舉人之投票上形成結盟，是以，該州之重要性乃因此一制度而被過分誇大。此外，由於此一制度之實施，致使總統選舉集中在各政黨的競選之上，且因此而減低傳統上支持某特定政黨的州之選民親自參與投票之意願。同時，以一個單位計算若干大州選舉人票之利益，恰好與依憲法規定每州人口數無論多寡至少應有三名選舉人之利益互相抵銷。

許多論者認為，單一法則係保證美國得以實施兩黨制度之原則。然而，由於有候選人為贏得任何一張選舉人票必須在某州取得絕對多數選民選票之規定，致使零星政黨或第三政黨幾乎無法與兩大政黨競爭。此一結果，將造成一種與大多數民主制度不相容之政治穩定。

3. 不相當性

依據現行選舉制度，獲得最多普選票數之候選人仍將落敗之可能性確屬存在。此類情形得以下述三種方式產生：第一，如任何總統候選人均未獲得絕對多數之選舉人票，選舉將移由眾議院辦理，而眾議院可能將不選擇獲得普選最高票數之候選人；第二，勝選之候選人可能在公民普選中以極少數之差距贏得許多州之支持，而敗選之候選人卻可能以絕大多數普選票贏得若干中、小州選舉人票之支持；第三，候選人只要贏

得多數大州之選舉人票，仍可能以獲得低於普選總票數四分之一之選票贏得總統選舉。

　　無可否認者，一位未獲得多數選民支持之候選人，仍可透過選舉人團制度當選為美國總統。如前所述，此種情形曾於美國憲政史中數度發生，不足為奇，故欲避免此類情事一再發生，或許祇有透過修改憲法，明定總統之直接選舉制度，別無他途。同時，州議會廢除單一法則，亦可避免類如候選人於普選票獲得絕對多數但於選舉人票卻未贏得絕對多數之情事發生。

　　論者更認為，某些公民與其他公民所投選票之價值不一。例如，在一小州之少數選民得擁有選擇或擊敗其候選人之力量，但在一傳統上支持某特定政黨之大州內行使投票之少數選民團體，則將無法擁有與上所述類似之力量。由於小州之選舉人選民比率較大州為高，選民所投選票之稀釋程度自然較低，是以，全國實施選舉人團制度之結果，將與憲法所揭櫫一人一票之原則(one-man-one-vote principle)有所悖離，恐係不爭之事實。

4.國會解決途徑

　　無候選人贏得絕對多數選舉人票，總統應移由國會選出之方法備受非議。在此情形下，眾議院必須自獲得選舉人票最高數之三位候選人中選出一位為總統當選人。此項投票係由各州代表行使之，每州僅得投下一票，獲得絕對多數選票之候選人當選為總統。然而，眾議院仍有可能選出不為美國絕對多數選民支持之總統候選人，例如於一八二四年眾議院選出獲得普選票數較其對手為低之總統即是。

　　甚且，此一不顧人口總數，堅持一州一票之選舉制度，對於人口數較多之州而言，乃屬極為不利。例如，一旦總統選舉移由眾議院辦理，人口總數幾近二百餘萬之五個小州將足以與人口總數約達六千餘萬之五個大州抗衡，各州所擁有之選票數，無論大小，其數額並無不同。

（三）支持選舉人團制度之論點

支持選舉人團制度之論者認為，現行之選舉人團制度是選舉總統、副總統之有效方法，且此一方法已實施二百餘年，既經憲政歷史之考驗，除非有優勢性需要之存在，否則國會不宜輕言修改此一選舉總統、副總統之制度。

於一七八七年出席聯邦會議之代表曾二度否決直接選舉美國最高行政首長之提案，其主要原因乃是許多代表對於未來選民之識字能力欠缺信心，其次則因全國傳訊系統普遍不足。然而，最根本之主因還是基於政治上之妥協❸。聯邦政府內之三權分立及各州間之權力均衡，必須成功地達成雙贏之局面，而選舉人團制度正是達成上述目標之基本要件。在此，美國憲法乃建立了一種非僅單純基於人口數而分配政治權力之原則。縱然現今與十八世紀時之考量或有差異，但國家須維持其政治穩定之重要性則不因時代之推移而改變。

由於兩黨制度在美國歷史上為人民帶來穩定及謙抑之政府，選舉人團制度乃因維繫此一制度而產生。由於美國政治向來未曾如歐洲許多國家，因零星政黨或第三黨之充斥而癱瘓，是以，美國得因此而成功地避開為獲得第三政黨或少數政黨候選人之支持而被迫組成聯合政府之僵局。

極為明顯者，美國政府制度及系統運作方式非常地複雜及纖細，究非主張總統應直接民選者所能想像。乍然觀之，一人一票制度確實是一項應受高度肯定之原則，但其並非絕對，仍得依國情環境之特殊需要而作適度之修正。否則，美國國會實施兩院制且每州應選出二位參議員，總統有權否決民選議員所通過之法律，美國憲法修正毋須經民選議員絕

---

❸　參閱Martin Diamond, The Electoral College and the American Idea of Democracy, American Enterprise Institution(1977)。

對多數之決議，各州議會應參與聯邦憲法之修正程序，以及最高法院終身職大法官得推翻國會及總統所作決定等制度，遞將同樣失去其存在之價值。是以，選舉人團制度縱有些許類如不信實選舉人之缺陷，但此類缺陷究非涉及優勢性國家利益之傷害，似毋須大費周章動搖其根本架構即可獲得改善。

四、選舉人團制度之改革──代結語

過去數年來，許多修正選舉人團制度之提案屢經建議，多數均傾向由選民直接選出其總統及副總統，但終因國會無法達成共識而作罷。關於總統選舉制度之改革方案，歸納言之約有四種，茲分述如后[19]。第一，直接民選方案(Direct Popular Election Plans)，此種由全民直接選出總統及副總統之方案最能反映全民之意志。依此方案，總統候選人獲得普選票數最高者當選為總統，但如無候選人獲得總投票數百分之四十之選票，二位獲得最高選票之候選人將再進入第二輪之選舉。贊成直接民選方案最主要之論點，乃在於該方案可實現民主之理想，亦即每一張選票均可列入計算，且在全國總統大選之結果中得到平等之對待，總統當選人必然是贏得絕對或相對多數選民支持之候選人。

第二，比例投票方案(Proportional Vote Plans)，依此方案，各州選舉人票應依總統候選人在該州普選之得票結果按比例分配之。是以，每位候選人將分別獲得與普選選票相同比例之選舉人票。國會於一八四八年即已提出此一方案，其目的乃在修正單一法則「勝選者全得」之缺失。

---

[19]　參閱Twentieth Century Fund, Task Force on Reform of the Presidential Election Process, "Winner Take All, " Twentieth Century Fund(1978)；American Bar Association, Special Commission on Electoral Reform, Electing the President, Chicago, ABA(1977)。

同時，此一方案亦有排除不信實選舉人之可能性。此外，依據支持者之
看法，此一方案勢將產生與公民普選結果幾近於一致之選舉人投票。甚
且，採取此一方案必將引致少數政黨數量及活力之顯著增加，各種類屬
之少數政黨候選人均可在正常情況下獲得至少一票之選舉人票，是以，
一位或多位少數政黨候選人驅使國會續辦總統選舉之機會乃大幅提高。

　　第三，地區投票方案(District Vote Plan)，依地區投票方案，選舉人
經由各州公民普選產出，其名額及選區悉依該州於國會參、眾議院之席
位決定之。由於此一方案僅嘉惠於小州及農業州，故較未受到各方之重
視，至今已甚少為論者所提起。

　　第四，單一或自動投票方案(Unit or Automatic Vote Plan)，依此方案
之設計，獲得普選勝選之候選人，可自動贏得全國一百零二張視為紅利
之選舉人票。此一全國性之紅利票，將附加於五百三十八張選舉人票之
上，如候選人因此而贏得選舉人絕對多數即三百二十一張以上之選票，
該候選人將可宣稱已贏得總統之選舉。如候選人仍無法獲得絕對多數之
選舉人票，國會參、眾兩院聯席會將為公民普選得票數最高之二位候選
人舉行第二輪投票。國會於一八二六年即已提出此一方案，支持者認為
該一方案應足以保證總統當選人即係在公民普選中獲得最高選票之候選
人。但此一方案如經採行，選舉人團制度即無存在之必要。

　　於一九六六年七月二十日，達拉威爾州(Delaware)向聯邦最高法院起
訴，要求最高法院頒發禁止命令(Injunction)，禁止其他州及華盛頓特區
繼續適用單一法則。該州於起訴狀中表示，由於單一法則在全國政治舞
臺中，將許多州及公民貶抑為二等公民，故現行選舉總統之選舉人團制
度應屬違憲。達拉威爾州建議最高法院應首先決定現行選舉人團制度之
合憲性，其次再進一步就適當之救濟途徑進行聽審。該州並建議，比例
與地區投票二方案應係未來進行選舉人團制度改革之主要模式。繼達拉
威爾州之後，其他十二州如阿肯色州、佛羅里達州、愛阿華州、堪薩斯

州、北達克達州、奧克拉荷馬州、賓州、南達克達州、猶它州、西維吉尼亞州及懷俄明州等亦分別以原告之身分加入訴訟。惟紐約州聲明反對，致使最高法院於同年十月十七日未附理由宣告拒絕受理此一案件。

　　美國憲法並非僅受類如「一人一票」等單一原則之拘束。類似佛蒙特州(Vermont)之小州與類似加州之大州均只得擁有相同數目之參議員。由總統一人任命之最高法院大法官得享有終身職，但卻不必接受人民選舉之洗禮，同時，其更有推翻總統及國會決定之權力。要言之，美國憲法係一部具有高度複雜性之歷史及法律文件，其協調折衝於多項看似不一致之政策及法律原則之中，用以建立並維持一個充滿生命力之政府。現行選舉人團制度即是一個於聯邦政府體系內有效落實全民民主理念之寫造，亦是維繫一個永恒民主政治之重要磐石。

大雅叢刊書目

法學叢書書目

生活法律漫談

圖書資訊學叢書書目